알수록 재미있는
교실 속 디지털 놀이

**알수록 재미있는
교실 속 디지털 놀이**

초판 1쇄 발행 2023년 4월 28일
초판 2쇄 발행 2024년 8월 23일

지은이 | 김연희, 이경진, 고은주, 이송이, 이아라

발행인 | 최윤서
편집장 | 최형임
디자인 | 김수경
마케팅 지원 | 최수정
펴낸 곳 | (주)교육과실천
도서문의 | 02-2264-7775
인쇄 | 031-945-6554 두성 P&L
일원화 구입처 | 031-407-6368 (주)태양서적
등록 | 2020년 2월 3일 제2020-000024호
주소 | 서울특별시 중구 창경궁로 18-1 동림비즈센터 505호
ISBN 979-11-91724-26-4(13370)

책값은 뒤표지에 있습니다.
저작권법에 따라 한국 내에서 보호를 받는 저작물이므로 무단 전재 및 복제를 금합니다.

유아중심·놀이중심의 미래형 교육과정을 여는

알수록 재미있는 교실 속 디지털 놀이

김연희·이경진·고은주·이송이·이아라 지음

머리말

우리는 지금 디지털 대전환의 시대에 살고 있습니다

　인문, 사회, 경제, 과학 등 우리 생활의 모든 영역이 디지털 기술과 결합 되면서 하루가 다르게 세상이 변화하고 있습니다. 그와 함께 앞으로의 변화 속도는 상상조차 할 수 없다는 것이 우리 앞의 현실입니다. 미래사회에서는 AI와 융합한 지능정보기술 발달로 커다란 사회적 변혁이 예견되고 있습니다. 직업 및 고용의 변화로 사람이 했던 많은 일자리를 기계, 즉 인공지능이 대신하게 될 것입니다. 장점이 있으면, 단점이 있기 마련이라고 4차 산업혁명으로 인한 최첨단의 시대, 편리한 세상에 대한 기대가 큰 만큼 인공지능으로 인한 직업의 역습에 대비해야 합니다. 앞으로 우리 인간만이 할 수 있는 일을 찾아야 한다는 과제가 우리 앞에 떨어진 셈입니다. 미래(未來), 한 번도 경험해 보지 못한 세상…. 우리는 어떻게 대비해야 하고, 또 인공지능과 경쟁해야 하는 우리 아이들은 어떻게 키워야 할지…. 지금 우리 사회가 안고 있는 최대의 화두입니다.

디지털 네이티브인 유아를 교육해야 하는 교사의 디지털 역량 지원을 위하여

　태어날 때부터 디지털 환경에 둘러싸인 유아들의 생활에서 디지털 매체의 활용은 매우 자연스러운 일이 되고 있습니다. 물론 유아기의 디지털 기기 과몰입과 같은 부작용에 대한 염려의 시각도 있습니다. 하지만 이미 디지털을 감각적으로 받아들이고 스마트폰, 태블릿, 전자책, 각종 디지털 놀잇감 활용이 일상이 되어버린 지금, 유아의 생활과 디지털 테크놀로지를 떼어놓고 생각하기 어려운 상황이 되어버렸습니다. 이러한 변화로 인해 유아교육 현장에는 변화된 세상을 살아가야 할 학습자, 즉 유아 대상의 미래지향적인 교육 혁신이 요구되고 있습니다. 교육의 실천적 주체가 되는 교사에게 새로운 역할로의 변화는 필수입니다. 우리는 이 책에 제시된 디지털 기반 놀이지원의 이론과 실제 사례를 통해 유아교육을 담당한 일선 교사들의 디지털 역량을 지원하고자 합니다.

『알수록 재미있는 교실 속 디지털 놀이』가 나오기까지

이 책은 2021~2022년 인천재능대학교 부속유치원에서 실시했던 '미래형 교육과정' 운영사례를 중심으로 저술하였습니다. 인천재능대학교 부속유치원은 학교법인 재능학원의 인천재능대학교 부속유치원입니다. 2020년 4차 산업혁명시대의 변화에 부응하는 인천재능대학교의 'AI Frontier 정책'에 발맞춰 부속유치원에서도 '미래인재의 역량을 키우는 AI 선도 유치원' 운영을 처음으로 시도하였고, 이듬해 2021년부터 2022년까지 교육부 공모 '미래형 교육과정 시범유치원'에 선정되어 "AI 및 온라인콘텐츠 활용 유아중심·놀이중심 스마트 유치원 운영"을 주제로 미래형 시범유치원을 운영하였습니다. 이 책에 나오는 사례들은 미래형 교육과정 시범유치원 운영의 결과물이라고 볼 수 있습니다. 유아중심·놀이중심 교육과정을 기반으로 한 '놀이와 디지털의 만남'을 통해 유아 주도의 디지털 놀이를 전개하였고, 플러그드와 언플러그드를 넘나드는 유아들의 놀이 흐름에 따라 놀이가 확장될 수 있도록 하였습니다.

『알수록 재미있는 교실 속 디지털 놀이』의 구성

이 책은 크게 유아의 '디지털 기반 놀이에 대해 이해하기'와 '디지털 놀이 실행하기'로 나누어 집필되었습니다. 제1장은 미래사회 대비를 위한 미래형 교육과정의 방향과 놀이를 통한 디지털 기반 교육의 적용에 대한 기초이론을 담았습니다. 디지털 전환에 의한 지능정보사회에 대한 소개, 교육의 변화, 디지털 전환 시대 미래형 교육과정의 방향, 에듀테크 놀이, 디지털 기반 놀이환경, 유아교육 교사의 디지털 역량 키우기 등의 내용을 다루었습니다.

제2장은 개정누리과정의 유아중심·놀이중심 교육과정을 기반으로 영·유아교육 현장에서 적용할 수 있는 다양한 디지털 놀이 사례를 제시하였습니다. AI 카메라, AI 스피커, 코딩로봇, 미러링, AR, VR, AI 콘텐츠, 온라인플랫폼 활용 놀이 등 다양한 스마트 기기와 온라인콘텐츠를 활용한 42가지 놀이 사례를 제시하였습니다. 특히 각각의 디지털 놀이는 디지털 매체를 단순 조작하고 반복하는 기능적인 놀이가 아니라 놀이 과정에서 유아주도의 탐색과 상상, 소통, 팅커링 등의 과정을 통해 놀이가 전개되고 확장되는 유아주도의 에듀테크 놀이를 소개하였습니다.

제3장은 가정연계활동으로 온라인 플랫폼, SNS 등을 활용한 가정연계활동의 사례를 제시하였습니다. 마지막 제4장은 디지털 기반 놀이에서 다양하게 사용되는 AI 콘텐츠, 각종 어플리케이션 사용법 등을 소개하여 교사들의 디지털 놀이지원에 도움을 주고자 하였습니다.

영·유아교육 현장에서 『알수록 재미있는 교실 속 디지털 놀이』의 쓰임

첫째, 유아들의 디지털 놀이지원을 처음 시도하는 교사들에게 좋은 길잡이가 되기를 바랍니다. 디지털 놀이지원에 초보적인 교사들이 보다 쉽게 접근하여 이해하고 활용할 수 있도록 작은 것부터 하나씩 하나씩 벽돌을 쌓아 집을 짓는 마음으로 저술하였습니다.

둘째, 우리가 제시하는 유아중심·놀이중심 교육과정 기반 유아주도의 놀이 흐름을 다룬 사례에서 놀이를 전개, 확장하기 위한 교사의 놀이지원 사례가 현장 교사들의 디지털 놀이지원 역량 함양에 도움이 되기를 바랍니다.

셋째, 이 책을 통해 미래를 대비하기 위한 유아들의 디지털 역량 및 디지털 소양 교육의 필요성에 대하여 교사들의 인식이 정립되고 확산되기를 바랍니다.

못다 한 이야기 그리고…

유아중심·놀이중심 교육과정 속 현장에서 겪은 실천적 경험을 바탕으로 한 디지털 놀이 사례로 교사들에게 도움이 되는 책을 만들기 위해 노력하지만, 뒤를 돌아보면 언제나 부족하다는 것을 느낍니다. 이 책을 참고하여 교육현장에서 디지털 기반 놀이를 지원하고 실천하는 선생님들의 실천적 경험에서 우러나오는 조언과 충고를 구합니다. 겸허히 받아들여 앞으로 더 나은 저서와 연구에 반영하여 나눌 수 있도록 노력하겠습니다.

교육현장에서 디지털 매체를 활용하여 친구들과 소통하며 다양한 방법으로 상상력과 아이디어를 더해서 플러그드와 언플러그드를 넘나들며 디지털 놀이 사례를 제공해 준 인천재능대학교 부속유치원 유아들에게 특별한 감사의 마음을 전합니다. 또한 이 책이 나올 수 있도록 노력과 지원을 아끼지 않으신 교육과 실천의 최윤서 대표님께도 깊은 감사의 마음을 전합니다.

차 례

머리말 ············ 4

제1장 디지털 전환 시대와 유아교육

1. 상상이 현실이 되는 새로운 시대를 살다
1) 디지털 전환에 의한 지능정보화 사회 ············ 14
2) 미래교육을 말하다 ············ 18

2. 미래형 유아교육과정 : 놀이, 디지털을 만나다
1) 디지털 전환 시대, 그리고 미래형 교육과정 ············ 23
2) 미래형 교육과정의 방향 ············ 27
3) 에듀테크 놀이이야기 ············ 36
4) 디지털 기반 놀이환경 ············ 44
5) 유아교육 교사의 디지털 역량 키우기 ············ 46

제2장 디지털 놀이 실행하기

> ❶ AI 카메라와 AI 스피커를 활용한 디지털 놀이
> : 나를 따라 오는 똑똑한 카메라, 그리고 AI 스피커와 함께 나누는 대화

1. 여기는 재능방송국입니다 ············ 57
2. 가상 배경 역할 놀이 ············ 61

3. Hey, 클로바! 어서 와~ ············ 66
4. 뮤직박스 놀이 ············ 70
5. 미세먼지를 알려줘 ············ 74

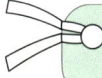 ❷ 코딩로봇을 활용한 디지털 놀이 : 로봇친구와 놀이해요

6. 자율주행 자동차놀이 ············ 79
7. 엠타이니와 함께하는 종이컵 놀이 ············ 86
8. 탄소중립을 실천해요 ············ 91
9. 컬러점프 ············ 96
10. 배달놀이 ············ 100
11. 장애물 피하기 놀이 ············ 104
12. 미로 찾기 놀이 ············ 108

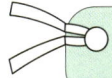 ❸ AI 콘텐츠를 활용한 디지털 놀이 : 온라인에서 놀아요

13. 물고기를 구하자(AI for Oceans) ············ 114
14. 박물관 놀이(Google Arts & Culture) ············ 120
15. 인공지능으로 악기를 연주해요(AI Duet) ············ 126
16. 위성지도로 우리 동네 찾아보기(Google Earth, Naver Map) ············ 132
17. 인공지능 디자이너(Auto draw) ············ 136
18. 인공지능아, 내 그림을 맞춰봐(Quick draw) ············ 141
19. 세계여행을 떠나자(Google Earth) ············ 145
20. 디지털 책 만들기 놀이(BookTraps, Book Creator) ············ 149
21. 날 따라 해봐라!(Scroobly) ············ 154

22. 수수께끼 놀이(Akinator) ············ 159
23. 모양으로 맞춰봐(Jamboard) ············ 164

❹ 미러링을 활용한 디지털 놀이 : 거울처럼 보며 함께 놀이해요

24. 아이돌 놀이 ············ 169
25. 공연놀이 ············ 174

❺ 증강현실(AR)을 활용한 디지털 놀이 : 그림들이 움직여요!

26. 증강현실 놀이 ············ 180
27. 궁궐놀이 ············ 186

❻ 가상현실(VR)을 활용한 디지털 놀이 : 만질 수는 없지만 볼 수는 있어요!

28. 신기한 우주 ············ 191
29. 기분이 좋아지는 놀이터 ············ 195

❼ 언플러그드 놀이 : 컴퓨터 없이 놀이해요

30. 데이터로 그리는 그림 ············ 201
31. 알고리즘이 뭐예요? ············ 206
32. 인공지능이 되어보자 ············ 211

❽ 온라인플랫폼을 활용한 디지털 놀이 : 따로 또 같이 놀아요

33. 나는야, 개미박사님 ············ **216**
34. 숲속반 온라인 음악회 ············ **221**
35. 초등학교가 궁금해요 ············ **226**
36. 우리가 만드는 디지털 놀이자료 ············ **231**

❾ 기타 : 이렇게도 놀이할 수 있어요

37. 가방 고리 만들기(3D펜) ············ **237**
38. 내 손 만들기(3D펜) ············ **241**
39. 로봇 전시회(3D펜) ············ **245**
40. 디지털 현미경으로 관찰해요(디지털 현미경) ············ **250**
41. 영화관 놀이(PPT활용) ············ **254**
42. 나는야 영상제작자(VLLO앱 활용) ············ **259**

제3장 디지털로 소통하기 (가정 연계 활동)

1. Classting으로 소통하기 ············ **266**
2. YouTube로 소통하기 ············ **270**
3. SNS로 소통하기 ············ **272**
4. QR코드로 소통하기 ············ **276**

제4장 디지털 놀이 활용법

1. AI for Oceans ············ 280
2. AI Duet ············ 282
3. Google Earth ············ 284
4. Scroobly ············ 286
5. Auto draw ············ 288
6. Quick draw ············ 290
7. Akinator ············ 292
8. VLLO ············ 294
9. Padlet ············ 296
10. Google Arts & Culture ············ 298
11. Book Creator ············ 300
12. BookTraps ············ 302
13. SNOW ············ 304
14. 네이버 스마트렌즈 ············ 306
15. Jamboard ············ 308
16. 디지털 현미경 ············ 310
17. Mentimeter ············ 312

제1장

디지털 전환 시대와 유아교육

1. 상상이 현실이 되는 새로운 시대를 살다

1) 디지털 전환에 의한 지능정보화사회

하루가 다르게 세상이 변화하고 있다. 이른바 4차 산업혁명은 우리의 삶에서 많은 변화를 이끌어내는 중이다. 문제는 그 변화의 속도가 상상하는 것 이상으로 빠르고 강하다는 점이다. 인공지능(AI), 빅데이터, 사물인터넷(IoT) 등을 기반으로 사람과 사물, 공간이 하나로 연결되는 초지능, 초연결 사회는 유례없는 속도와 영향력으로 인류의 삶 전반에 커다란 영향을 미치고 있다. 디지털 전환(Digital Transformation)에 의한 지능정보화사회를 맞이하여 AI와 융합한 지능정보 기술은 우리가 지금까지 경험하지 못한 세상을 보여줄 것이다.

이제 지능을 갖춘 기계, 즉 인공지능과 인간이 협력하는 시대가 왔다. 기계에 인간과 같은 지능적인 활동을 할 수 있는 '지능'이 부여됨으로써 인류는 지금까지 접해보지 않은 새로운 사회를 맞이하는 것이다(송기상, 김성천 | 2019). 그러나 인공지능 등 신기술의 개발은 인간의 삶의 질을 높일 수 있지만, 잘못된 판단으로 오용하거나 무책임하게 사용된다면 인류에 커다란 재앙을 가져올 수도 있다. 이 시점에서 우리가 한 번도 경험해 보지 못한 세상, 상상이 현실이 되는 세상을 어떻게 받아들이고 어떻게 준비해야 할 것인가에 대한 심도있는 이해와 정확한 대처가 필요하다.

| 미래사회를 이끄는 지능정보 기술의 대표적인 사례 |

(1) 사람을 흉내 내는 기계 : 인공지능

2016년에 있었던 알파고와 이세돌 9단의 바둑 대결은 전 세계적으로 인공지능에 대해 폭발적인 관심과 영향력을 체험했던 사건이었다. 수많은 사람들은 인공지능이 보유한 사람을 능가하는 능력을 지켜보면서 '인공지능의 능력은 어디까지인가'에 대해 관심이 고조되었다. 인공지능(Artificial Intelligence, AI)은 인간과 같은 지각 능력, 추론 능력, 학습 능력을 갖춘 컴퓨터 시스템을 말한다(교육부, 2021). 초기에는 인간이 컴퓨터 프로그래밍을 통해 입력한 값과 출력한 값을 지정한 대로 정보를 처리하는 것이 전부였다면, 현대의 인공지능은 인간처럼 생각하고 스스로 학습할 수 있도록 구현되었다. 컴퓨터 프로그램이 스스로 규칙을 찾아내고 학습하는 딥러닝(Deep Learning) 기술과 엄청난 데이터를 기반으로 추론할 수 있는 빅데이터(Big Data) 기술이 미래사회의 핵심 기술로 떠오르면서 인공지능의 영향력은 더욱 확대되고 있다. 지능정보화사회를 맞이하여 인공지능과 융합한 지능정보 기술은 일상생활뿐만 아니라 교육, 금융, 에너지, 의료, 교통, 법률, 유통, 물류, 제조 등 사회 전 분야와 융합하여 새로운 기술과 부가가치를 창출하고 있다.

(2) 사물인터넷

사물인터넷(IoT)은 사물에 센서를 부착해서 인터넷을 통하여 실시간으로 데이터를 주고받는 기술이나 환경을 말한다. 인터넷에 연결된 기기는 사람의 도움 없이 알아서 정보를 주고받게 된다. 주변에서 흔하게 보고 사용되는 사물들이 인터넷으로 연결돼 서로 정보를 주고받게 되는데, 사물인터넷이 다양한 분야에 활용되면서 우리의 일상생활이 편리해지고 있다. 자동으로 작동되는 전등, 알람, 날씨나 교통정보는 일상이 된 지 오래다. 가정에서 사용되는 스마트 가전제품이 대표적인 사례인데 세탁물의 종류에 따라 세탁코스가 선택되고, 상황에 맞는 음식 레시피를 추천하고, 집을 오래 비울 때 외출 모드로 전환되는 등 스마트 가전에 접목된 사물인터넷은 자연스럽게 바쁜 현대인들의 일상으로 자리 잡았다.

> 상상해 보자. 출근 전, 일련의 사건·사고로 출근길 도로의 정체가 극심하다는 뉴스가 떴다. 이 소식을 접한 스마트폰이 알아서 평소보다 30분 더 이르게 알람을 울린다. 스마트폰 주인을 깨우기 위해 집안 전등이 일제히 켜지고, 커피포트가 때맞춰 물을 끓인다. 식사를 마친 스마트폰 주인이 집을 나서며 문을 잠그자, 집안의 모든 전자제품의 전원이 스스로 꺼진다. 물론, 가스도 안전하게 차단된다.
> [네이버 지식백과] 사물인터넷(Internet of Things) - 사물과 사물이 인터넷으로 대화를 나눈다 (용어로 보는 IT, 이지영)

(3) 빅데이터

빅데이터란 음성, 글자, 이미지, 영상 등 디지털 환경에서 발생하는 아주 방대한 양의 모든 데이터를 말한다. 우리 생활에서 만들어지는 데이터의 양은 엄청나게 많다. 이러한 많은 정보를 바탕으로 우리 생활의 패턴을 파악하고 필요한 정보를 제공해 줄 수 있다. 빅데이터를 분석하면 사람들의 생각이나 행동에 대한 예측이 가능하기 때문에, 우리 생활 곳곳에서 빅데이터가 활용되고 있다. 기업이나 공공기관, 교육, 의료분야 등 여러 분야에서 다양하게 이용하고 있다.

- 의료분야에서 환자들의 치료·임상 결과를 빅데이터로 처리하여 인간보다 더 정확한 진단과 치료방안을 제시할 수 있다.
- 온라인 쇼핑몰에서 나의 쇼핑 패턴을 빅데이터로 분석하여 내가 좋아할 것 같은 제품을 추천해 준다.
- SNS에서 내가 검색했던 제품이 빅데이터로 분석되어 광고 화면으로 나타난다.
- 온라인으로 검색할 때, 검색어의 일부만 입력해도 검색어가 자동 완성된다.
- OTT 앱은 내 취향을 분석해 내가 좋아할 만한 프로그램들을 추천한다.

(4) 클라우드 컴퓨팅

클라우드 컴퓨팅이란 데이터를 인터넷으로 연결된 다른 컴퓨터에 저장하고, 언제 어디서든 데이터를 사용할 수 있는 기술을 말한다. 기존에는 나의 PC나 스마트폰에 데이터가 저장되어 있어야만 작업을 할 수 있었지만, 클라우드를 사용하면 인터넷 상의 서버에 데이터를 보관해 두고 필요할 때마다 컴퓨터나 스마트폰 등에 불러와 사용할 수 있다. 클라우드(Cloud)라는 단어가 말해주듯, 하늘의 구름 속에 데이터들을 보관해 놓고 얼마든지 내가 원하는 것을 찾아 사용할 수 있다는 의미이다. 다시 말해 인터넷 어딘가에 데이터를 올려놓고 사용자들이 함께 사용하고 활동하는 생태계라고 이해하면 좋을 듯하다. USB 같은 보조 저장장치 대신 구글, 아마존, 마이크로소프트 등이 제공하는 서버를 이용해 인터넷이 연결된 곳이면 어디서든 사용할 수 있다.

(5) 모바일

현대사회는 모바일 사회라고 해도 과언이 아니다. 모바일은 스마트폰이나 태블릿PC처럼 기기를 휴대하고 있기만 하면 사용이 가능한 컴퓨터 환경을 말한다. 스마트폰이 기존 휴대전화의 커뮤니케이션 기능뿐만 아니라 정보처리, 오락 등 미디어의 기능들을 지원할 수 있게 되면서, 우리 일상의 시간과 공간에 대한 인식도 새롭게 바뀌어 가고 있다. 스마트폰에서 인터넷에 접속하면 모바일 뱅킹, 모바일 게임, 모바일 영화, 모바일

TV, 모바일 쇼핑 등 다양한 모바일 서비스를 사용할 수 있다. 이와 함께 스마트폰을 활용한 SNS, 유튜브 등의 활성화로 새로운 모바일 문화를 창출하고 있다.

2) 미래교육을 말하다

우리는 디지털 대전환시대의 한가운데에 있다. 미래사회는 정보통신기술(ICT)의 융합으로 이루어지는 디지털 사회이다. 인문, 사회, 경제, 과학 등 우리 생활의 모든 영역이 디지털 기술과 결합하면서, 사회의 전반적인 시스템 역시 디지털 기반의 패러다임으로 빠르게 변화하고 있다. 이러한 변화는 우리 삶의 방식에 커다란 변화를 이끌고 있으며, 급변하는 디지털 기반 사회에 대한 적극적 대응을 요구하고 있다.

우리는 4차 산업혁명이 가져올 다양한 변화 가운데 '교육'에 주목해야 한다. 먼저, 변화에 따른 교육의 비전과 방향을 살펴보고, 현재의 교육방식과 패러다임을 되돌아볼 필요가 있다. 4차 산업혁명을 대표하는 인공지능, 사물인터넷, 로봇, 무인 자율주행 등 신기술의 개발로 우리 삶에서 소비와 유통, 직업 등 사회 전반에 거대한 변화의 움직임이 보이고 있다. 이에 맞는 새로운 사회 인프라의 구축과 새로운 교육 패러다임에 기반한 교육시스템 마련이 절대적으로 필요한 상황이다.

인공지능과 공존하며 협업해야 하는 미래사회의 일자리는 인간의 창의적 사고를 더

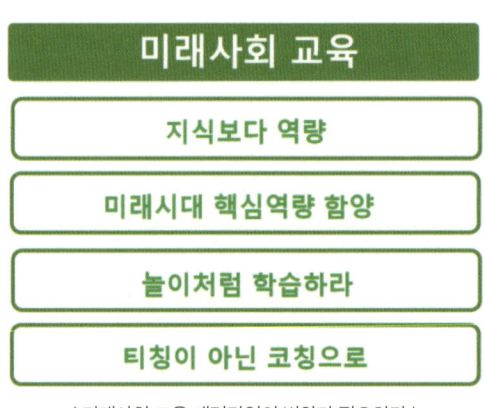

| 미래사회 교육 패러다임의 변화가 필요하다 |

욱 요구하게 될 것이다. 단편적 지식에 기반 하는 주입식 교육, 교사가 중심이 되는 수업, 획일적인 평가제도 등 교육 전반에 지금까지 이루어왔던 틀을 깨는 혁신적인 변화와 이에 따른 새로운 패러다임 구축이 필요하다.

(1) 지식보다 역량

미래를 이끌어갈 유아들이 살아갈 앞으로의 세상은 인공지능이 인간을 대신하여 많은 일들을 대체할 것이고, 지금까지와는 매우 다른 패러다임으로 사회구성원들의 역할이 요구될 것이다. 신기술의 발달에 따라 직업의 변화 및 고용의 문제로 커다란 변혁이 일어날 것이며, 인공지능이 기존의 인력을 대체할 수 있는 일이 많아지면서, 인공지능과의 경쟁에서 살아남을 수 있는 역량이 요구될 것이다. 인공지능이 해결하지 못하는 인간 고유의 능력을 키울 수 있는 교육을 통해 미래사회가 요구하는 핵심 역량을 키워야 할 것이다.

미래사회는 지식만을 습득한 그저 많이 아는 인재를 필요로 하지 않는다. 미래사회에서 지식은 '소유'가 아니라 '공유'로 전환되고 있다. 특정 분야의 전문가들이 독점했던 지식과 정보들이 컴퓨터와 정보통신의 발달로 대중에게 공유됨으로써 일반인들의 지식과 정보에 대한 접근성이 높아졌다. 스마트폰이나 개인용 컴퓨터로 원하는 지식과 정보를 일정 수준까지는 얼마든지 구할 수 있게 되었다. 또한 지식과 정보의 유효기간도 갈수록 짧아지고 있으며, 다양한 관점의 접근이 존중되면서 하나의 정답이 아닌 다각적인 접근과 해결방안들이 제시되기도 한다. 즉 지식만 배우는 교육, 배운 대로 잘 해내는 단순한 기술적인 교육은 더 이상 의미가 없다는 뜻이다. 미래시대의 교육에서는 지식의 양이 아니라 '학습자가 실제로 잘할 수 있는 능력, 즉 '역량'이 강조된다. 이에 따라 교육 현장에도 다양한 변화가 일어나고 있다. 종이로 된 평면적 교과서 대신 학습자들은 모바일 기기로 가상현실과 증강현실 기술을 이용하여 세계적인 랜드마크, 우주공간도 직접 체험하듯 현장감 있게 학습할 수 있게 되었다. 교과 지식을 줄이고 학습자들의 경험을 강조하며 즐겁게 배우는 교수·학습을 하게 되는 것이다. 정보와 미디어 활용에 능숙한 자기주도형 학습자에게 단편적인 지식이 아닌 미래사회가 요구하는 역량을 키워나갈 수 있도록 교육해야 할 것이다.

(2) 미래가 요구하는 핵심 역량

4차 산업혁명시대 기술 혁신에 따른 우리 삶의 변화는 교육의 가치와 교육 환경의 변화, 그리고 그에 따른 교육방식에도 많은 변화를 가져올 것이다. P21 (The Partnership for 21st Century Skills)에서는 미래사회가 요구하는 핵심 역량으로 4C, 즉 창의성(Creativity), 비판적 사고 능력(Critical thinking), 의사소통능력(Communication skill), 협업능력(Collaboration)을 제시하였다. 이 4개의 핵심 역량은 인공지능이 결코 가질 수 없는 인간 고유의 능력이다. 또한 4C는 가르치고 배우는 것이 아니라 학습자들이 경험하고 터득하는 것이다.

인공지능의 정보처리, 종합, 판단, 생성 능력은 인간보다 10배 정도 앞서 있으며, 앞으로도 빠른 속도로 발전할 것이다. 미래사회의 인재는 빠르게 변화하는 지식과 기술에 주도적으로 인공지능의 역할을 관리하고 조절할 수 있는 역량이 필요하다. 더불어 인본주의적이고 윤리적인 사고를 바탕으로 다양성을 존중하여 소통하고 협업할 수 있는 역량, 비판적인 사고와 창의적 문제해결을 통하여 급변하는 시대에 잘 적응하며 심신의 건강한 삶을 영위할 수 있는 자기 주도적 창의 융합 역량이 필요하다.

출처	강조되는 역량/능력
다보스 세계경제포럼 (2016)	• **기초 문해** : 문해, 산술능력, 과학문해, ICT문해, 금융문해, 문화 및 시민소양 • **역량** : 비판적사고·문제해결, 창의성, 의사소통, 협업 • **인성 자질** : 호기심, 주도성, 일관성·도전정신, 적응력, 리더십, 사회문화적 인식
P21 (The Partnership for 21st Century Skills) (2008)	• **핵심 교과**(기초학습능력 3R 읽기, 쓰기, 산수)와 21세기 테마 (글로벌 인식, 금융·경제·기업가적 소양, 시민 소양, 건강 소양, 환경 소양) • **학습과 혁신역량** : 비판적 사고, 소통능력, 협업능력, 창의성 • **정보·미디어 및 테크놀로지 역량** : 정보활용능력, 미디어 활용능력, ICT(정보통신기술)활용능력 • **생활 및 경력관리 역량** : 유연성과 적응력, 진취성과 자기주도성, 사회성과 타문화 이해력, 생산성과 책무성, 리더십과 책임감
ATC21S (2012)	• **사고방법** : 창의력·혁신능력, 비판적 사고력·문제해결력, 의사결정력, 자기주도 학습능력 • **일하는 방법** : 의사소통능력, 협동능력 • **일하기 위한 도구** : ICT(정보통신기술), 문해력 • **사회생활방식** : 시민의식(지식/글로벌), 인생 및 진로 개척, 개인·사회적 책임의식, 문화 이해 역량

| 미래사회구성원에게 필요한 핵심 역량 및 능력 |

다시 말해 미래의 학습자에게 요구되는 핵심 역량은 창의적 문제해결 역량, 윤리적 인성 역량, 사회적 소통과 협업 역량, 디지털·미디어 정보 활용 역량, 자기 주도적 생애학습 역량 등을 들 수 있다. 이를 구체적으로 설명하면 다음과 같다.

첫째, 인공지능과 공존하며 협업해야 하는 4차 산업혁명시대에는 인공지능이 할 수 없는 인간의 고유한 특성인 창의적 사고능력을 바탕으로 다양한 지식과 분야를 융합하여 복잡하고 어려운 문제를 해결할 수 있는 '창의적 문제해결 역량'이 요구된다.

둘째, 자신과 인류에 대해 긍정적인 관점을 가지고 공동선을 기준으로 도덕적 판단을 내리고 실천할 수 있는 '윤리적 인성 역량'이 필요하다.

셋째, 타인과 효율적으로 상호작용하고 진심으로 소통함으로써 공동의 목표를 설정하고 이를 위해 협력하고 조율할 수 있는 '사회적 소통과 협업 역량'이 요구된다.

넷째, 고도화된 디지털 사회의 시민으로서 디지털 도구와 환경에 대한 지식, 기술, 태도를 갖추고 미디어 정보 활용에 능한 '디지털·미디어 정보 활용 역량'이 필요하다.

다섯째, 자기 주도적으로 목표를 설정하고 계획하여 평생학습을 지속함으로써 인생의 진로를 개척하고 조절·관리하며 삶을 살아갈 수 있는 '자기 주도적 생애학습 역량'이 필요하다.

(3) 놀이처럼 학습하라

디지털 원주민으로 불리는 Z세대의 특징 중의 하나가 어떤 세대보다 높은 디지털 리터러시를 보유하고 있다는 것이다. 인터넷 검색을 통한 정보와 미디어의 활용에 능하며, 언제 어디서든 스마트폰이나 태블릿PC 등 모바일 기기를 활용한 인터넷 접속이 자유롭다. 또한 텍스트 위주의 책보다 멀티미디어를 통한 시청각적 정보를 더욱 선호한다. 더욱이 이러한 정보와 미디어를 활용하여 재미있게 즐기면서 자신에게 필요한 지식과 정보를 찾는다. 이제는 학습이 가르치는 사람에 의해 일방적으로 배우는 과정이 아니라 학습자 스스로 수많은 지식과 정보 중에서 자신이 필요한 정보를 재미있게 탐색하고 활용하며 이를 통해 지식을 재창조하는 과정이 되고 있다.

학생들이 공부에 대한 부담감 없이 재미를 느끼며 공부할 수 있도록 게임이나 놀이 요소를 적용하여 학습하게 되면, 학생들에게 높은 성취동기가 부여될 것이며 자유롭고,

주도적이며, 즐겁게 배울 수 있게 된다. 학습에 게임처럼 재미나 보상의 요소를 적용하거나 목적을 제시하여 하나씩 풀어나가는 것도 하나의 방법이며, 이러한 과정에서 학습자들은 주도적으로 참여하여 친구들과의 협업을 통해 의견과 아이디어를 교환하며 한 단계씩 풀어나갈 수 있다.

'놀이처럼 학습하는 학습자'들은 어떠한 과제에도 성취동기가 높으며 놀이하듯 재미있게 성취할 수 있다. 또한 과제에 대해 두려움이 없고, 어려운 문제에 직면했을 때 건강하게 잘 해결할 수 있다. 그리고 놀이학습에서의 다양한 경험을 통해 창의력과 사고력을 기를 수 있으며 무엇보다 학습에 대한 부담과 스트레스에서 벗어나 정서적 안정을 기반으로 몸과 마음이 건강하게 성장할 수 있다. 학습자들이 즐겁게 배울 수 있는 교수·학습을 지원하기 위해 교실 현장도, 교사도 변하고 있다.

(4) 미래사회의 교사 : 티칭이 아닌 코칭으로

인공지능이 가져올 교육의 변화로 교사 역할의 변화도 예고되고 있다. 미래사회의 교사는 더 이상 지식을 전수하고 가르치는 사람이 아니다. 굳이 교사가 직접 가르치지 않아도 검증된 잘 만들어진 교육 콘텐츠들이 많이 있다. 언제 어디서든 원하는 교과목에 대한 질 좋은 온라인 강의를 찾을 수 있게 되었다. 에듀테크 기술의 발달로 학습자의 학습 활동이 온라인상에서 상세하게 기록되고 분석되어 학습자에게 더 좋은 교육 콘텐츠를 제공하게 될 것이다.

특히 교육 활동에서 인공지능의 역할이 더욱 커지게 될 것이다. 인공지능이 각각의 학습자의 수준에 맞는 개인학습을 이끌게 될 것이다. 학습자의 빅데이터를 분석하여 학습 현황과 역량을 정확하게 파악하여 학습자의 상태와 환경에 맞추어 학습을 진행하게 된다. 즉 인공지능 교사는 1:1의 맞춤형 학습과 학습관리에 최적화된 과외교사 역할을 하게 될 것이다. 그렇다고 인공지능 교사가 인간 교사를 대체할 수는 없다. 교사는 학습자가 인간으로서 갖는 인성과 감수성, 그리고 공감 능력 등을 가지고 인공지능과 협업하며 미래사회에 잘 적응하며 살아갈 수 있도록 상호작용하고, 상담하고, 이끄는 코치의 역할로 바뀌게 될 것이다. 인공지능이 인간지능을 앞설 수는 있지만, 결코 삶에서의 가치나 인성을 기르는 일에는 앞서지 못할 것이기 때문이다.

2. 미래형 유아교육과정
: 놀이, 디지털을 만나다

1) 디지털 전환 시대, 그리고 미래형 교육과정

(1) 영·유아기 디지털 매체 활용에 대한 우려와 걱정

디지털 매체의 보편화에 따라 영·유아들은 태어날 때부터 디지털 환경에 둘러싸여 있다고 해도 과언이 아니다. 사실 지금까지 교육계에서는 영·유아 시기의 디지털 기기 노출에 대한 걱정, 영·유아들의 과몰입에 대한 염려, 구체물(具體物)을 통한 쌍방향 직접 경험을 중요하게 여기는 교육적 신념 등으로 영·유아기 디지털 매체 활용에 대해 부정적인 견해가 대부분이었다.

그러나 영·유아기 디지털 활용에 대한 논쟁과는 별도로 스마트폰, 태블릿, 유아용 로봇, 전자책, 각종 디지털 놀잇감 등의 활용이 이미 영·유아들에게 일상이 되어버린 지금, 더 이상 영·유아들의 생활과 디지털 테크놀로지를 떼어놓고 생각하기 어려운 상황이 되었다. 또한 코로나19 이후 디지털 미디어를 활용한 교육체제의 변화가 가속화되고, 교육 현장의 혁신적 변화를 통해서 미래교육에 대비해야 한다는 요구가 커지고 있다. 이에 따라, 유아교육기관에도 디지털 기반 교육 환경으로의 전환이 요구되고 있으며, 유아기부터 디지털 사회를 살아가는데 필요한 디지털 역량을 키울 수 있도록 교육해야 한다는 목소리가 높아지고 있다.

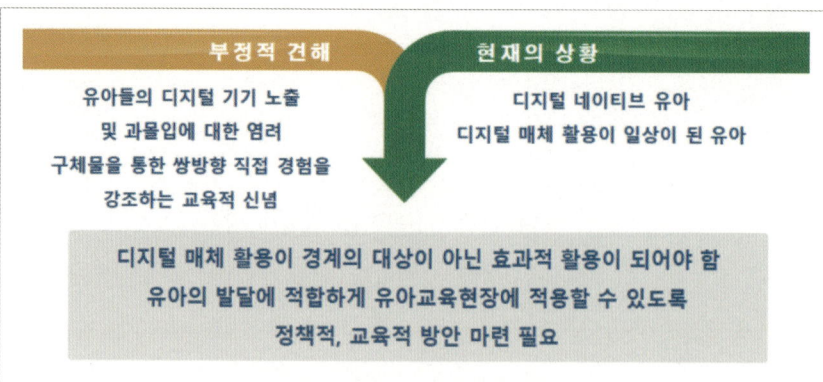

| 영·유아기 디지털 매체 활용에 대한 우려와 걱정 |

　유아들의 생활에서 디지털 매체의 활용은 매우 자연스러운 일이 되었다. 디지털 원주민인 유아들에게 디지털 매체가 우려와 경계의 대상이 아닌 효과적 활용의 대상이 되었음을 더 이상 부인할 수 없는 상황이다. 따라서 디지털 기술을 영·유아의 발달에 적합하게 교육 현장에 적용할 수 있도록 심도 있는 정책적·교육적 방안 마련이 필요하다.

(2) 미래형 유아교육과정 도입

　예고 없이 찾아온 코로나19 상황은 교육 현장에 엄청난 혼란을 야기하였다. 어떤 준비도 없는 상황에서 시간에 쫓기며 원격수업이 시행되었다. 이로 인해 유아교육 현장의 교사들뿐만 아니라 가정의 부모들도 한 번도 경험하지 못한 혼란과 어려움에 직면했다. 이에 따라 교육부에서는 원격수업 수행을 위하여 유치원 교사에게 필요한 디지털 역량을 ① 디지털 자료에 대한 활용능력, ② 디지털 교수·학습능력, ③ 디지털 기반 유아 이해능력, ④ 디지털 활용 소통능력, ⑤ 유아의 디지털 역량 지원능력으로 제시하고 이에 기초하여 국가 차원의 '유아 원격교육을 위한 교사 지원 자료'를 제공하여 유치원 교육 현장을 지원하였다(교육부, 2020). 이러한 노력에도 불구하고 현장의 혼란을 피할 수 없었고, 이에 교육부는 급변하는 유치원 현장의 디지털 기반의 교육환경으로의 전환을 지원하고자 정책적 방향을 수립하여 제시하였다.

- **'코로나 이후, 미래교육 전환을 위한 10대 정책 과제'(교육부, 2020)**

국가 차원에서 미래교육의 기반 마련을 위한 '코로나 이후, 미래교육 전환을 위한 10대 정책과제'(2020.10.5.)를 발표하였으며, 여기에 유아교육 관련하여 유치원 미래형 교육과정 도입, 디지털 전환 기반 마련 등에 대한 내용을 포함하였다. 정책 발표 이후, 교육부에서는 정책 사업으로 2021년 미래형 교육과정 운영 시범유치원을 공모하였고, 전국 17개 시도에서 34개 유치원을 선정하여 미래형 교육과정 시범유치원 운영을 시작하였다.

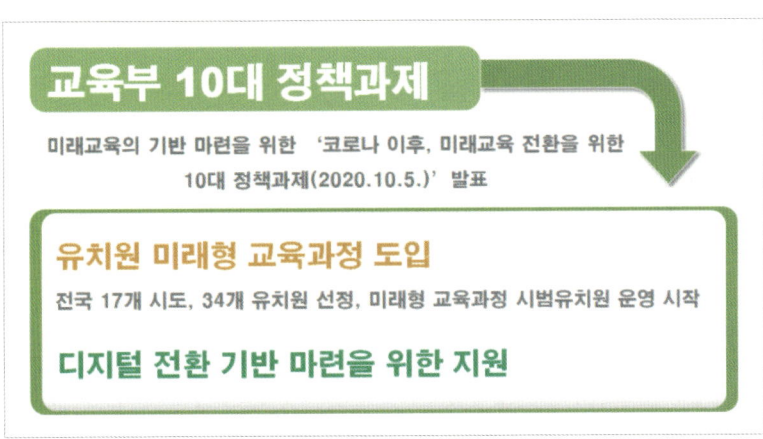

| 코로나 이후, 미래교육 전환을 위한 10대 정책과제 중 유아교육 관련 내용 |

- **미래학교 종합추진계획(교육부 보도자료, 2021.2.3.)**

2021년 2월, 미래지향적 친환경 스마트 교육여건 구현을 목표로 미래학교 종합추진계획을 발표, 교육 현장에 디지털 기반 교육 인프라 조성을 위한 중장기 교육정보화 사업을 계획하여 추진하였다. 미래학교 종합추진계획에서는 공간혁신, 스마트교실, 그린학교, 학교 복합화 등의 요소를 핵심과제로 하여 학생의 건강, 바른 인성, 효과적 학습 등에 필요한 미래형 학교 환경을 마련하고자 아래와 같이 제시하였다.

① 공간혁신 : 기존의 규격화된 교실이 수강 인원, 수업 상황에 따라 분할·통합되는 등 유연하고 다목적으로 활용되는 공간으로 바뀐다.

② 스마트교실 : 무선인터넷, 학습 플랫폼, 디지털 기기 등을 구비한 첨단 지능형(스마트) 교실을 구축한다.

③ 그린학교 : 친환경 건축 기법을 사용한 에너지 자급자족(제로에너지) 학교 조성, 생태교육 공간 마련으로 학교의 일상에서 탄소중립을 실천한다.

④ 학교 복합화 : 학교가 지역사회의 중심이 되어 일부 시설을 지역과 공유하고 주민과 함께하는 프로그램을 운영한다.

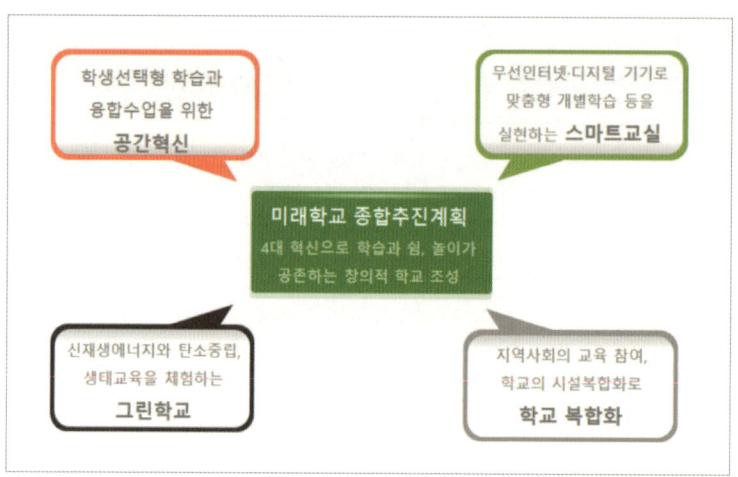

| 미래학교 종합추진계획 |

■ 인공지능시대 교육정책방향과 핵심과제(2020.11. 관계부처 합동)

정부는 미래사회 변화에 부흥하는 교육정책의 방향 제시를 위해「인공지능시대, 교육정책방향과 핵심과제」를 발표하였다.

① '인간'에 집중하는 교육 : 자기주도적 태도를 기르고, 인간의 존엄성을 중시하는 마음을 키우는 교육을 강조한다. 또한 2022년 개정 교육과정에서 자기주도성 등을 고려하여, '인간'에 집중하는 교육을 학교 교육을 통해 중점적으로 기르고자 내용을 반영하였다.

② '시대'에 부합하는 교육 : 유·초·중·고에 인공지능 교육을 도입한다. 우리의 일상과 직업, 삶의 일부로서 인공지능을 받아들이고 이와 관련한 교양을 기를 수 있도록 유·초·중·고 단계에서 인공지능 활용 및 문제해결 역량 강화를 위한 맞춤형 교육활동을 운영, 지원한다.

◇ 학교교육, 인공지능 소양 학습에 '유치원 교육과정' 관련 내용 포함.
유치원에서 놀이를 통한 인공지능 교육에 활용할 수 있도록 '인공지능과 놀이하기',
'친구들과 의견 모으기 활동을 통해 인공지능(AI) 경험하기' 등 학습자료 개발 추진.

③ '기술'과 결합하는 교육 : 인공지능기술의 교육적 활용을 위한 학습자 중심 환경 조성 및 학생 중심 프로그램을 지원하여 에듀테크를 활용한 공교육 교육환경을 개선한다.

2) 미래형 교육과정의 방향

(1) 디지털 네이티브

우리는 지금 인문, 사회, 경제, 과학 전 분야에서 디지털 기반의 패러다임으로 빠르게 전환되는 디지털 대전환의 시대에 살고 있다. 이에 따라 급변하는 미래에 대응하고 미래사회가 요구하는 역량을 키우기 위한 교육과정으로의 변화가 시작되고 있다. 태어날 때부터 디지털에 둘러싸여 디지털 환경에서 자라고 있는 유아들은 디지털 네이티브(디지털 원주민)라고 할 수 있다. 디지털 가전, 디지털 소품, 디지털 놀잇감 등 이미 디지털과의 생활이 일상화된 유아들에게 디지털과의 소통은 매우 자연스러운 현상이다. 변화된 세상을 살아갈 유아들이 미래 환경 변화에 능동적으로 대처하고 미래사회에 필요한 역량을 기르기 위한 미래형 교육과정이 요구된다.

| 디지털 대전환 시대, 디지털 원주민 : 유아 |

　급변하는 미래 산업사회에서는 신기술의 발달에 따라 직업의 변화 및 고용의 문제로 커다란 사회적 변혁이 일어날 것이다. 사람이 했던 많은 일자리를 기계, 즉 인공지능이 대신할 것이다. 편리한 세상에 대한 기대가 높은 만큼 인공지능을 통한 직업의 역습에 대비해야 한다. 이에 맞추어 사회 인프라가 구축되면서 교육에 대한 근본적인 인식의 전환을 가져오게 되며, 교육내용 및 방법 등 전반적인 교육시스템의 변화를 요구하게 될 것이다. 미래, 인공지능과 경쟁해야 하는 우리 아이들, 어떻게 키울 것인가? 유아교육에 당면한 최대 화두이다.

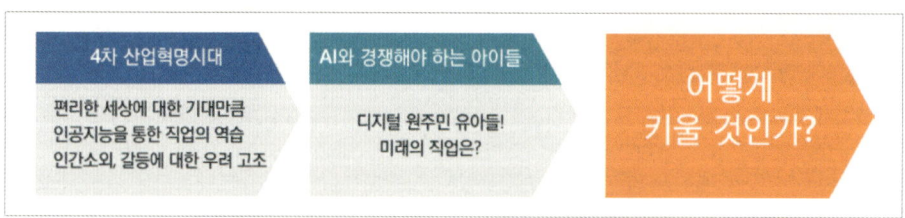

| 인공지능과 경쟁하는 아이들 어떻게 키울 것인가? |

　미래사회는 '인간다움'과 '미래다움'이 공존하는 교육 패러다임의 실현을 목적으로 한다. 사람과 인공지능이 공존하는 사회에 대비하여 미래의 윤리와 가치관을 확립할 수 있도록 교육해야 한다. 그러므로 4차 산업혁명에 따라 과학기술과 산업이 발전할수록 좀 더 인간 중심적이어야 하고, 인간에 대한 교육이 강화되어야 한다. 미래사회에는 지

금까지처럼 잘 습득하여 많이 알고 배운 대로 잘 해내는 아이를 키우는 교육은 더 이상 의미가 없다. 인공지능과 협업하며 스스로 새로운 직업과 환경을 창조하는 아이, 건강한 정서와 균형감을 가진 아이로 교육하여 인공지능 시대에 스스로 자신의 미래를 개척하고, 인간 존엄성을 중시하는 윤리적 태도를 갖춘 사람을 길러내야 한다.

| 미래사회에 필요한 교육 |

(2) 디지털 기반 교육, 왜 유아기부터 시작해야 하는가?

미래사회의 시대적 요구에 따라 미래사회를 이끌어갈 유아들에게 디지털로 세상을 바라보고, 새로운 가치를 창조할 수 있는 디지털 소양 교육이 필요하다(교육부, 2021). 유아기는 모든 발달의 기초가 형성되는 결정적 시기이므로, 유아기부터 인공지능에 대한 올바른 이해, 활용, 태도를 함양할 수 있도록 지도하는 것이 필요하다.

유아기 인공지능교육의 필요성을 제시하면 아래와 같다(교육부, 2021).

① 유아기부터 인공지능에 대한 올바른 이해를 위한 교육을 시작해야 한다. 유아기에 형성된 인공지능에 대한 올바른 이해는 생애 전체에 걸쳐 지속되므로 유아기부터 인공지능교육이 필요하다.
② 인공지능 소통, 활용 교육을 통해 유아의 배움의 폭과 깊이를 더해갈 수 있기 때문에 유아기부터 인공지능 교육이 필요하다.
③ 인간다움을 바탕으로 인간과 인공지능의 공존을 위한 바른 가치관을 함양하는 것이 중요하다. 그래서 유아기부터 인공지능이 사회 변화에 미치는 영향과 인간의 가치와 존엄성에 대해 인식하도록 교육하는 것이 필요하다.

④ 유아 인공지능교육은 인공지능 매체를 단순 조작하고 그 결과를 수용하는 것이 아니라 유아가 인공지능을 능동적으로 경험(놀이)하고 사고하는 가운데 배움이 일어난다. 따라서 유아 인공지능교육은 유아교육의 본질과 맞닿아 있다고 볼 수 있다.

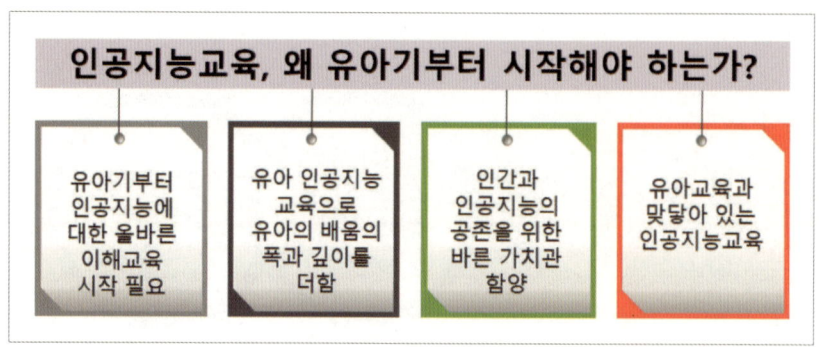

| 유아 인공지능교육, 왜 필요한가? |

(3) 디지털 기반 교육, 어떻게 시작할 것인가?

유아중심·놀이중심 교육과정은 유아 주도의 놀이를 통한 배움을 추구한다. 여기에서 놀이는 계획된 놀이, 안내된 놀이가 아닌 유아의 관심과 흥미에 따라 자발적으로 시작되는 놀이이다. 개정누리과정의 핵심 개념인 '유아가 중심이 되고 놀이가 살아나는 교육과정'이 된다. 여기에 교사는 유아의 관심과 흥미에 귀 기울이고 놀이의 흐름을 관찰함으로써 놀이의 진행과 확장을 지원하게 되며, 이때 놀이 과정에서 벌어지는 유아들의 다양한 경험은 '배움'으로 연결된다.

인공지능이나 디지털 기반 교육도 유아중심·놀이중심 교육과정의 핵심 개념과 맥을 같이한다. 인공지능 또는 디지털 매체를 단순 조작하고 그 결과를 수용하는 것이 아니라 유아들이 주도적으로 인공지능을 경험하고 놀이하며 기존의 놀이와는 또 다른 깊이와 경로로 사고하고 배우게 된다. 유아 주도의 놀이 경험을 통한 배움의 연결이라는 접근에서 보면 인공지능 교육은 유아교육이 추구하는 바와 맥을 같이한다고 볼 수 있다.

① 놀이와 테크놀로지의 결합

미래형 교육과정의 가장 큰 특징은 놀이와 테크놀로지의 결합이라고 할 수 있다.

2019 개정누리과정에 따라 진행되는 놀이, 일상생활, 활동에서 디지털 환경을 경험하면서 유아들은 흥미와 호기심을 가지고 탐색하고, AI 및 에듀테크 활용에 대한 긍정적인 태도를 형성할 수 있다. 특히 자유롭게 실시되는 디지털 기반 놀이를 통해서 유아들이 AI 및 에듀테크를 활용하여 주도적으로 놀이함으로써 언플러그드 놀이와는 다른 차원의 놀이법, 문제해결, 놀이에 접근하는 사고 등을 경험하게 되며, 이러한 놀이 과정에서 유아들은 다양한 디지털 테크놀로지를 경험하며 신체운동·건강, 의사소통, 사회관계, 예술경험, 자연탐구영역에서의 배움으로 자연스럽게 연결될 수 있다.

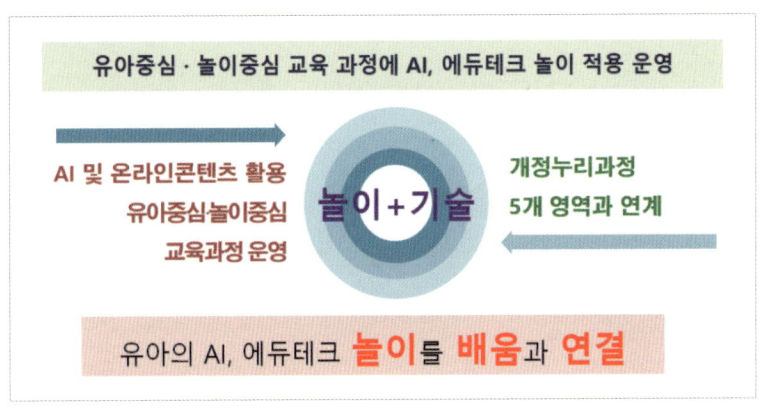

| 미래형 교육과정, 놀이와 테크놀로지의 결합 |

② 미래의 역량, 놀이를 통한 배움 추구

유아는 놀이를 만들고 이어가면서 놀이한다. 놀이는 맥락이자 흐름이며 복합적으로 유지되고 변화되는 것이다. 놀이가 진행되면서 새로운 특성이 나타나며 기존의 특성에 더해진다. 그 과정에서 유아의 놀이 경험은 더욱 풍부해진다. 그리고 놀이 안에서 자유로움, 주도성, 즐거움, 몰입, 상상력 등이 자라게 된다.

인공지능의 정해진 답을 찾는 능력은 인간보다 빠르고 정확하여 인간의 지적 활동이나 직업의 상당 부분을 대체하게 될 것이다. 정해진 구조에서는 인공지능이 더 효율적이므로 인간에게 요구되는 것은 기존의 틀을 뛰어넘어 새로운 구조를 만드는 창의력과 상상력이다. 따라서 정답만 쫓는 방식보다 새로운 접근을 불러일으키는 독창적 질문, 상상력, 창의적인 아이디어가 더욱 필요하다. 또한 인공지능이 인간을 대체하는 것보다 더 큰 관심은 인간 고유의 능력에 인공지능의 능력이 더해진 인간과 인공지능의 협업이다. 인공지능에게 더 정확하고 신속한 효율성을 요구하지만, 인간에게 요구되는 것은 인간적인, 인간의 감성에 대한 이해와 공감, 타인과의 소통·협업 등 사람에 대한 깊은 관심에 바탕을 둔 인본주의적인 사고이다. 이러한 관점에서 보았을 때 미래가 요구하는 역량을 놀이 안에서 찾을 수 있다. 미래사회의 인간에게 요구하는 창의성, 상상력, 이해와 공감, 소통과 협업 등의 사례들은 놀이 안에서 수도 없이 많이 일어나기 때문이다.

유아들은 성인의 지시나 안내가 아닌 자신의 흥미에 따라 놀이에 몰입하며 자기 주도적으로 놀이를 전개한다. 따라서 놀이중심의 교육은 곧 아동중심 교육이며 이는 유아기 교육에서 최고의 교수·학습 방법으로 인정받고 있다. 놀이는 정답이 없으며, 유아들은 스스로 창조하는 놀이를 더 좋아한다. 주변의 모든 사물이 놀잇감이 될 수 있으며 같은 놀잇감이라도 유아들의 생각에 따라 놀이하는 방법이 다르게 나타날 수 있다. 유아들은 친구들과 함께 놀이하는 것이 더 재미있다는 것을 경험하게 되면서, 친구들과 협업하며 함께 놀이하기를 즐긴다. 놀이하면서 부딪히는 문제에 대하여 끊임없이 의사소통하며 문제를 해결하고 제안하고 타협하면서 상상력과 아이디어를 더해서 놀이를 발전시켜 나간다.

| 놀이의 특성 |

특히 놀이의 특성에는 미래교육에서 강조되는 4C, 즉 창의성(Creativity), 의사소통(Communication), 비판적 사고(Critical thinking), 협업능력(Collaboration)의 모든 요소들이 포함되어 있다. 유아들은 놀이 과정에서 지속적으로 새로운 놀이의 내용, 형태, 규칙을 만들

어 내고(창의성), 친구와 협력하며 함께 놀이한다(소통, 협력). 또한 놀이 과정에서 자연스럽게 나타나는 놀잇감 부족, 또래 갈등의 문제해결을 경험하기도 한다(비판적 사고). 유아들은 가장 자연스러운 삶의 형태인 놀이를 통해 4C를 경험하게 되며, 미래사회 인재에게 요구되는 역량을 키우게 되는 것이다.

| 미래의 역량 4C |

미래 인재가 갖추어야 할 역량을 키우기 위한 방법으로 '놀이'가 중요시되는 만큼, 미래를 대비한 교육과정으로 개정누리과정(교육부, 2019)에서도 유아중심·놀이중심 교육과정이 강조되고 있다. 이러한 관점에서 접근했을 때 2019 개정누리과정은 미래시대에 부응하는 교육과정, 4차 산업혁명시대를 준비하는 유치원 교육과정이라고 할 수 있겠다.

| 2019 개정누리과정의 유아중심·놀이중심 교육과정 |

잠깐!
미래가 요구하는 역량, '놀이' 안에 있습니다.

아이들이 살아갈 앞으로의 세상은 인공지능이 인간을 대신해서 많은 일들을 대체하게 될 것이며, 지금까지와는 매우 다른 패러다임으로 사회구성원들에게 역할을 요구할 것입니다. 따라서 유아기부터 인공지능이 해결하지 못하는 인간 고유의 능력을 키울 수 있는 교육을 실시하여 미래가 요구하는 핵심역량을 키워야 할 것입니다. 미래의 핵심역량으로 4C, 즉 창의성(Creativity), 비판적사고(Critical thinking), 의사소통능력(Communication skill), 협업능력(Collaboration)을 제시하는데, 유아들은 가장 자연스러운 삶의 형태인 놀이를 통해 4C를 경험하게 되며, 미래사회 인재에게 요구되는 역량을 갖춰나가게 됩니다.

- **놀이와 창의성(Creativity)** : 아이들이 주도하는 놀이에는 정답이 없습니다. 정해진 방법도 없습니다. 주변에 보이는 모든 사물이 놀잇감이 될 수 있으며, 스스로 창조하는 놀이를 합니다. 나뭇잎 하나로도 수많은 상상을 하며 놀이의 내용, 방법 등을 다양하게 생각해낼 수 있습니다. 주변 나뭇잎의 모양, 색깔, 질감, 크기 등을 비교할 수 있고, 나뭇잎들로 다양한 모양을 구성할 수 있으며, 낙엽을 뭉쳐 축구공을 만들어 낙엽축구를 할 수도 있습니다. 나뭇잎 놀이 안에서 아이들은 상상하며 창조하는 즐거움을 경험합니다.

- **놀이와 비판적 사고(Critical thinking)** : 아이들은 놀이 과정에서 다양한 문제에 부딪히게 됩니다. 나무블록으로 에펠탑 쌓기 놀이를 하면서 탑이 쓰러지지 않도록 균형을 잡기 위해 자신이 알고 있는 지식과 정보를 분석하고 활용하며 구조물을 완성해 나갑니다. 놀이는 사고의 과정이고 문제해결의 과정이므로 놀이 과정에서 부딪히는 문제들을 주도적으로 해결하는 경험을 통해 자신이 알고 있는 지식과 정보를 분석하고 재구성하여 문제해결을 시도합니다. 이러한 사고의 과정을 통해서 아이들은 자연스럽게 비판적 사고를 통한 문제해결력을 기르게 됩니다.

- **놀이와 의사소통 기술(Communication skill)** : 놀이 안에서는 아이들 간의 상호작용, 아이들과 사물과의 상호작용이 자연스럽게 일어납니다. 다양한 에피소드가 만들어지면서 아이들 간에 많은 대화의 소재들이 생겨납니다. 놀이내용, 놀잇감, 놀이방법, 놀이순서 등에 대해 끊임없이 이야기를 주고받으며 의견을 제시하고, 친구의 의견을 듣고, 협상하며 놀이를 이어 나갑니다. '병원놀이'를 하면서 역할 정하기, 장소 정하기, 상황 설정하기, 놀잇감(소품) 준비하기 등의 과정을 통해 또래 친구들과 상황과 맥락에 맞게 이야기를 주고받으면서 수많은 의사소통을 경험하게 됩니다.

- **놀이와 협업(Collaboration)** : 아이들은 또래와 더불어 놀이하면서 함께 놀이하는 즐거움을 알게 됩니다. 모래놀이를 좀 더 재미있게 하려고 역할을 분담하여 모래 웅덩이를 파고, 물을 떠 나르고, 물과 흙을 섞어서 담는 등의 협업을 하며 '모래연못 만들기' 놀이를 더욱 조직적으로 진행해 나갑니다. 놀이에서의 공동의 목적을 위해 서로 협력하는 법을 배우기도 하고, 놀이과정에서 서로 생각이 다름을 알게 되면서 타인의 입장을 이해하며 타협하는 방법을 터득하기도 합니다.

3) 에듀테크 놀이이야기

(1) 개정누리과정 5개 영역과 디지털 기반 에듀테크 놀이의 연계

유아들의 디지털 기반 AI 및 온라인콘텐츠 활용 놀이 경험을 2019 개정누리과정은 5개 영역으로 연계하여 분류, 정리하였다. 디지털 기반의 에듀테크 놀이를 국가 수준의 유치원 교육과정에 통합하여 유아중심·놀이중심 교육과정으로 운영한다.

① 신체운동·건강영역

AI와 신체놀이하기
▶ 에듀테크 및 AI를 활용하여 건강한 몸과 마음을 키우며 놀이를 한다.

내용범주	내용	활용기기 또는 AI·온라인 프로그램
신체활동 즐기기	- 'Just Dance'를 활용하여 신체활동 하기 - 유튜브를 활용하여 신체활동하기 - 코딩블록 및 로봇을 활용하여 놀이하기 - 미러링을 활용하여 신체표현하기	닌텐도, 코딩블록, AI로봇, 스마트미러링어댑터, 컴퓨터, 스마트폰
건강하게 생활하기	- AI로봇과 스포츠 놀이하기 - AI로봇으로 놀잇감 정리하기	AI로봇
안전하게 생활하기	- 사이버 안전체험관에서 안전체험하기	VR HMD기기, VR 카드보드

② 의사소통영역

AI와 소통하며 놀이하기
▶ 에듀테크 및 AI를 활용하여 의사소통능력과 상상력을 기르며 놀이한다.

내용범주	내용	활용기기 또는 AI·온라인 프로그램
듣기와 말하기	- AI 스피커와 대화 나누기 - AI 스피커와 끝말잇기 놀이하기	AI 스피커
읽기와 쓰기에 관심가지기	- 'Speechnotes' 앱을 활용하여 놀이하기 - 패들렛을 활용하여 놀이기록 남기기 - AI로봇으로 친구에게 편지 전달하기	스마트폰, 패들렛, AI로봇
책과 이야기 즐기기	- VR 동화, ebook 감상하기 - 동극을 촬영하여 QR코드 공유하기	VR HMD 기기, VR 카드보드, 컴퓨터, 스마트폰, QR코드 web

③ 사회관계영역

AI와 함께 더불어 놀이하기
▶ 에듀테크 및 AI를 활용하여 사람을 존중하고 더불어 생활하며 놀이한다.

내용범주	내용	활용기기 또는 AI·온라인 프로그램
나를 알고 존중하기	- VR 박물관 경험하기 - 증강현실 카드보드로 신체구조 살펴보기 - AI 카메라를 활용하여 내 모습 살펴보기	VR HMD기기, VR 카드보드, 증강현실 카드보드
더불어 생활하기	- 친구, 로봇과 함께 놀이하기 - 미러링과 패들렛으로 친구의 놀이 공유 - ZOOM을 활용하여 재능마당 참여하기	AI로봇, 스마트폰, AI 카메라, 컴퓨터마이크, ZOOM
사회에 관심 가지기	- 'Google Earth'로 우리 동네 찾아보기 - 'Google Earth'로 세계명소 탐방하기	스마트폰, 컴퓨터

④ 예술경험영역

AI로 예술놀이하기
▶ 에듀테크 및 AI를 활용하여 아름다움과 예술을 즐기며 창의적으로 놀이한다.

내용범주	내용	활용기기 또는 AI·온라인 프로그램
아름다움 찾아보기	- 스마트폰, 태블릿PC로 아름다운 장면 촬영하기 - 주변의 아름다운 소리 녹음하여 놀이에 활용하기 - 온라인 플랫폼에서 아름다운 사진, 소리 등 찾아보기	스마트폰, 태블릿PC
창의적으로 표현하기	- 전자칠판에 그림 그리기 - AR 미술 놀이(Quiver-3D, Sand draw) - 전자음표로 노래 만들기 - 3D펜으로 입체작품 만들기	전자칠판, 스마트폰, 뮤직파이브, 3D펜
예술 감상하기	- 유아들이 만든 작품을 QR코드로 만들어 공유하고 감상하기 - 구글 아트의 3차원 가상현실(VR) 미술작품 감상하기 - AI 스피커를 활용하여 놀이 배경음악 감상하기	스마트폰, VR HMD기기, VR 카드보드, AI 스피커

⑤ 자연탐구영역

AI와 함께 탐구하기

▶ 에듀테크 및 AI를 활용하여 탐구과정을 즐기며 자연과 더불어 놀이한다.

내용범주	내용	활용기기 또는 AI·온라인 프로그램
탐구과정 즐기기	- 궁금한 점 인터넷으로 조사하고 찾아보기 - 별자리 앱으로 별자리 알아보기	VR HMD기기, VR 카드보드, 증강현실 카드보드
생활속에서 탐구하기	- 코딩블록과 로봇을 활용하여 문제해결 하기 - 디지털 현미경 렌즈로 관찰하기	AI로봇, 스마트폰, AI 카메라, 컴퓨터마이크, ZOOM
자연과 더불어 살기	- Merge Cube로 태양계 감상하기 - 3D 홀로그램을 만들어 자연물 감상하기 - 구글렌즈로 식물 이름 찾기 - 날씨와 온도 알아보기	스마트폰, 컴퓨터

(2) 교실 속 인공지능 놀이

지금부터는 유아중심·놀이중심 교육과정에 AI 기술 및 온라인콘텐츠 활용 놀이에서의 놀이지원 사례를 간단하게 소개한다.

① 유아들이 주도하여 확장되는 놀이 : 퀵드로우&오토드로우

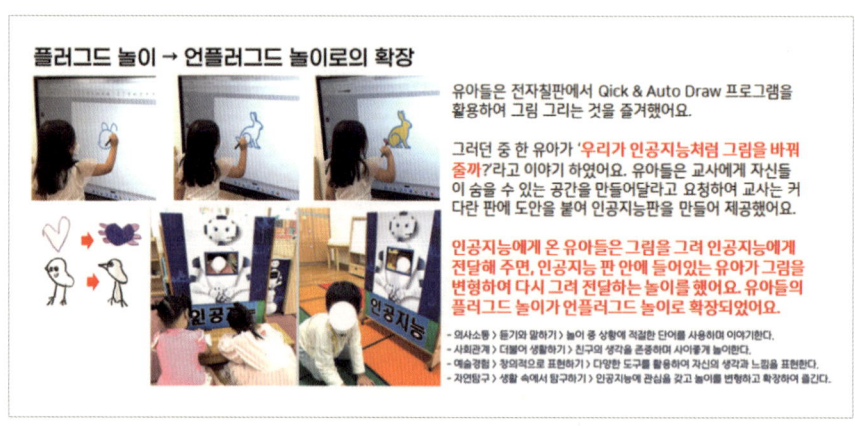

| 유아들이 주도하며 자유롭게 확장되는 디지털 놀이의 예 |

퀵드로우(Quick Draw)와 오토드로우(Auto Draw)는 구글(Google)의 인공지능 체험 앱(Application)이다. 컴퓨터(AI)가 단어를 제시하면 사용자가 그림을 그리고, 컴퓨터(AI)는 사용자가 그린 그림을 보고 단어를 맞추는 콘텐츠이다. 오토드로우(Auto Draw)는 컴퓨터에 내가 그린 낙서나 그림을 컴퓨터(AI)가 완성도 있게 그려주는 AI 콘텐츠이다. 유아들은 컴퓨터나 전자칠판에서 AI 콘텐츠 활용 놀이를 하고 언플러그드 놀이로 확장하여 놀이하였다. 그리고 교사는 이러한 유아들의 놀이 과정을 개정누리과정 5개 영역과 연계하여 유아들의 배움으로 평가하였다.

② 교사와 유아가 함께 만들어가는 놀이 : 영화관 놀이(Feat 키오스크 활용)

| 교사와 유아가 함께 만들어가는 콘텐츠의 예 |

유아들은 놀이를 통해 자신들의 경험을 재구성한다. 역할영역에서 영화관을 구성하여 놀이를 하던 유아들은 자신들이 최근 극장에서 경험했던 디지털 경험, 즉 키오스크를 놀이에서 표현하기를 원했다. 이에 교사가 PPT에 '하이퍼링크'와 '트리거' 기능을 활용하여 키오스크 화면을 만들어 제공하였고, 유아들은 실제 극장에서처럼 화면에서 보고 싶은 영화, 좌석까지 선택해 실감나는 영화관 놀이를 했다. 이후 교사는 이러한 유아들의 놀이 과정을 개정누리과정 5개 영역과 연계하여 유아들의 배움으로 평가하였다.

③ AI시대의 감수성 교육

인공지능 시대에 가장 본질적인 가치는 인간의 존엄성을 지키는 마음이다. 이 시대에 필요한 인재는 '인간중심'으로 사고하면서 '인간 고유의 창의성'을 발현하는 감성적 창조자이다(2020, 정부합동부처). '인간다움'의 교육을 위한 감수성 함양 및 인간 존중의 교육을 통해 스스로 문제를 인식하고 해결할 줄 아는 자기주도적 태도, 자신과 타인에 대한 올바른 이해와 인간 존엄성을 중시하는 태도를 기르도록 한다.

교육 내용	방법	시기
- 사람과 자연을 존중하고 그 안에서 아름다움과 재미 발견, 일상의 놀이에서 자연스럽게 표현함 - AI활용 예술활동, 표현활동, 감상활동 실시	- AI 전자책 감상, AI를 활용한 음악감상, 명화 감상 등	놀이 주제 및 내용에 따라 필요시 실시
- 스마트 기기 중독 예방 사이버안전교육 실시	- 전문강사 초빙 강연회	

| AI시대, 인간존중 및 감수성 교육 내용의 예 |

④ 디지털 시민 교육

디지털 시민으로서 올바른 디지털의 사용, 저작권이나 개인정보보호 등 디지털 환경에서 필요한 예절을 지킬 수 있도록 교육한다.

내용	방법	시기
- 저작권 사용 교육 실시 - 개인정보 보호교육 실시	- 온라인 자료 활용	연간 1회

| 디지털 시민교육 내용의 예 |

⑤ 에듀테크 기반 놀이중심 자기주도 학습 : 프로젝트 접근법

유아주도의 놀이, 또는 활동 과정에서 유아가 흥미를 보이는 주제를 유아 주도로 함께 탐색 하는 과정에서 스마트 기기 또는 AI 및 온라인콘텐츠 등을 활용하도록 지원한다.

내용	방법	시기
- 유아들의 브레인스토밍, 생각모으기, 유목화 - 유아들의 자료 조사 및 탐구 - 유아들의 활동자료 처리 및 수집	스마트 기기, 패들렛, 알집의 마인드맵, 멘티미터 등의 앱 활용하기	놀이 주제 및 내용에 따라 필요시 실시

| 디지털 매체 활용 프로젝트 접근법 실행의 예 |

⑥ 비대면 원격수업 유아 놀이 지원

코로나 이후 비대면 소통 방식에 익숙해지면서, 비대면 원격수업이 중요한 교수·방법 중의 하나가 되었다. 시간과 공간의 제약이 덜해 좀 더 쉽게 잘 활용하면 효율적인 비대면 수업 또는 소통의 방법이 될 수 있다. 유아의 발달 특성을 고려하여 비대면 방식의 온·오프라인 놀이 지원을 계획하여야 하며, 「e알리미」, 「클래스팅」 등을 활용하여 유치원과 학부모와의 소통하는 것도 하나의 방법이다.

구분	내용
원격수업 계획	- 유아들의 놀이 상황 관찰 후 유아들이 관심을 보이는 분야나 놀잇감을 주제로 원격수업 계획서 작성
원격수업 자료 제작	- (온라인 자료) EBS 콘텐츠, i-누리, 인천광역시교육청 유아교육진흥원 - 온라인 자료, 유치원 자체 제작 콘텐츠 - (오프라인 자료) 실물 놀이자료로 구성된 놀이 꾸러미
원격수업 자료 배부	- (온라인 자료) 유치원 e알리미에 온라인콘텐츠 링크 공유 - (오프라인 자료) 통학버스 노선 순회 배부, 우편발송

| 비대면 원격수업 사례 |

⑦ 온라인 체험활동

코로나19로 현장체험 및 방문에 제한이 생기자, 지역사회의 기관 중에는 온라인 체험관을 개설, 운영해온 곳이 있다. 직접 방문하지 않고도 온라인을 이용해 체험할 수 있도록 구성된 프로그램을 보유하고 있다. 유아들의 놀이 주제에 따라 지역사회에서 지원하는 온라인 체험지를 살펴보고 활용하는 것도 놀이의 흥미 유지 및 확대에 도움이 될 것이다.

내용		시기	대상
과학관	가스과학관	4월	만 4~5세
미술관	국립현대미술관	6월	만 5세
박물관	서대문자연사박물관(증강현실 및 사이버박물관)	5~6월	전체연령
	국립 광주 어린이박물관 사이버 체험관	10월	만 4~5세
사이버안전체험관	인천광역시교육청 온라인 안전체험관	7월	전체연령

| 비대면 원격수업 사례 |

(3) 미래형 유아교육과정 운영을 위한 교사용 현장 지원 자료

교육부는 '코로나 이후, 미래교육 전환을 위한 10대 정책과제' (2020.10.5.) 발표 이후 도입된 유치원 미래형 교육과정 운영을 지원하기 위하여 교사용 현장 지원 자료를 제작하여 유치원 현장에 배포하였다. 교사용 현장 지원 자료는 ① 유아인공지능교육, ② 디지털 기반 놀이환경 현장 지원 자료, ③ 유치원 교사의 디지털 역량강화 연수 자료 등 3가지로 구성되었으며 유아교육 현장에서 교사들의 활용이 쉽도록 교육부 아이누리 포털 「현장 지원자료」에 탑재되어 있다. 디지털 기반의 유아교육에 관심이 있는 현장의 교사들에게 많은 도움이 될 것으로 생각된다.

① 유아와 함께하는 인공지능교육 현장 지원 자료

자료1. 유아와 함께하는 인공지능교육 : 교사용 지원 자료

- 디지털 대전환, 교육 패러다임 변화 필요함. 유아들이 미래사회를 준비하고 이끌어 가기 위해 디지털로 세상을 바라보고 새로운 가치를 창조하는 능력, 즉 디지털 소양 함양을 위한 교육 필요함
- 유아와 함께하는 인공지능교육 현장 지원자료 구성 및 현장 적용을 위한 가이드 제공

Ⅰ. 유아와 함께하는 인공지능교육, 무엇일까요?
  1. 유아와 함께하는 인공지능교육 개발 방향
  2. 유아와 함께하는 인공지능교육 구성 및 현장 적용 방안
Ⅱ. 유아와 함께하는 인공지능교육, 왜 필요할까요?
  1. 유아 인공지능교육의 필요성
  2. 유아 인공지능교육의 내용
Ⅲ. 유아와 함께하는 인공지능교육, 개념을 알아보아요.

자료2. 유아와 함께하는 인공지능교육 : 유아 콘텐츠 및 매뉴얼

- 유아 인공지능교육이란 인공지능 시대에 유아가 인공지능이라는 새로운 테크놀로지와 소통 및 협력하는 방법을 알아가면서 유아에게 필요한 역량을 기르는 교육임
- 각 콘텐츠는 인공지능 이해, 활용, 가치 등을 담은 내용이 상호보완적으로 이루어지도록 구성하여 총 20개의 유아 콘텐츠를 제시함

Ⅰ. 유아와 함께하는 인공지능교육 : 유아 콘텐츠 및 매뉴얼의 구성을 살펴보아요.
  1. 개발 방향 및 내용
  2. 구성 및 현장 적용 방안
Ⅱ. 유아와 함께하는 인공지능교육 : 유아 콘텐츠 및 내용을 알아보아요.

② 디지털 기반 놀이환경 현장지원자료 (교육부, 2021. 12)

- 미래 환경으로의 변화와 더불어 유아교육기관에 유아중심·놀이 중심 교육과정 실행할 수 있도록 디지털 기반 놀이환경이 조성될 필요가 있음
- 유치원 디지털 기반 놀이환경이란 무선 인터넷망이 구비되어있고, 디지털 기기나 매체를 활용하여 유아가 스스로 놀이하며 배울 수 있는 환경을 의미함

Ⅰ. 유치원 디지털 기반 놀이환경 이해하기
  1. 유치원의 디지털 기반 놀이환경 이해하기
  2. 디지털 기반 놀이환경 구성하기
  3. 디지털 윤리와 저작권
Ⅱ. 디지털 기반 놀이환경에서 놀이
  1. 유아와 디지털 기반 놀이 경험
  2. 문화 다양성과 디지털 기반 놀이

③ 유치원 교사의 디지털 역량 강화 연수 자료 : 디지털 세상으로의 초대에 응답하고 상상하라 (교육부, 2021. 12)

- 변화된 세상을 살아갈 학습자를 위하여, 교사에게 새로운 역할이 요구됨
- 유아교육 현장에서도 디지털 원주민인 유아의 요구에 부응하는 디지털 교육과 교사의 디지털 역량에 대한 요구 증가

제1부 유치원 교사의 디지털 역량 강화 프로그램 개발
제2부 유아 일상생활·놀이·활동 지원
제3부 교사의 업무 수행 및 가정과의 연계
제4부 디지털 시민으로 살아가기

4) 디지털 기반 놀이환경

(1) 유아교육기관의 디지털 기반 놀이환경

코로나19 상황으로 커다란 혼란을 경험한 교육 현장은 미래사회에 대응을 위한 혁신적 변화가 요구되었다. 이에 교육부에서는 미래지향적 친환경 스마트 교육여건 구현을 목표로 하는 미래학교 종합추진계획을 발표하여(2021.2.3.), 교육 현장에 디지털 기반 교육 인프라 조성을 위한 중장기 교육정보화 사업을 계획하여 추진하였다. 이러한 계획에 따라 각 학교에서는 무선 인터넷, 학습플랫폼, 디지털 기기 등을 갖춘 첨단지능형(스마트) 교실 환경이 구축되고 있다. 유아교육기관 역시 디지털 기반 놀이환경을 조성하여 유아중심·놀이중심 교육과정을 실행하려는 노력이 시도되고 있다. 그러나 유아중심·놀이중심 교육과정 적용에 대한 고민, 유아 놀이와 연계 가능한 디지털 기기 및 활용에 대한 이해 부족, 교사들의 디지털 역량의 격차 등의 문제로 접근이 쉽지 않은 것도 사실이다.

2021년 교육부 주도의 유치원 미래형 교육과정 운영을 계기로 유아교육현장의 디지털 기반 교육에 대한 관심이 높아지고 있다. 현장에서는 유아가 놀이, 일상생활, 활동에서 발현되는 주제와 자연스럽게 연계된 놀이가 이루어질 수 있도록 디지털 기반 놀이환경을 구성하고자 노력하고 있다.

구분	내용
무선 인터넷망	무선 인터넷망(Wi-fi)
AI	코딩로봇, 코딩블록, AI 카메라, AI 스피커, 자율주행센서 등
디지털 기기 및 매체	전자칠판, 노트북, 태블릿PC, 스마트폰, 3D펜, AR그림책, VR기기, 디지털 현미경, 3D스캐너, 크로마키 천 등
디지털 기반 교육 콘텐츠	유아용 (그림, 사진편집, 영상, 음악, AR, VR, QR코드, AI…)앱
온라인 플랫폼	유튜브, 구글, 네이버, Padlet 등

| 유아의 놀이와 유기적 연계가 가능한 디지털 기반 놀이환경 구성 |

| AI 및 온라인 활용 놀이환경을 이용한 놀이 예시 |

코딩로봇 활용
길 만들기

AI블록 활용
내가 만든 로봇

AI로봇
알파미니와 함께 놀아요

AI 카메라 활용
기상캐스터 놀이

AI 스피커 활용
날씨 알아보기

전자칠판 활용
세계여러나라 알아보기

AR(증강현실) 활용
증강현실 그림책 보기

VR(가상현실) 활용
놀이동산 놀이

3D펜 활용
나만의 작품 만들기

3D 스캐너 활용
바닷 속 나라

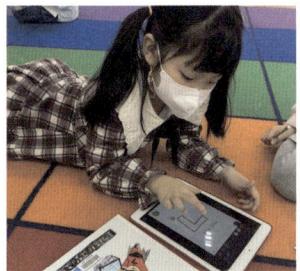
태블릿PC 활용
전자 그림책 만들기

온라인 플랫폼 활용
다른반 친구들을 만나요

5) 유아교육 교사의 디지털 역량 키우기

미래사회의 변화된 세상을 살아가야 할 학습자, 즉 유아 대상의 미래지향적인 교육 혁신을 요구하고 있으며, 교육의 실천적 주체가 되는 교사에게도 새로운 역할이 요구되고 있다. 미래교육을 이끌 수 있는 교사로의 역할이 변화됨에 따라 유치원 교사도 교육자로서 디지털 역량을 갖추어야 하는 상황에 직면해 있다. 디지털 원주민인 유아의 요구에 부응할 수 있는 교사의 디지털 역량을 지원할 수 있도록 다각적인 방안 마련이 필요하다.

(1) 디지털 역량에 대한 교사들의 고민과 생각

변화된 세상을 살아갈 유아들을 위해 새로운 역할을 요구받고 있는 유아교육 현장 교사들의 디지털 역량에 대한 고민과 생각을 들어보았다. 다음은 2021~2022년 교육부 선정 미래형 시범유치원에 선정되어 미래형 교육과정을 운영했던 교사들의 인터뷰 내용이다(최현주·김연희, 2023).

| 유아기 디지털 매체 활용 교육에 대한 교사들의 생각 |

첫째, 교육 신념과의 충돌 vs 시대적 흐름과 요구에 대한 자각

교사들은 유아들의 디지털 기기 노출 및 과몰입에 대한 염려, 구체물을 통한 쌍방향 직접 경험을 중요하게 여기는 교육적 신념과의 충돌, 교사 자신의 디지털 역량 부족 등의 이유로 미래형 교육과정 운영에 대한 동기부여에 어려움을 겪었다. 그러나 교사들은 급변하는 사회의 시대적 요구에 따라 유아들에게 디지털로 세상을 바라보고, 새로운 가치를 만들어 낼 수 있는 디지털 소양 교육이 필요함(교육부, 2021)을 인식하며, 유아들이 디지털 기반의 교육을 통해 미래역량을 함양해야 함에 동의하였다.

◇ 유아들에게 디지털 기기나 미디어 콘텐츠 등을 놀이도구로 활용해야 하는 것이 내키지 않았어요. 굳이 스마트 기기나 유튜브 이런 것들을 유아기부터 노출시키는 것에 부정적이었어요._F교사, 개인면담(2022. 8. 19)

◇ 요즘 TV만 봐도 인공지능 관련 광고가 나오고 식당만 가도 로봇이 서빙을 하니 생각보다 주변에서 많이 보편화되고 있다는 생각이 들어서…. 사회가 이렇게 빠르게 변화되고 있는데 내가 조금 안일하게 생각했었나 하는 생각이 들었어요._G교사, 개인면담(2022. 8. 20)

이와 같은 시대적 흐름과 요구에 대한 자각 후 교사들은 디지털 기반 교육에 대한 인식을 새롭게 정립하였고, 교육과정 운영에서 디지털 원주민인 유아들에게 디지털 매체를 효과적으로 적용할 수 있는 방법에 대해 깊이 있게 고민하기 시작했다. 디지털 기술을 유아의 발달에 적합하게 유아교육현장에 적용할 수 있는 교육적 방안을 연구하여 현장의 교사들을 지원할 필요가 있다.

둘째, 부자연스럽고 낯선 교사들 vs 자연스럽고 익숙한 유아들

교사들은 디지털 기반 놀이라는 낯선 상황에서 익숙하지 않은 디지털 기기에 적응하고자 많은 시간과 노력을 투자하였다. 그런데 교사들의 부담 가득한 노력(시도-적응의 과정)과 다르게 유아들은 디지털 기반의 놀이에 너무 익숙하게 스며드는 모습을 보였다. 교사는 부자연스럽고, 어색하고, 어려운데, 유아들은 자연스럽게 디지털 기기와 콘텐츠 등을 쉽게 받아들이는 상황들이 계속되었고, 하나를 가르쳐주면 그다음 단계의 놀이를 하는 유아들을 보면서 유아들이 디지털 원주민임을 실감하게 되었다.

> 유아들의 관심도가 매우 높았어요…. 익숙하지 않아 헤매고 있는 저에 비해 어린이들이 스스로 익혀서 하고, 하나를 가르쳐주면 그다음 단계로 넘어가서 놀아요. 예를 들어 터틀봇에 그림을 그려주는 기능이 있거든요(저는 그걸 숙지하는 데 조금 오래 걸리긴 했어요). 아이들에게 설명해주면 그다음 단계로 진화하여 그것으로 놀이를…. '애들은 이렇게도 할 수 있구나' 싶어 많이 놀랐어요._B교사, 개인면담(2022. 8. 17)

유아가 태어날 때부터 스마트폰의 터치스크린을 사용하는 디지털 원주민(Digital Native)인데 반해 교사의 대다수는 디지털 테크놀로지를 의식적인 학습을 통해 받아들이려는 노력이 필요한 세대이다. 따라서 디지털 테크놀로지 접근 및 수용에 대한 유아와 교사 간의 생득적 차이와 현상을 이해하고 극복하려는 교사의 의지와 유아의 디지털 역량 지원에 필요한 교수 능력을 갖추기 위한 교사의 노력이 필요하다.

셋째, 디지털이 낯선 고경력 교사 vs 디지털이 익숙한 저경력 교사 : 디지털격차 극복하기

교사들은 동료 교사들과의 소통과 연대를 통해 디지털 역량의 채움과 나눔의 과정을 함께 하면서 디지털 역량의 차이를 극복하기 위하여 노력하였다. 특히 고경력의 디지털 초보 교사들이 디지털에 익숙한 저경력 교사들로부터 도움을 받는 상황이 지속되면서 기존에 교육과정 운영을 리드하던 고경력 교사와 디지털에 익숙한 저경력 교사의 관계에 변화가 일어났다. 이런 상황에서 저경력 교사들이 교육과정을 이끌어나갈 수 있는 기회가 주어짐에 따라 저경력 교사들의 교수효능감을 높이는 계기가 되기도 하였다. 또한 저경력 교사들이 디지털 기기에 대한 사용법이나 조작법을 알려주면, 고경력 교사들이 놀이로의 적용 및 확장에 대한 다양한 아이디어를 제시하는 과정을 통해 수평적 구조에서의 협의나 협업이 가능하게 되었으며, 이러한 과정은 서로에게 도움이 되는 윈-윈의 경험이 되었다.

> 요즘 MZ 세대들은 그냥 모든 걸 컴퓨터로 하고, AI 스피커도 낯설지 않은 것 같고, 로봇이 와도 한 번만 봐도 놀이가 가능한데, 저는 그게 어려우니까…. 결국 모든 걸 다 내려놓고, 연차 이런 거 상관없이 솔직하게 "선생님 이거 어떻게 하는 거예요?", "선생님 이 말이 어떤 뜻인지 한 번 더 얘기해 줄 수 있어요?" 등등 작은 것도 다 물어봤던 것 같아요._C교사, 개인면담(2022. 1. 18)

> 선배 선생님들이 직접 찾아와서 여러 가지 물어보셨어요. 처음에는 선배 선생님들이 조금 어려웠는데…. 제가 아는 건 아는 대로 계속 알려드렸더니 고마워하시더라고요. 그런데 제가 디지털 기기나 프로그램 활용법을 알려드리면서 자연스럽게 아이들과 어떻게 놀이에 적용하면 좋을지 같은 여러 이야기를 나누게 되니까 결국은 저도 도움을 받는 거죠._H교사, 개인면담(2022. 1. 20)

교사들의 디지털 역량 차이에 따른 갈등은 디지털 매체 활용에 대한 교사들의 소극적 태도를 야기하며, 이러한 소극적 태도는 결국 교사들 간의 디지털 격차를 발생시키는 원인이 된다. 또한 교사들의 디지털 격차의 문제는 유아가 경험하는 교육의 질 차이로 나타나기도 한다. 따라서 유치원이라는 학습공동체 안에서 각자 가지고 있는 문제를 드러내고 동료 또는 멘토와 공유하면서 문제해결의 방법을 모색해보고자 하는 학습공동체 문화 조성과 구성원들의 노력이 필요하다.

(2) 유치원 교사의 디지털 역량의 구성 요소(교육부, 2021)

교육부는 유치원 교사의 디지털 역량의 구성 요소를 제시했는데 유아의 배움, 업무 수행, 일상의 세 가지 영역에서 구성하였다. 구체적인 내용은 다음에 나오는 표와 같다.

유아의 배움	디지털 기기 및 자료 활용	디지털 기기 및 자료에 관심으로 각 매체의 유형과 특징을 이해하며, 일상생활 속에서 디지털 기기 및 자료를 적극적으로 활용할 수 있는 능력
	디지털 기반 교수학습	디지털 매체의 교육적 활용 가치를 인식하고, 유아의 놀이, 일상생활, 활동을 지원하기 위해 적절한 매체를 선정, 활용 제작할 수 있는 능력
	디지털 기반 유아 이해 및 지원	디지털을 기반으로 유아의 놀이, 일상생활, 활동을 관찰, 기록, 평가하여 유아에 대한 이해를 도모하고, 교육과정의 질을 높일 수 있는 능력
업무 수행	디지털 의사소통 및 협력	디지털 매체를 활용하여 학부모, 동료 교원 등 교육공동체 구성원들과 적극적으로 소통하고, 상호 이해하며 협력할 수 있는 능력
일상	디지털 시민의식	디지털 시민으로서 저작권이나 개인정보보호 등 관련 규정과 예절을 준수하고, 비판적으로 사고하여 올바른 정보를 습득하고 생성하며, 디지털 매체를 통해 사회적 문제와 의사결정 과정에 적극적으로 참여하는 능력
	디지털 문제해결	디지털 매체를 활용하는 과정을 발생하는 문제를 적극적으로 해결하고, 교육 관련 다양한 문제 및 갈등 상황을 디지털 매체를 활용하여 효과적으로 해결할 수 있는 능력

(3) 디지털 역량 강화를 위한 노력

① 디지털 기반 교육에 대한 교사 인식 제고

교사들은 디지털 기반 놀이라는 낯선 상황에서 익숙하지 않은 디지털 기기에 적응하고자 많은 시간과 노력을 투자하여 유아들의 놀이, 활동, 일상생활에 적용하고자 노력해도 적용 과정에서 어려움에 직면할 수도 있다. 이런 경우 디지털 경험이 부족한 자신을 탓할 것이 아니라 교사 스스로 평소 디지털 기반 교육에 대한 신념을 돌아보고 유아기 디지털 교육에 대한 필요성과 가치에 대해 고민해보는 과정이 필요하다. 어떠한 일의 접근에 있어서 가장 중요한 것이 동기부여이다. '내가 이 일을 왜 해야 하는지'에 대해 동기부여가 충만하다면 일의 실행에 어려움이 생기더라도 지혜롭게 잘 극복할 수 있을 것이다.

디지털 역량을 키우기 위해서는 일상생활에서의 관심과 흥미에 기초한 정보의 검색과 탐구의 과정이 중요하다. 기성의 미디어, 신문, 전문서적을 비롯하여 SNS, 인터넷, 유튜브, 앱 등을 활용하여 정보를 얻는 것부터 시작해 보자. 그다음 미래사회의 방향, 디지털 관련 개념, 기기의 활용, 놀이에의 적용 등을 지속적으로 공부하고 정보를 구하여 교사 자신의 디지털 역량의 변화와 성장을 위해 노력해야 할 것이다.

② 교육공동체 안에서의 소통과 협업

유치원이라는 교육공동체 안에서 각자 가지고 있는 문제를 드러내고 동료 또는 멘토와 공유하면서 문제해결의 방법을 모색하려는 조직문화 조성과 구성원들의 노력이 필요하다. 교사들의 디지털 역량에 대한 자신감의 부족은 디지털 매체 활용에 대한 교사들의 소극적 태도를 야기한다. 결국 이러한 상황에서 교사들은 스스로 자책하게 되고 심적으로 위축될 수 있다. 따라서 힘들고 어려운 문제를 노출하고 도움을 청할 수 있는 의사소통 구조가 마련되어야 하며, 디지털에 익숙한 동료들과의 소통과 협업을 통해 교사들 간의 디지털 격차를 극복할 수 있도록 지원해야 한다.

③ 외부 연수 참여 및 현장지원자료 활용

각 지역의 시도교육청, 유아교육진흥원, 사립유치원 연합회, 국공립교사 단체 등에서 주관하는 유치원 교사 디지털 역량 지원 연수에 참여하여 디지털 소양 및 디지털 매체 활용을 위한 기초 기술을 익히는 것도 교사의 디지털 역량을 함양하는 방법이 될 수 있다. 또한 교육부에서 발간한 「유치원 교사용 현장지원자료」, 「유아와 함께하는 인공지능교육 : 교사 지원자료」, 「유아 콘텐츠 및 매뉴얼(교육부 2021)」, 「디지털 기반 놀이환경 현장 지원 자료(교육부, 2021)」, 「유치원 교사의 디지털 역량 강화 연수자료 : 디지털 세상으로의 초대에 응답하고 상상하라(교육부, 2021)」 등을 참고하여 활용하는 것도 도움이 될 것이다.

TIP 유치원 교사의 디지털 역량 자가진단

	진단문항	그런 편이다	아닌 편이다
1	나는 평소에 유아의 놀이, 일상생활, 활동을 지원하기 위한 디지털 기기에 관심이 있다.		
2	나는 디지털 프로그램을 이용하여 유아의 놀이, 일상생활, 활동을 지원하는 자료를 제작하는 것이 즐겁다.		
3	나는 유아 디지털 역량의 중요성을 인식하고 있다.		
4	나는 실시간 온라인 소통 플랫폼을 이용하여 비대면 쌍방향 소통을 할 수 있다.		
5	나는 유치원에서 교육용 콘텐츠를 활용하거나 사용할 때 필요한 저작물과 관련된 조항들을 알고 있다.		
6	나는 4차 산업혁명 또는 새로운 디지털 시대에 필요한 지식 및 기술 등에 대해 심화 학습하고자 노력한다.		
7	나는 유아의 놀이, 일상생활, 활동을 지원하는데 필요한 디지털 프로그램의 사용방법을 알고 활용할 수 있다.		
8	나는 유아의 놀이, 일상생활, 활동을 지원하기 위해 필요한 콘텐츠를 인터넷을 통해서 검색하고 수집한다.		
9	나는 학급에서 유아의 디지털 역량을 증진하기 위한 디지털 환경을 조성하고 있다.		
10	나는 클라우드 시스템에 자료(문서, 사진, 동영상 등)를 탑재하거나 삭제, 공유할 수 있다.		
11	나는 유치원에서 폰트, 음원, 이미지 등의 교육용 콘텐츠를 저작권을 위배하지 않는 범위에서 사용할 수 있다.		
12	나는 일상생활 또는 유치원에서 발생하는 디지털 기기 문제(예 : 스마트폰/pc의 저장 용량 부족 현상)를 스스로 또는 인터넷을 통해 해결한다.		
13	나는 디지털 기기를 활용하여 글, 사진, 동영상, 음성파일 등의 다양한 형태로 유아의 놀이를 기록하고 이를 다른 디지털 기기(예 : pc 또는 스마트폰 등)에 연동하여 활용할 수 있다.		
14	나는 유아의 놀이, 일상생활, 활동 지원과 관련된 타인의 콘텐츠를 활용하여 새로운 콘텐츠를 만들 수 있다.		
15	나는 유아의 디지털 활용 능력을 지원하기 위해 유아들에게 적합한 디지털 매체를 선택할 수 있다.		
16	나는 필요에 따라 QR코드를 생성하여 다양한 방면에 활용할 수 있다.		
17	나는 누군가의 자료를 사용할 때 출처를 정확하게 밝히려고 노력한다.		

18	나는 공동체 구성원들의 다양한 의견을 파악하기 위하여 디지털 플랫폼(예 : 구글 설문/ 네이버 설문 등)을 이용하여 자료를 수집 및 분석할 수 있다.			
19	나는 실시간 쌍방향 원격수업에 필요한 디지털 기기와 프로그램들에 대해 알고 사용할 수 있다.			
20	나는 유아의 놀이, 일상생활, 활동 지원과 관련된 새로운 콘텐츠를 기획하고, 내가 원하는 형태(사진, 영상 등)로 제작할 수 있다.			
21	나는 유아의 흥미와 발달에 적합한 가상/증강현실의 콘텐츠를 추천할 수 있다.			
22	나는 메타버스(게더타운, 제페토, 이프랜드 등)에 대한 이해도는 높지 않지만, 알아보려고 노력한다.			
23	나는 내가 속한 온라인 커뮤니티의 규칙과 절차를 잘 따르며, 온라인에서의 예절을 지키려고 노력한다.			
24	나는 프로그래밍 언어나 프로그래밍 알고리즘에 대한 분야에 관심이 있다.			
25	나는 가상/증강현실 기반 콘텐츠를 경험한 적이 있다.			
26	나는 디지털 프로그램의 기능을 활용하여 놀이기록을 효과적으로 처리(편집, 검색, 복제, 정렬 등)할 수 있다.			
27	나는 유아들과 디지털을 활용하여 생활하는 것이 즐겁고 그 과정이 의미 있다고 생각한다.			
28	나는 SNS상에 게시글 및 영상을 공유할 때 공개범위를 설정할 수 있다.			
29	나는 유아와 학부모에게 온라인에서의 개인정보보호 및 네티켓에 대하여 교육한다.			
30	나는 검색 시, 고급검색기능(파일형식 및 기간설정)과 다양한 전문검색방법(사전, 인명, 학술검색 등)을 이용할 수 있다.			

출처 : 교육부 (2021). 유치원 교사의 디지털 역량 강화를 위한 연수 자료. 세종 : 교육부.

디지털 역량 요소	문항 번호
디지털 기기 및 자료 활용	1, 7, 13, 19, 25
디지털 기반 교수학습	2, 8, 14, 20, 26
디지털 기반 유아 이해 및 지원	3, 9, 15, 21, 27
디지털 의사소통 및 협력	4, 10, 16, 22, 28
디지털 시민의식	5, 11, 17, 23, 29
디지털 문제해결	6, 12, 18, 24, 30

참고문헌

교육부(2019a), 2019 개정누리과정(교육부 고시 제2019-189), 교육부

교육부(2019b), 교육 정보화 기본계획(6차), 세종 : 교육부

교육부(2020a), 유아원격교육을 위한 교사 지원자료, 세종 : 교육부

교육부(2020b), 코로나 이후, 미래교육 전환을 위한 10대 정책과제(안), 세종 : 교육부

교육부(2021a), 그린스마트 미래학교 종합 추진계획(안), 세종 : 교육부

교육부(2021b), 유아와 함께하는 인공지능교육, 교사지원자료, 서울 : 교육부

교육부(2021c), 유아와 함께하는 인공지능교육, 유아 콘텐츠 및 매뉴얼, 서울 : 교육부

교육부(2021d), 유치원 교사의 디지털 역량 강화를 위한 연수자료, 세종 : 교육부

송기상·김성천(2019), 「미래교육, 어떻게 만들어갈 것인가」, 서울 : 살림터

최현주·김연희(2023), 「미래형교육과정 시범운영 J유치원 교사들의 디지털 역량 변화와 성장 과정 탐색」, 학습자 중심 교과교육연구 제23권 3호, pp. 251~269

제2장
디지털 놀이 실행하기

1

AI 카메라와 AI 스피커를 활용한 디지털 놀이

: 나를 따라 오는 똑똑한 카메라,
그리고 AI 스피커와 함께 나누는 대화

AI 카메라

❶ 여기는 재능방송국입니다

☑ **놀잇감**
AI 카메라(옵스봇), 전자칠판, 삼각대, 방송국 화면, 조명

☑ **What is "옵스봇"**
옵스봇은 AI 인공지능 웹캠으로 피사체 추적과 손 제스처를 자동 인식하여 촬영하는 인공지능 카메라입니다.

AI 카메라 '옵스봇'

손 제스처를 이용하여 확대, 축소 등의 기능을 사용할 수 있습니다.

01. 놀이의 시작

✏️ **AI 카메라 옵스봇 탐색하기**

AI 카메라 '옵스봇'을 전자칠판과 연결하여 실행했다.

유아1	텔레비전에 우리가 나와.
유아2	선생님, 카메라가 저희를 따라와요.
교사	저 카메라는 인공지능 카메라 옵스봇이야.
유아1	그런데 얘가 어떻게 저희를 따라와요?
교사	인공지능이 우리의 얼굴을 인식하고 있단다.
유아2	우리가 숨어도 따라올까?

카메라 탐색하기

02. 놀이의 전개

 옵스봇 카메라 놀이

유아들은 자신을 따라 움직이는 옵스봇 카메라를 활용하며 다양한 놀이를 제안했다.

옵스봇 카메라로 본 내 모습

유아1	카메라가 날 따라와서 찍으니까 내가 연예인이 된 것 같아요.
교사	좀 더 멋지게 찍을 수 있게 무대를 만들어 볼까?
유아2	여기서 움직이면서 춤을 추면 카메라가 찍어줘.
유아3	선생님 옵스봇으로 다른 것도 할 수 있어요?
교사	무엇을 하고 싶니?
유아1	방송국 사람이요.
교사	음, 그럼 기자가 되어 볼까?

 기자놀이

옵스봇을 전자칠판과 연결하여 실제 기자가 된 것처럼 놀이가 진행됐다.

유아1	옵스봇 카메라로 기자를 찍어보자.
유아2	옵스봇이 기자가 움직이는 쪽으로 따라가.
유아1	다른 곳으로도 이동해보자.
유아2	옵스봇이 계속 따라 다녀.

기자가 된 유아

03. 놀이의 확장

📝 방송국 놀이

유아들이 방송국 놀이에 관심이 생겨 옵스봇 카메라와 스마트폰을 이용하여 방송국을 꾸몄고, 역할(아나운서, 기자, 기상캐스터, 연예인, 촬영 감독 등)을 나눴다.

유아1	선생님, 저는 옵스봇으로 촬영 할게요.
교사	그럼 누가 아나운서를 해볼까?
유아2	제가 아나운서를 할게요. 뉴스에는 날씨를 알려주는 사람도 있잖아요.
교사	아, 일기예보? 기상 캐스터라고 부르는데, 그럼 그 역할도 한 번 해볼까?
유아3	선생님, TV에 나오게 해주세요.
교사	그래, 알겠어.

방송국 놀이 모습

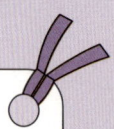

교사의 놀이 이야기

유아들에게 처음 옵스봇을 소개할 때 AI 카메라에 대해 어떻게 설명해야 할지 고민이 되었다. 그런데 유아들은 AI 카메라의 기능보다는 어떤 놀이를 하게 될지에 더 관심을 보였다. 옵스봇의 기능을 전달하지 않아도 AI 카메라를 활용하여 다양한 방법으로 놀이를 진행하고 확장했다.

AI 카메라는 사용이나 조작에 큰 어려움은 없었다. 그러나 방송국 놀이로 확장했을 때 카메라의 수량이 더 많으면 좋았겠다는 아쉬움이 있었고, 유아들이 촬영하는 것을 화면으로 연결해주는 지원이 필요했다.

유아들은 카메라에 자신의 모습이 나오는 것만으로도 즐거워하기 때문에 카메라 놀이는 현장에서 쉽게 활용하여 놀이하기에 좋다.

유아의 놀이 속 배움과 성장

- 의사소통 > 듣기와 말하기

  기자 역할을 맡은 유아들이 역할에 따라 전달해야 하는 바를 말로 전달했다.

- 사회관계 > 더불어 생활하기

  자신이 맡은 역할을 이해하고 친구와 협력하여 방송국 놀이에 참여했다.

- 예술경험 > 창의적으로 표현하기

  가수가 되어 자유롭게 춤으로 표현하기도 하고 카메라 감독이 되어 다양한 모습들을 카메라에 담아내면서 놀이했다.

- 자연탐구 > 탐구과정 즐기기

  옵스봇 카메라가 가지고 있는 AI 인공지능 얼굴인식 기능과 제스처를 읽어주는 기능들에 관심을 가지며 탐구했다.

2 가상 배경 역할 놀이

☑ **놀잇감**
AI 카메라(옵스봇), 컴퓨터, ZOOM, 초록색 천, 초록색 바구니

☑ **What is "크로마키"**
크로마키는 영상 편집 기술 중 단색(초록색, 파란색)의 평면 스크린 앞에서 촬영한 뒤 원하는 영상에 합성하는 기술입니다. 실제 현실에서 촬영하기 어려운 것들은 대부분 크로마키 기법을 활용하여 촬영하고 있습니다.

☑ **How to use "크로마키"**
1. ZOOM 로그인을 하여 비디오 설정을 누른다.
2. 배경 및 효과를 누른 후 하단에 있는 '녹색스크린을 사용합니다'를 클릭한 후 가상 배경 줄에 있는 '+'를 클릭, 원하는 배경을 첨부하여 크로마키 놀이를 한다.

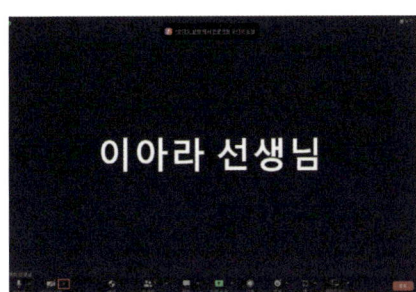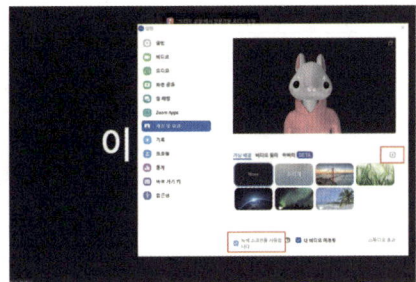

'ZOOM'을 활용한 크로마키

01. 놀이의 시작

✏️ **AI 카메라 놀이**

교사는 전자칠판에 AI 카메라(옵스봇)를 연결하여 놀이할 수 있도록 제공했다.

유아1	우와! 전자칠판에 우리가 보여!
유아2	그러게~ 우리가 보여! 신기하다! 우리를 따라다니네?
교사	맞아. 이 카메라는 어떤 움직임(제스처)이 인식이 되면 따라다니는 카메라야!
유아2	신기하다!

교사는 유아들에게 AI 카메라를 활용할 수 있는 제스처에 대해 설명했다.

유아3   우와 얼굴이 엄청 커졌어!

교사는 유아들에게 크로마키 놀이하는 방법을 소개했다.

AI 카메라 제스처 놀이

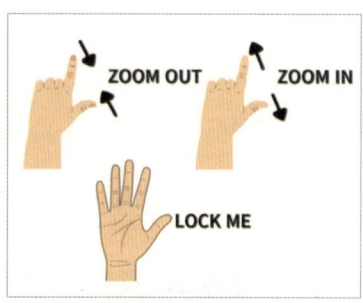
제스처 인식 방법

02. 놀이의 전개

 크로마키 마술 놀이

크로마키 놀이하는 방법에 대해 알게 된 유아들은 교실에 있는 초록색이 들어간 다양한 놀잇감을 가지고 마술 놀이를 하기 시작했다.

유아1   내가 신기한 거 보여줄게! TV를 봐봐! 내가 사라진다.

유아2   우와 진짜 사라졌네!

유아1   초록색 바구니로 내 얼굴을 숨기니까 사라졌어!

유아2   그러게~ 우리 교실에 있는 초록색이 들어간 놀잇감을 가져와 보자!

바구니로 내 몸 숨기기 놀이

유아들은 초록색이 들어간 다양한 놀잇감(종이벽돌블록, 초록색 블록, 초록색 바구니 등)을 가지고 마술 놀이를 했다.

유아1	내가 찾아온 블록으로 너를 사라지게 해볼게!
유아2	알겠어!
유아1	(초록색 블록을 AI 카메라 가까이 대고) 짠! 사라졌지?
유아2	신기하다. 근데 네 몸이 사라졌어!
유아1	어? 그러게. 내 옷이 초록색처럼 보여서 그런가 봐.
유아2	얼굴만 보여! 몸이 배경이랑 똑같아졌어!
유아1	(유아3을 부르며) ○○아! 너도 여기와봐! 네 몸이 사라질 거야!
유아3	정말? 어? 왜 내 몸이 사라진 거지? 왜 지구로 변한 걸까?
유아1	네 옷 색깔이 초록색이라서 사라진 거야!

유아들은 교실에 있는 초록색 놀잇감을 활용하거나 가정에서 초록색 옷을 입고 와서 크로마키 기법을 이용한 마술 놀이를 지속했다.

초록색 블록으로 사라지는 마술 놀이

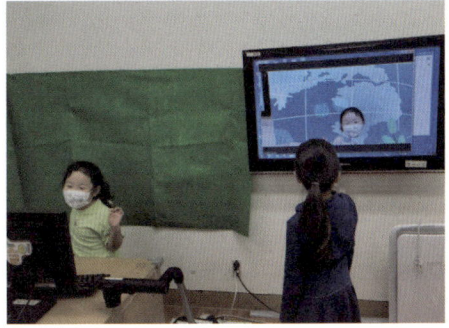

초록색 옷을 입고 마술놀이

03. 놀이의 확장

나는야 골키퍼

최근 축구 놀이에 관심이 많은 유아들에게 크로마키 기법을 활용하여 골키퍼 놀이를 할 수 있도록 지원했다.

교사	골키퍼는 어디서 골을 막을까?
유아	당연히 골대에서 막죠!
교사	크로마키 기법을 활용해서 골키퍼 놀이를 할 수 있게 지원해 줄게!
유아2	네!
유아	초록색 천이 골대라고 생각하고 골을 막아볼게!
유아2	그래!
유아	내가 움직이는 쪽으로 AI 카메라(옵스봇)이 따라오잖아!
유아2	신기해! 나도 해볼래!

크로마키 기법을 활용한 골키퍼 놀이

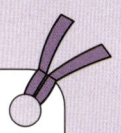

교사의 놀이 이야기

　유아들은 놀이하면서 크로마키 기법에 대해 초록색 천에 다른 배경이 입혀지는 크로마키 기법을 보고 호기심을 가지고 놀이에 참여했고, 유아들이 원하는 배경으로 제공해 주자 신나게 놀이를 했다. 유아들은 더 나아가 교실에 있는 초록색 바구니, 초록색이 들어간 놀잇감을 가지고 와 자신의 몸을 바구니로 가리기도 하고 물체가 사라지는 마술 놀이 등으로 확장하여 놀이했다. 또한 크로마키 놀이를 하기 위해 초록색이 들어간 옷을 입고 오거나 초록색이 들어간 장신구를 하고 등원하여 사라지는 크로마키 마술 놀이를 했다.

　ZOOM 온라인플랫폼에서 크로마키 놀이를 할 때 초록색 천(종이나 펠트지 등)으로 놀이를 해야 유아들의 얼굴이 깨지지 않고 선명하게 놀이를 할 수 있다. 또한 놀이에 따른 즉각적인 배경 제공이 가능하여 놀이가 더욱 풍부해지므로 놀이를 지원하는 교사도 즐겁게 지원해 줄 수 있었다. 노트북에 내장된 카메라를 활용해도 되지만, 골키퍼 놀이처럼 움직임이 활발한 경우에는 AI 카메라를 활용하면 더욱 풍부한 놀이가 가능해진다.

유아의 놀이 속 배움과 성장

- 의사소통 > 듣기와 말하기
  AI 카메라에 비춰지는 모습을 보며 친구와 자신의 생각을 말로 주고받으며 놀이했다.

- 사회관계 > 더불어 생활하기
  친구가 크로마키 기법을 이해할 수 있도록 서로 도우며 놀이를 했다.

- 자연탐구 > 탐구과정 즐기기
  크로마키 기법에 궁금증을 가지고, 탐구하는 과정에 즐겁게 참여하며 놀이를 했다.

- 자연탐구 > 생활 속에서 탐구하기
  AI 카메라를 다루는 방법에 대해 관심을 보이며 놀이를 했다.
  AI 카메라를 조절하기 위해 확대 및 축소 제스처를 하면서 크기의 속성을 비교하며 놀이를 했다.

AI 스피커

③ Hey, 클로바! 어서 와~

☑ **놀잇감**
　AI 스피커(클로바), 다양한 놀잇감, 종이 상자

☑ **What is "AI 스피커"**
　'클로바'는 음성인식이 가능한 애플리케이션으로 원하는 정보검색, 일정관리, 음악추천, 프리토킹 등 다양한 기능들을 가지고 있는 AI 스피커입니다.

01. 놀이의 시작

 클로바 탐색하기

교사는 유아들에게 AI 스피커 클로바를 제공했다.

유아	선생님 이건 뭐에요?
교사	이건 AI 스피커 클로바야.
유아	클로바로 무엇을 할 수 있어요?
교사	클로바하고 대화를 나눌 수 있지.
유아	뭐라고 부르면 돼요?
교사	'헤이, 클로바' 하고 불러봐.

클로바 탐색

유아들은 클로바를 탐색하며 클로바에게 여러 가지 질문을 하기 시작했다.

02. 놀이의 전개

 클로바와 대화하기

    유아들은 클로바에 대해서 더 자세히 알고 싶어 했고 클로바와 계속해서 대화를 나누면서 클로바가 할 수 있는 것과 할 수 없는 것을 알아보았다. 이어서 클로바와 대화할 때 어려웠던 점 등에 대해 이야기 나누었다.

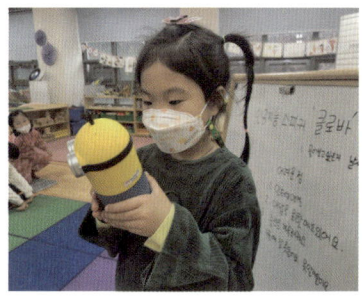

유아1	선생님 클로바는 노래도 할 수 있어요?
교사	클로바에게 노래를 시켜볼까?
유아1	클로바 노래 불러줘.
유아2	선생님, 노래가 나와요.
교사	그러네. 클로바가 노래를 틀어주네.
유아1	클로바 퀴즈 맞혀봐.
유아2	클로바가 문제를 냈어.
교사	우리 클로바가 어떤 것들을 할 수 있는지 한 번 적어볼까?

클로바 탐구하기

    유아들과 함께 클로바를 사용하면서 좋은 점과 어려운 점, 클로바가 할 수 있는 것과 할 수 없는 것을 비교하며 적어나갔다.

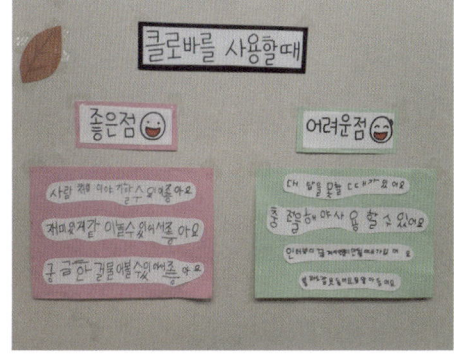

클로바를 사용할 때의 좋은 점, 어려운 점

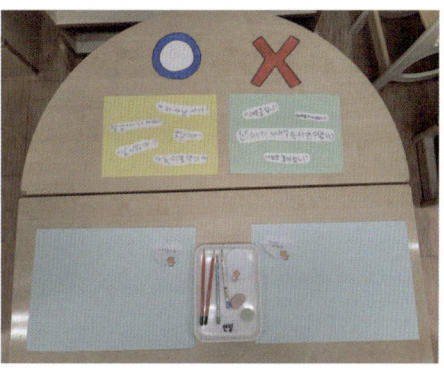

클로바가 할 수 있는 것과 할 수 없는 것

교사	클로바를 사용하면서 좋은 점은 무엇이었니?	
유아1	사람처럼 이야기할 수 있어서 좋아요.	
유아2	재미있게 같이 놀 수 있어요.	
유아3	궁금한 것을 대답해줘요.	
교사	그러면 클로바와 이야기하면서 어려운 점도 있었니?	
유아1	대답을 못할 때도 있어요.	
유아2	충전을 해야 사용할 수 있어요.	
유아3	연결이 안 될 때도 있어요.	
교사	그렇구나.	

클로바와 놀이하는 유아들

03. 놀이의 확장

 AI 스피커 클로바 집 만들기 놀이

유아들은 지속적으로 AI 스피커 클로바와 놀이하면서 클로바를 친구처럼 생각하기 시작하였다. 유아들은 클로바를 역할놀이 책상에 가져가서 함께 식사하는 놀이를 하기도 했고, 클로바가 슬립 모드로 전환될 때는 유아들이 클로바가 잠자는 곳이 필요하다고 하며 상자를 이용하여 잠자는 곳을 만들어 주었다.

유아3	선생님 클로바는 어떤 음식을 좋아할까요?	
유아1	클로바는 로봇이니까 전기를 좋아하지.	
유아3	클로바에게 물어보자.	
유아1	선생님 클로바 집을 만들어 줘야 할 것 같아요.	
교사	그럼 클로바 존을 만들어 볼까?	
유아2	클로바도 자야 하니까 잠자는 곳을 만들어 주고 싶어요.	
교사	그래, 너희들이 잠자는 곳을 만들어 줄래?	

클로바의 집

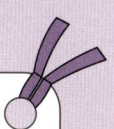

교사의 놀이 이야기

유아들이 AI 스피커를 가지고 놀 때 다양한 질문들을 하였다. AI 스피커가 유아들의 질문에 답변하지 못하는 상황도 많이 발생하였는데 그럼에도 불구하고 유아들은 사람이 아닌 기계와 대화하는 것만으로도 재미있어 했다.

유아들이 AI 스피커의 좋은 점과 어려운 점을 나누어 보았을 때 생각보다 AI 스피커에 대해 잘 이해하고 있었다. 좋은 점으로는 '사람처럼 이야기할 수 있어서', '재미있게 같이 놀 수 있었서', '궁금한 것을 물어볼 수 있어서' 등으로 답하였고, 어려운 점으로는 '대답을 못할 때가 있다', '충전을 해야 사용할 수 있다', '인터넷이 끊겨서 안 될 때가 있다' 등으로 답하였다. 교사는 유아들이 이야기한 어려운 점들을 보완하기 위하여 AI 스피커와 소통할 때는 또박또박 정확한 발음으로 이야기해야 한다는 것, 그리고 여럿이 사용할 때는 순서를 지키며 이야기할 수 있도록 지도하였다.

디지털 매체를 사용할 때 '소통이 너무 일방적이면 어쩌지?' 하는 우려가 있었으나 이 놀이를 통해 디지털 매체와의 쌍방향 소통도 가능하다는 것을 알게 되었고, 적절하게 활용한다면 유아들에게도 좋은 놀잇감이 될 수 있다고 생각했다.

유아의 놀이 속 배움과 성장

- **의사소통 > 듣기와 말하기**
  인공지능 스피커에게 궁금한 것들을 질문하고 들으며 놀이했다.

- **의사소통 > 읽기와 쓰기에 관심 가지기**
  인공지능 스피커가 할 수 있는 것과 없는 것을 글로 적으며 알아봤다.

- **사회관계 > 더불어 생활하기**
  친구들과 함께 협력하여 인공지능 스피커 존을 만들었다.

- **예술경험 > 창의적으로 표현하기**
  다양한 미술 재료를 이용하여 인공지능 스피커가 잘 수 있는 공간을 만들었다.

- **자연탐구 > 탐구과정 즐기기**
  인공지능 스피커가 할 수 있는 것과 할 수 없는 것을 탐구하며 인공지능 스피커에 관심을 가졌다.

AI 스피커

4 뮤직박스 놀이

☑ **놀잇감**
AI 스피커(클로바), 조명, 무대, 뮤직박스 DJ 판넬

☑ **What is "AI 스피커"**
'클로바'는 음성인식이 가능한 애플리케이션으로 원하는 정보검색, 일정관리, 음악추천, 프리토킹 등 다양한 기능들을 가지고 있는 AI 스피커입니다.

01. 놀이의 시작

✏️ 클로바 탐색하기

AI 스피커 '클로바'를 유아들에게 제시하고 함께 탐색했다.

유아1	선생님 이건 뭐에요?
교사	무엇처럼 생겼니?
유아2	'미니언즈' 잖아요.
교사	미니언즈 모양인 인공지능 스피커야.
유아1	인공지능 스피커는 뭐에요?
교사	무엇인지 한번 살펴볼까?
유아1	좋아요.

클로바 탐색

유아들은 AI 스피커에 대해 많은 관심을 갖기 시작했고, AI 스피커를 이용하여 놀이하기 시작했다.

02. 놀이의 전개

 Hey, 클로바! 음악을 틀어 줘

유아들이 클로바에게 노래를 틀어달라고 하자 노래가 재생되었고, 유아들은 노래가 나올때마다 함께 춤을 추며 놀이하는 모습이 나타났다.

유아1	클로바, 신나는 노래 틀어줘.
	(노래가 나오면 유아들이 춤을 춘다.)
유아2	얘들아, 춤춰!
유아2	클로바, 웃긴 노래 틀어줘.
유아3	선생님 클로바가 웃긴 노래를 틀어줬어요.
교사	그러게. 재미있는 노래도 나오네.
유아1	선생님 다 같이 춤춰요.
교사	다 같이 춤추면서 놀아볼까?
유아2	네.

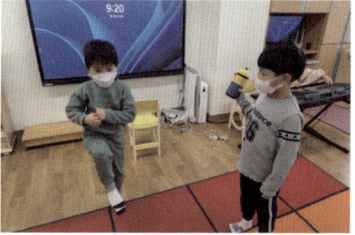

클로바가 틀어준 노래에 맞춰 춤추는 모습

유아들이 클로바에게 노래를 틀어달라고 할 때, 동시에 여러 유아들이 이야기하고 싶어 해서 클로바에게 이야기하는 자리를 따로 만들기로 했다.

TIP **클로바 노래 재생 방법**

네이버 클로바 앱을 내려받은 후 인공지능 스피커와 스마트폰을 연결합니다. 이후 AI 스피커에게 '신나는 음악 틀어줘' 등의 명령어를 이야기합니다. 이때 재생되는 노래는 미리듣기 버전으로 들을 수 있습니다.

교사	클로바에게 노래를 틀어달라고 이야기하고 싶은 사람들이 많은데 어떻게 하면 좋을까?
유아1	선생님 그러면 클로바에게 '말하는 사람 자리'를 만들어줘요.
교사	그럼 앞에다가 클로바 사용 자리를 만들어 볼까?
유아2	네.

클로바 담당자 자리

03. 놀이의 확장

뮤직박스 놀이

유아들이 AI 스피커에게 노래를 틀어달라고 했고 춤을 추는 놀이를 지속하자 교사는 조명과 클로바 뮤직박스 DJ 자리를 만들어 제공했다.

유아1	클로바 신나는 노래 틀어줘.
유아2	이번에 만화 노래도 틀어달라고 해봐.
유아1	클로바 만화 노래 틀어줘.
유아2	맞아. 애들아 우리 같이 춤 추자.

클로바와 놀이하는 모습

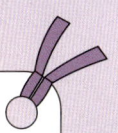

교사의 놀이 이야기

　유아들은 놀이하면서 AI 스피커에 다양한 기능이 있다는 것을 알게 되었다. 그 중 유아들이 많은 관심을 보인 기능 중 하나가 노래 재생 기능이었다. 평상시에 몸을 움직이며 놀이하는 것을 좋아하는 유아들은 AI 스피커가 틀어주는 음악에 맞춰 춤을 추고 노래하는 것을 즐기며 재미있어했다.

　다만 노래를 재생하는 과정에서 AI 스피커가 유아들의 목소리를 인식하지 못하는 경우가 종종 있어서 정확하게 이야기 해야 했고, 유아들이 듣기에 적합하지 않은 노래가 나오는 경우도 있어서 놀이하기에 적절한 노래들로 교사가 플레이리스트를 미리 설정하여 제시하는 것이 필요하다.

　인공지능 스피커는 실제로 대화가 이루어지기 때문에 유아들의 관심도가 높은 편이고 제시된 놀이 이외에도 끝말잇기 놀이, 스무고개 놀이, 날씨 알아보기 등 다양한 놀이를 진행 할 수 있다.

유아의 놀이 속 배움과 성장

- **신체운동·건강 > 신체활동 즐기기**
  인공지능 스피커에서 흘러나오는 노래를 들으며 자유롭게 신체를 움직여 놀이했다.

- **의사소통 > 듣기와 말하기**
  인공지능 스피커에게 본인이 원하는 노래를 말하며 관심을 가졌다.

- **사회관계 > 더불어 생활하기**
  친구들과 함께 뮤직박스 놀이를 하며 즐거움을 느꼈다.

- **예술경험 > 창의적으로 표현하기**
  인공지능 스피커에서 흘러나오는 노래에 맞춰 자유롭고 창의적으로 춤을 표현했다.

- **자연탐구 > 생활 속에서 탐구하기**
  인공지능 스피커 클로바에 관심을 가지고 놀이했다.

AI 스피커

❺ 미세먼지를 알려줘

☑ **놀잇감**
AI 스피커(클로바), 미세먼지 안내판

☑ **What is "AI 스피커"**
'클로바'는 음성인식이 가능한 애플리케이션으로 원하는 정보검색, 일정관리, 음악추천, 프리토킹 등 다양한 기능들을 가지고 있는 AI 스피커입니다.

01. 놀이의 시작

🖍 **클로바 탐색하기**

유아들에게 클로바를 제시한 후 탐색하는 시간을 가졌다.

유아	선생님 이게 뭐에요?
교사	AI 스피커 클로바야.
유아	무엇을 할 수 있어요?
교사	대화도 할 수 있고 우리가 궁금한 것을 알려주기도 하지.
유아	그러면 클로바한테 말을 걸어도 돼요?
교사	그럼. 뭐라고 하고 싶니?

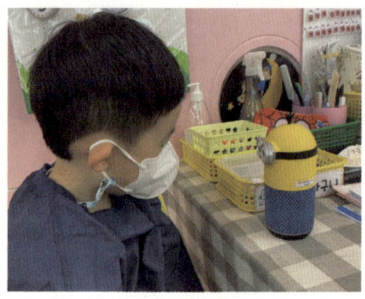

클로바 탐색하기

02. 놀이의 전개

🖊 미세먼지를 알려줘

한 유아가 놀이 중 교사에게 바깥 놀이를 할 수 있는지 물어보았다. 교사가 미세먼지를 확인해보고 나가겠다고 대답하자 유아가 클로바에게 물어보자고 이야기했다.

유아   선생님, 오늘 바깥놀이 나갈 거에요?
교사   미세먼지 없으면 바깥놀이 나갈 수 있지.
유아2   오늘 미세먼지 어때요?
교사   한번 확인해봐야 할 것 같은데?
유아   클로바에게 한번 물어볼게요. Hey, 클로바 오늘 미세먼지 어때?

클로바에게 미세먼지 물어보기

(클로바가 미세먼지 농도를 이야기한다.)

유아   선생님, 클로바가 미세먼지 보통이래요.
교사   그러면 나가서 놀아도 되겠는데….
유아   제가 날씨도 한 번 물어볼게요. Hey, 클로바 오늘 날씨 어때?

(클로바가 날씨를 이야기한다.)

유아2   선생님, 날씨도 좋아요.

유아들은 그날의 미세먼지 농도를 수시로 확인하여 미세먼지 안내판에 표시하며 확인하기 시작했다.

유아   선생님, 오늘 미세먼지 어떤지 확인해볼게요.
교사   그래, 한번 물어봐.
유아   Hey, 클로바 오늘 미세먼지 어때?

(클로바가 미세먼지 농도를 이야기 한다.)

교사   오늘 미세먼지는 어떻다고 하였니?

유아	오늘 미세먼지는 좋음이래요.
교사	그러면 미세먼지 판에다가 좋음이라고 붙여줄래?
유아	네.

미세먼지 알아보고 미세먼지 안내판에 표시하기

03. 놀이의 확장

Hey, 클로바! 세계 여러 나라의 날씨를 알려줘

유아들은 클로바를 이용하여 오늘의 날씨와 미세먼지 농도를 알아보았다. 세계 여러 나라에 관심을 갖던 한 유아는 다른 나라의 날씨도 클로바에게 질문했다. 유아들은 세계 여러 나라의 날씨를 알아보고 지도에 표시했다.

유아1	Hey, 클로바! 프랑스 날씨는 어때?
유아2	프랑스 날씨 알려줬어.
유아1	다른 나라 날씨도 알려주나 봐.
유아2	그러면 북극도 물어보자.
유아1	Hey, 클로바! 북극 날씨 어때?
유아2	영하의 날씨래. 진짜 춥겠다.
유아1	여기 지도에 있는 나라들 다 물어보자.
유아2	좋아.

세계 여러 나라의 날씨 알아보고 지도에 표시하기

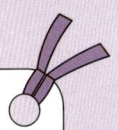

교사의 놀이 이야기

바깥놀이를 하기 전, 유아들은 인공지능 스피커를 이용하여 매일 날씨와 미세먼지 농도를 먼저 알아보았다. 놀이를 진행하면서 유아들은 인공지능 스피커의 다양한 기능을 알게 되었고, 기능을 아는 만큼 놀이에 활용하는 모습을 보였다. 유아들은 미세먼지, 우리 동네 날씨뿐만 아니라 다른 나라의 날씨, 자외선 지수 등 사회적 지식과 현상에 관심을 갖게 되었고 이에 대한 흥미와 관심이 확장되어 환경문제, 우리 생활에서 실천의 문제까지 생각해 볼 수 있게 되었다. 인공지능 스피커 놀이를 통하여 교사가 일일이 가르치지 않아도 유아들의 놀이를 통해 배움으로 연결하는 자연스러운 과정을 경험하였다.

유아들은 유능하며 능동적인 지식의 구성자로서, 놀이하면서 스스로 배운다는 유아중심·놀이중심 교육과정의 핵심 개념을 이번 놀이를 통하여 경험할 수 있었다. 의미 있는 놀이경험이었다.

유아의 놀이 속 배움과 성장

- **의사소통 > 듣기와 말하기**
  AI 스피커에게 날씨와 미세먼지에 대해 묻고 들으며 대화 놀이를 했다.

- **사회관계 > 더불어 생활하기**
  AI 스피커로 놀이하면서 AI 스피커 사용 약속과 규칙을 알고 지키며 놀이했다.

- **자연탐구 > 탐구과정 즐기기**
  AI 스피커를 통해서 우리동네 미세먼지 농도를 알고 미세먼지 안내판에 표시했다.
  AI 스피커로 세계여러나라의 날씨를 알아보며 놀이했다.

- **자연탐구 > 생활속에서 탐구하기**
  AI 스피커가 미세먼지 농도를 어떻게 나타내는지 관심을 가졌다.

2

코딩로봇을 활용한
디지털 놀이

: 로봇친구와 놀이해요

코딩로봇

6 자율주행 자동차놀이

☑ **놀잇감**
아두이노 자동차, 적외선 센서 자동차, AI 스피커, 종이벽돌블록, 4D블록, 미니카, 종이, 채색도구, 검은색 절연테이프

☑ **What is "적외선 센서 자동차"**
적외선 센서 자동차는 장애물을 감지하는 센서가 양쪽 사선으로 부착되어 있어 장애물을 감지하여 방향을 바꿔 주행하는 자동차입니다.
※ 어두운 색상(검은색)의 장애물인 경우 센서의 빛을 흡수하여 인식하지 않습니다.

01. 놀이의 시작

자율주행 자동차 놀이

유아들은 자동차 놀이를 하면서 자율주행 자동차가 있다는 사실을 알게 되었다. 그 후 종이벽돌블록과 4D블록을 이용하여 자율주행 자동차를 모방하여 만들었다.

유아1	종이벽돌블록으로 바퀴를 만들어볼게!
유아2	좋아. 그럼 나는 의자를 만들어볼래.
유아3	자율주행 자동차가 다른 자동차를 피하려면 센서가 필요해!
교사	맞아! 센서는 무엇으로 만들면 좋을까?
유아2	AI 스피커를 센서라고 하고 여기다가 둘래요.

자율주행자동차 만들기

유아들은 놀이에 필요한 센서 역할과 자동차 역할을 정한 뒤 직접 만든 자율주행 자동차와 미니카로 놀이했다. 유아들은 놀이하는 과정에서 실제 자율주행 자동차 놀잇감이 있는지 궁금해 했다.

유아2	(자율주행 자동차에 미니카가 다가오자) 삐 삐삐! 자동차가 달리고 있습니다.
유아1	피해야겠다.
유아2	그런데 우리가 만든 자율주행 자동차 말고 진짜 센서가 달린 자율주행 자동차 장난감은 없을까?
유아1	선생님께 물어보자! 선생님, 진짜 센서가 달린 자율주행 자동차 장난감 없나요?
교사	선생님이 찾아볼게! (인터넷 검색을 한 뒤) 센서가 달린 자율주행 자동차 장난감이 있네!
유아2	선생님, 그럼 센서가 달린 자율주행 자동차 장난감으로 놀이하고 싶어요.

자율주행자동차놀이하기   센서가 달린 자동차 검색하기

02. 놀이의 전개

적외선 센서가 달린 자동차 놀이

유아들의 요구에 따라 교사는 적외선 센서 자동차를 제공해 주었고, 유아들은 종이벽돌블록, 레고블록으로 길을 만들어 놀이했다.

유아1	우와! 센서가 달린 자동차야! 자동차 길을 만들어 보자!
교사	적외선 센서가 달린 자동차는 어두운색(검은색) 블록을 인식하지 못해서 밝은색 블록으로 길을 만들어야 해.
유아1	네! 그럼 교실에 있는 블록으로 자동차 길을 만들어볼게요.

유아들이 교실에 있는 밝은색 블록으로 센서 자동차의 길을 만들었다.

유아1   내가 전원을 켜볼게!
유아2   우와! 우리가 만든 길로 가고 있어!
유아1   그럼 내가 센서 앞에 블록을 놔볼게!
유아2   와~ 정말 블록을 피해서 가네! 신기하다.

유아들은 블록을 이용하여 자동차 길을 길게 만들어 놀이를 지속했고, 교사는 다른 적외선 센서 자동차도 유아들에게 제공해 주기로 했다.

적외선 센서 자동차 길 만들기   적외선 센서 자동차 놀이하기

새로운 자율주행 자동차의 적외선 센서 위치에 따른 문제 해결하기

유아들이 가지고 놀던 새로운 자율주행 자동차가 방향을 꺾지 못하여 벽에 충돌하고 멈추는 일이 반복됐다.

유아1   왜 옆으로 안 가고 자꾸 멈추는 거야!
유아2   얘(센서)가 망가졌나?
유아3   선생님! 이거 망가진 것 같아요.
교사   센서가 어느 위치에 있는지 잘 확인해 볼까?
유아3   아~ 센서가 양쪽으로 있어서 앞에 있는 건 못 알아보나?
유아2   길을 다시 만들어 보자.

유아들은 적외선 센서가 장애물을 인식할 수 있도록 블록의 방향을 바꿔서 길을 수정했다.

유아1   오! 길이 기울어져 있으니까 잘 간다.

유아2   앞으로 이렇게 만들어야 돼!

유아3   센서가 쳐다보는 쪽에다가 (블록을) 세우니까 자동차가 안 멈추고 잘 지나간다.

방향을 바꾸지 않고 멈춘 자동차

완만하게 수정된 길모퉁이

03. 놀이의 확장

자율주행 자동차 경주하기

새롭게 제공된 자율주행 자동차를 활용하여 놀이하는데 익숙해진 유아들은 '자동차 경주' 놀이를 시작했다.

유아1   길 두 개 만들어서 빨리 가기 시합하자.

유아2   자동차 경주다!

유아3   안 멈추고 빨리 가게 하기! 시작!!

몇몇 유아들만 지속적으로 놀이하던 자율주행 자동차놀이는 '자동차 경주 놀이'로 전환되며, 자율주행 자동차에 관심이 없던 유아들까지 놀이에 참여하기 시작했다.

자율주행자동차 경주 놀이

✏️ 자율주행 자동차 주차장 구성하기

놀이가 끝난 후 자율주행 자동차를 정리할 곳이 마땅치 않자 유아들이 주차장 이용 경험을 떠올리며 자율주행 자동차 주차장을 만들기 시작했다.

유아1	선생님! 이거 다 같이 정리하기 너무 힘들어요!
유아2	다른 데에 정리하면 안 돼요?
유아3	자율주행 자동차 주차장 만들자.
유아3	이거 자동차 뒤로 못 가게 하는 거 만들어야 돼.
유아1	그게 뭐야?
교사	아~ 주차 스토퍼를 이야기하는 거구나.
유아3	내가 레고로 만들어 올게.

사물함 위의 정리되지 않은 자동차들

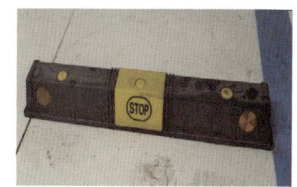

주차 스토퍼

> **TIP 센서란?**
>
> 물체의 움직임이나 그 특성을 감지하는 장치인 센서는 인간의 오감(시각, 청각, 후각, 미각, 촉각)에 빗대어 말하는 경우가 많습니다. 센서의 종류는 태양광을 감지하는 조도 센서, 기압을 감지하는 기압 센서, 동작을 감지하는 동작 센서 등이 있습니다. 놀이 사례에서는 적외선을 사용하여 거리를 측정하는 적외선 센서를 이용했습니다.

제2장. 디지털 놀이 실행하기

유아들은 테이프를 활용하여 주차 구획을 만들었고, 한 유아는 레고블록을 활용하여 주차 스토퍼를 만들어 실제 주차장과 유사하게 구성했다.

주차장 구성하기 　　　레고블록으로 만드는 주차 스토퍼 　　　완성된 주차 스토퍼

✎ 자율주행 자동차 배달놀이

유아3　내가 만든 거(주차 스토퍼) 가져가!

유아1　네가 가지고 와.

유아3　계속 왔다 갔다 하는 거 힘들단 말이야.

유아4　우리 이거 자율주행 자동차로 가져다주자.

유아3　오~ 쿠팡자동차다. 배달자동차.

유아들은 주차스토퍼를 주차장까지 옮기기 위한 길을 새롭게 구성하였고, 자율주행 자동차를 배달자동차라고 부르며 배달놀이를 시작했다.

배달 길 구성하기 　　　　　　　　　주차 스토퍼 배달하는 자율주행자동차

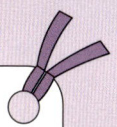

교사의 놀이 이야기

　자동차의 크루즈 기능을 경험한 유아들은 자동차 놀이에서 크루즈 기능 활용이나 자율주행에 대해 많은 관심을 나타내었다. 블록으로 '자율주행 자동차 상상 놀이'를 하며 본인들이 알고 있는 것, 경험한 것들을 놀이로 표현하였다. 교사는 유아들의 자율주행에 대한 관심과 흥미를 지원하고자 인공지능 센서를 활용한 '자율주행 자동차'를 놀잇감으로 제공하였다. 센서가 달린 자동차 놀잇감은 유아 스스로 조립하기에 어려움이 있어 교사가 자동차의 조립에 도움을 주었다. 유아들은 친구들과 힘을 합쳐 자율주행 자동차 길을 만들고, 자율주행 자동차 주차장을 구성하고, 주차 스토퍼를 만드는 등 자신들의 생각과 아이디어를 더하여 놀이를 지속하였다. 자율주행 놀잇감 제공까지는 교사의 도움이 필요했지만, 놀이가 시작되자 유아들은 더이상 교사의 도움을 필요로 하지 않았다. 너무도 좋아하는 '자율주행 자동차'를 가지고 자신들이 생각한 방법으로 놀이에 몰입하는 모습을 볼 수 있었다. 그리고 놀이 과정에서 유아들은 사람이 눈, 코, 입 등 감각으로 세상을 인식하듯이 인공지능도 센서를 통해 인식하고 작동한다는 인공지능 센서의 원리를 자연스럽게 알게 되었다.

　유아들이 제일 좋아하는 것도 놀이이고 유아들이 제일 잘하는 것도 놀이이며, 유아들을 가장 행복하게 하는 것도 놀이임을 다시 한번 느끼고 깨닫는다.

유아의 놀이 속 배움과 성장

- **의사소통 > 듣기와 말하기**
  (주차장을 이용했던) 자신의 경험을 이야기하며 주차장을 만드는 것을 제안했다.

- **사회관계 > 더불어 생활하기**
  자율주행 자동차 길을 친구와 함께 협력하여 만들었다.
  필요한 역할(센서 역할, 자동차 역할)을 친구와 의논하여 정한 뒤 놀이를 했다.

- **자연탐구 > 탐구과정 즐기기**
  적외선 센서 자동차의 센서 위치에 따른 문제를 해결하기 위해 탐구하며 해결했다.

- **자연탐구 > 생활 속에서 탐구하기**
  자율주행 자동차가 움직일 방향과 위치를 예측하며 놀이했다.

> 코딩로봇

❼ 엠타이니와 함께하는 종이컵 놀이

☑ **놀잇감**
코딩로봇(엠타이니), 퍼즐맵, 종이컵

☑ **What is "엠타이니"**
코딩로봇의 한 종류인 엠타이니는 조이스틱(리모콘)을 조작하여 앞, 뒤, 옆으로 움직이기도 하고, 코딩카드와 조이스틱, 퍼즐맵을 활용하여 놀이할 수도 있습니다. 또한 코딩카드에 있는 표정을 터치하면 엠타이니가 다양한 감정을 표현하기도 하는 유아들이 쉽게 놀이에 활용할 수 있는 코딩로봇 입니다.
*출처 : 렌쥴리에듀테인먼트 홈페이지, 엠타이니

01. 놀이의 시작

 엠타이니 조종 놀이

유아들은 교실에 새로운 코딩로봇이 생기자 신기해하며 탐색하기 시작했다.

유아1	이거 RC카처럼 조종할 수 있다!
유아2	자동차 같아.
유아3	귀여워~ 우리 이거 데리고 놀자.

유아들은 로봇을 몇 번 만져보고 구성품을 확인하더니 교사의 도움 없이도 컨트롤러를 활용하여 능숙하게 조작하며 조종놀이와 역할놀이를 했다.

유아1	우리 아기예요. 응애~ 배고프구나? 맘마 줄게.
유아2	길에서 떨어지지 않게 조종해보자!
유아3	이것 봐! 내가 만든 터널 통과시킬 거야.

엠타이니랑 역할놀이하기 　　　　엠타이니 조종하기 놀이

02. 놀이의 전개

엠타이니 코딩놀이

　방향, 반복, 감정 명령 카드를 태그하여 코딩하는 방법을 알게 된 유아들은 명령 카드들을 자유롭게 태그해보며 엠타이니를 조종했다.

유아1	화살표 누르면 화살표 방향대로 움직여.
유아2	화살표를 여러 개 하면 어떻게 되지?
유아1	화살표 숫자만큼 움직인다!
유아2	이쪽 화살표로 해보자.
유아3	화살표랑 같은 방향으로 움직이네?

컨트롤러로 명령 카드 태그하기

　자유롭게 코딩 놀이를 즐기던 중 자신이 설정한 방향 카드의 개수와 순서에 따라 엠타이니가 그대로 움직인다는 것을 알게 되었고, 교사는 퍼즐맵을 제공하여 방향 코딩을 해볼 수 있도록 지원했다. 유아들은 퍼즐맵으로 길을 구성한 후 목적지를 설정하고, 엠타이니가 목적지까지 도착할 수 있는 여러 가지 방법에 대해 생각하며 코딩 놀이를 지속했다.

| 유아1 | 앞으로 두 칸 가면 놀이공원이야. |
| 유아2 | 그러면 화살표 카드 두 개. |

유아3	이번에는 경찰서에 도착하게 해봐.
유아2	조금 어렵다. 옆으로 가야 돼.
유아1	경찰서까지 가려면 앞으로 세 번, 옆으로 세 번 가면 되잖아. 옆으로 가는 화살표 카드 있으면 돼.
유아3	지그재그로 갈 수도 있어!

퍼즐맵 위에서 코딩하기

언플러그드 코딩놀이

교사가 교실 바닥에 테이프로 길을 구성해주었고, 유아들은 직접 로봇이 되어 친구들이 제시하는 화살표 방향에 따라 이동하는 언플러그드 코딩 놀이를 시작했다. 유아들 스스로 직접 이동하며 놀이하는 과정을 통해 명령의 순서나 방향을 객관적이고 정확하게 제시해야 함을 이해했다.

유아1	앞으로 여섯 번 가세요.
유아2	하나, 둘, 셋…, 여섯 번! 왔습니다.
유아1	그리고 오른쪽으로 한 번 가세요.
유아2	오른쪽으로 한 번 왔습니다.
유아1	아니! 그쪽 말고.
유아2	왼쪽으로?
유아1	(손가락으로 방향을 가리키며) 오른쪽!
유아2	나한테는 왼쪽인데? 왼쪽으로 한 번…. 도착!

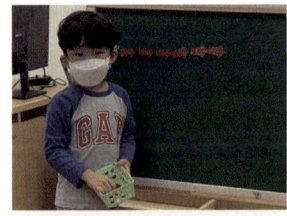

언플러그드 코딩 놀이

03. 놀이의 확장

종이컵을 활용한 놀이

유아1   노랑색까지 종이컵 안 무너뜨리는 사람이 이기는 거야!
유아2   난 이걸로(컨트롤러) 움직일래.
유아3   나는 카드로 코딩시킬 거야.

종이컵으로 장애물을 구성하여 코딩놀이를 하던 중 한 유아가 종이컵으로 탑을 쌓았고, 다른 유아가 종이컵을 무너뜨리며 새로운 놀이가 시작됐다. 유아들은 단순히 코딩로봇을 조종하며 놀이하거나 원하는 목적지로 이동하게 하는 코딩놀이 형태에서 벗어나 다른 놀잇감을 추가한 새로운 놀이를 생각해냈다.

유아1   오~ 거의 다 쓰러트렸어.
유아2   종이컵 볼링이다.
유아3   한 번에 많이 쓰러트리기 놀이하자!
유아2   조절을 잘 해야 돼.

종이컵 볼링 놀이

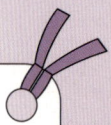

교사의 놀이 이야기

코딩로봇 엠타이니는 '놀이형 코딩'이 가능한 교육형 로봇이다. 조종할 수 있는 컨트롤러가 있기 때문에 사용법을 알려주지 않아도 유아들은 쉽게 놀이에 활용하였다. 유아들의 놀이는 단순히 조종하여 움직이는 놀이부터 시작하여 방향 카드를 태그하여 목적지까지 움직이게 하는 단순 코딩놀이까지 지속되었고, 교사의 약간의 도움을 통해 언플러그드 코딩 놀이까지 진행하게 되었다.

교사는 유아들이 코딩 로봇을 활용하며 '코딩'에 대한 개념을 알고, '코딩'을 기술적으로 경험하기보다는, 자유로운 놀이 안에서 자연스럽게 탐색하고 경험할 수 있도록 지원하였다(예를 들면, 우리가 정한 목적지까지 이동하기 위한 경로를 설정해보는 것 등). 즉 놀이 속에서 자연스럽게 이루어지는 디지털 경험이 될 수 있도록 지원하여 컴퓨팅 사고력 증진의 경험을 제공하는 것이 중요하다고 생각된다. 이를 위해서 교사는 유아들의 놀이 과정을 섬세하게 관찰하면서 새로운 단계를 제시해주거나 함께 활용할 수 있는 새로운 놀잇감들을 제공하며 유아들의 놀이 흥미와 욕구를 충족할 수 있도록 지원해야 할 것이다.

유아의 놀이 속 배움과 성장

- 의사소통 > 듣기와 말하기

  친구가 명령하는 코딩순서를 잘 듣고, 명령에 따라 움직였다.

- 자연탐구 > 생활 속에서 탐구하기

  자신이 명령한 방향 카드 순서대로 움직이는 코딩로봇을 신기해하며, 코딩로봇이 목적지까지 이동할 수 있는 여러 가지 경우의 수를 탐구했다.

- 자연탐구 > 생활 속에서 탐구하기

  코딩로봇의 위치와 방향을 기준으로 하여 움직이는 경로를 설정하는 코딩 경험을 했다.

코딩로봇

8 탄소중립을 실천해요

☑ **놀잇감**
코딩로봇(엠타이니), 분리배출통 도안, 재활용품 그림 카드, 색깔 테이프, 아세테이지

☑ **What is "엠타이니"**
코딩로봇의 한 종류인 엠타이니는 조이스틱(리모콘)을 조작하여 앞, 뒤, 옆으로 움직이기도 하고, 코딩카드와 조이스틱, 퍼즐맵을 활용하여 놀이할 수도 있습니다. 또한 코딩카드에 있는 표정을 터치하면 엠타이니가 다양한 감정을 표현하기도 하는 유아들이 쉽게 놀이에 활용할 수 있는 코딩로봇 입니다.
*출처 : 렌쥴리에듀테인먼트 홈페이지, 엠타이니

01. 놀이의 시작

환경보호에 관심이 생긴 유아들은 재활용품을 이용해 만드는 '업사이클링' 놀이를 흥미 있게 이어 나가며 버려진 종이 상자로 분리배출함을 만들었다.

유아1   우리 어떻게 분리할까?

유아2   우리 반에서 많이 나오는 쓰레기 넣는 거 하자.

유아3   종이가 가장 많이 나오는 것 같아.

유아4   우리 집에는 플라스틱이랑 비닐 넣는 통도 있어.

유아5   그럼 다 만들자.

유아들이 만든 분리배출함

종이상자로 분리배출함을 만드는 유아들

02. 놀이의 전개

분리배출을 도와줘!

분리배출함이 생기자 유아들은 교실에서 생기는 쓰레기를 분리하여 버렸다. 그러던 중 한 유아가 엠타이니에 쓰레기를 얹고 분리배출함으로 갈 수 있도록 조종하며 놀이했다.

유아1	엠타이니야, 쓰레기를 버리고 와. 이것 봐! 엠타이니가 쓰레기 분리하러 간다.
유아2	이거 재밌겠다. 나도 같이 해.
유아3	엠타이니가 가는 길을 만들어 주자.

화이트보드판에 붙인 도안

교사는 유아들의 놀이를 지원하기 위해 엠타이니가 분리배출을 바르게 할 수 있도록 색깔이 다른 분리배출통 도안을 출력하여 화이트보드판에 붙인 후 바닥에 아스테이지를 깔고 색테이프를 붙였다.

> **TIP**
>
> * 여기서는 교사가 임의로 분리배출 통 색을 정하였는데 분리배출표시에 관한 지침 제4조를 참고하면 좋음
>
> - 생산자책임재활용제도>분리배출표시도안(https://www.iepr.or.kr/main/main.do)

유아1	(재활용품 그림카드 한 장을 뽑은 후) 나 종이 나왔어. 종이는 파랑색통에 넣어야 하니까 파랑색 길 따라서 가야지.
유아2	나는 비닐. 노랑색 길 따라서 가야지.

유아들은 재활용품이 그려진 그림카드 한 장을 고른 후 엠타이니에 싣고, 자신이 분리배출해야 하는 곳으로 색깔 길을 따라 엠타이니가 목적지까지 이동하여 쓰레기를 옮길 수 있도록 조종했다.

색깔 선을 따라 엠타이니를 이동시키는 모습

03. 놀이의 확장

탄소중립을 실천해요

유아들은 올바른 분리배출 방법을 다른 사람들에게도 알리고 싶어 했다.

유아1	선생님, 분리배출 바르게 하면 지구도 건강해지는 거죠?
교사	그렇지!
유아2	다른 사람들도 알려줘야겠는데?
유아1	어떻게 알려주지?
유아3	엄마 아빠한테 분리배출 잘 해야 한다고 알려드릴까?

유아들과 올바른 분리배출 방법을 이야기 나누기 활동으로 진행한 후 가정에서도 실천하기로 했다.

　유아들은 가정연계활동으로 부모님께 올바른 분리배출 방법을 알려드리고 가족들을 도와 분리배출을 했다. 가정에서 실천한 내용은 사진으로 찍은 후 클래스팅에 올려 공유했다.

환경지킴이가 된 유아들

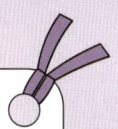

교사의 놀이 이야기

지구온난화로 폭염, 폭설, 태풍 등의 이상기후 현상이 세계 곳곳에 나타나고 있으며 이에 대한 심각성을 유아들도 인식하고 있었다. 교사는 이와 같은 유아들의 인식과 관심을 지원하고 격려하며 놀이 안에서 재구성할 수 있도록 '엠타이니 로봇을 활용하여 쓰레기 분리배출하기 놀이'를 제안하였다. 엠타이니로봇을 사용하여 쓰레기를 옮기면서 유아들은 쓰레기 분리배출에 더욱 관심을 가졌고, 왜 분리배출을 해야 하는지, 어떻게 해야 올바른 분리배출이 되는지도 알게 되었다. 역동적으로 움직이는 엠타이니로봇을 활용하여 유아들은 지금까지와는 다른 방법으로 쓰레기 분리배출 놀이를 진행하였고 이에 대한 유아들의 놀이 만족도도 높게 나타났다.

유아들의 높은 관심과 만족도는 유치원에서의 쓰레기 분리배출뿐만 아니라 가정연계활동으로도 이어졌고, 이에 대한 호응으로 가정에서도 생활쓰레기 바르게 배출하기에 동참해 주었다. 아직은 어린 유아들이지만 놀이를 통해 지구를 보호하고자 하는 마음이 실천으로 이어졌다. 유아들의 이러한 작고 소중한 마음이 잘 지켜지기를 바란다.

유아의 놀이 속 배움과 성장

- **신체운동·건강 > 건강하게 생활하기**
  교실 안의 쓰레기를 정리하며 주변을 깨끗이 했다.

- **사회관계 > 더불어 생활하기**
  친구와 협력하여 분리수거함을 만들었다.

- **예술경험 > 창의적으로 표현하기**
  다양한 미술재료를 사용하여 분리수거함을 만들었다.

- **자연탐구 > 생활 속에서 탐구하기**
  분리수거함의 위치와 방향을 살펴본 후, 엠타이니를 조종하여 목적지에 도착하게 했다.

- **자연탐구 > 자연과 더불어 살기**
  올바른 분리배출 방법을 알고 실천했다.

코딩로봇

9 컬러점프

☑ **놀잇감**
코딩로봇(엠타이니), 종이컵, 색깔판

☑ **What is "코딩"**
코딩은 어떤 명령을 컴퓨터가 읽을 수 있는 형태의 언어인 코드로 입력하는 것을 뜻합니다. 스마트폰, 자동차, TV, 컴퓨터 등과 같은 기기에는 기계를 작동시키는 프로그램이 탑재돼 있습니다. 이 프로그램이 작동하기 위해서는 기계가 이해할 수 있는 언어로 명령해야 하는데, 이때 쓰이는 언어가 컴퓨터 언어인 코드입니다. 코딩은 바로 이 코드를 이용해 인간의 명령을 컴퓨터가 이해할 수 있게 프로그램을 만드는 과정이라고 할 수 있습니다.

01. 놀이의 시작

 엠타이니를 움직여라

유아들은 코딩로봇 엠타이니를 원격조종 하는 것을 재미있어 했다.

유아1	이것봐! 내가 (펜 컨트롤러를 가리키며) 이걸 (왼쪽으로 움직이며) 이렇게 움직이면, 엠타이니가 따라서 움직여~
유아2	우와~ 재밌다. 반대쪽으로 가봐!
유아3	나도 엠타이니처럼 움직여 봐야지.
유아2	이번에는 뒤로 가봐.
유아1	뒤로 간다. 뒤로 간다.
유아2	멈춰! (유아들이 멈춘다) 오른쪽으로~

엠타이니를 조종하며 놀이하는 유아들

유아들은 직접 엠타이니가 되어보겠다며 친구들이 지시하는 방향에 따라 움직임을 즐기며 놀이했다.

02. 놀이의 전개

컬러 점프 놀이

펜 컨트롤러를 따라 움직이는 엠타이니 놀이를 즐기는 유아들과 함께 언플러그드 놀이로 '컬러점프'를 하기로 했다. 아직 방향을 어려워하는 유아들에게 방향을 지시하는 방법은 색깔로 하기로 정했다. 색깔판 위에 서 있는 유아들은 교사가 이야기하는 색깔로 이동했다. 두 발을 동시에 뛰어 이동하기도 했고, 한 발로만 뛰어보기도 하며 다양한 방법으로 점프를 했다.

색깔로 방향이 익숙해진 유아들에게 이번에는 왼쪽, 오른쪽, 앞, 뒤와 같은 방향을 이야기 하며 이동하는 놀이를 했다. 유아들은 교사의 지시에 따라 이동했다.

유아   선생님, 이번에는 제가 이야기하고 친구들이 이동하는 거 해봐요.
교사   그래. 그럼 친구들에게 큰 소리로 정확하게 이야기해볼까?
유아   왼쪽으로! 오른쪽으로!

앞에 나온 유아의 지시에 따라 유아들은 몸을 움직이며 놀이했다. 유아들은 제시되는 색을 인지하고 같은 색을 찾아 방향과 위치를 바꾸어 밟아보는 점프놀이를 하며, 명령에 따라 일을 처리하는 코딩(컴퓨터 프로그래밍) 원리를 경험했다.

색깔판 밟기 놀이

03. 놀이의 확장

엠타이니와 코딩놀이

언플러그드 놀이를 마치고 교실로 돌아온 유아들은 다시 엠타이니를 가지고 놀이했다. 유아들은 점프놀이의 경험을 떠올리며 엠타이니와 코딩 원리를 활용한 놀이를 했다.

종이컵으로 길을 만든 후 엠타이니가 색(빨강, 노랑, 초록, 파랑)을 찾아갈 수 있도록 방향 카드와 컨트롤러로 방향을 제시하고 구체적으로 명령을 내리기도 했다.

유아1 　 엠타이니, 앞으로 가다가 오른쪽으로 꺾어져서 가봐.
유아2 　 빨간색 색종이를 지나서 앞으로 더 가봐.
유아3 　 길이 나오면 밖으로 나와.

유아들은 엠타이니와 놀이하며 코딩로봇과 더욱 친해졌다.

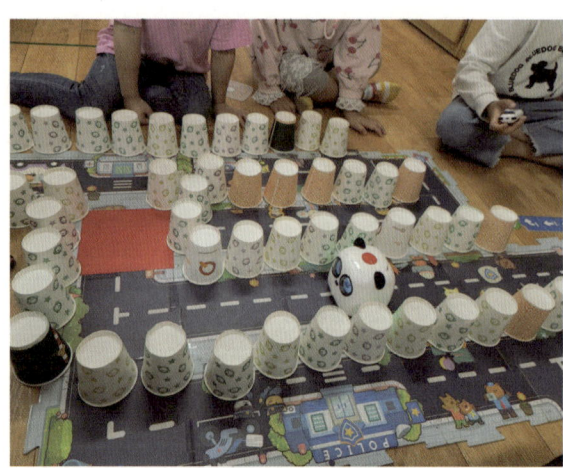
색종이를 활용하여 놀이하는 모습

엠타이니로 놀이하는 모습

교사의 놀이 이야기

　교실에 코딩로봇인 엠타이니가 들어오자 움직이는 로봇에 대한 유아들의 관심은 아주 뜨거웠다. 유아들은 '로봇이 움직이는 방법'에 대해 관심을 가졌고, 로봇의 움직임을 흉내내기도 했다. 로봇을 조종하며 로봇의 움직임에 흥미를 보이던 유아들은 '로봇이 어떻게 움직이는 거지?'라며 코딩로봇이 움직이는 원리에 대해 궁금해했다.

　교사는 코딩로봇을 움직이는 방법에 대해 유아들이 쉽게 이해할 수 있는 방법을 고민했고, 코딩로봇의 움직이는 방법을 쉽게 알아보고자 언플러그드 상황에서 같은 색을 찾아 방향과 위치를 바꾸어보는 '컬러점프' 놀이를 제공했다. 유아들은 교사의 지시(명령어)에 따라 방향과 위치를 바꾸어보며 자연스럽게 코딩(컴퓨터=로봇이 이해할 수 있는 코드를 입력하여 작동할 수 있게 하는 과정)의 개념을 경험할 수 있었다.

　코딩로봇을 유아들의 놀이에 활용하면서 가장 고민스러웠던 점은 유아들이 코딩로봇 자체에만 관심을 갖고 단순히 로봇을 움직이는 놀이에만 반복, 집중하는 것이었다. 그래서 단순 로봇놀이가 아니라 색깔 찾기, 목적지 설정하여 길 만들어가기 등의 목표를 제시하여 단순반복되는 놀이가 아닌 친구들과 함께 규칙을 만들고 성취할 수 있는 놀이로 제공하였다.

유아의 놀이 속 배움과 성장

- **신체운동·건강 > 신체활동 즐기기**
  지시어를 듣고 방향에 따라 신체를 이동하는 놀이에 참여했다.
- **의사소통 > 듣기와 말하기**
  제시되는 색깔 이름과 방향에 따라 신체를 이동시켰다.
- **자연탐구 > 탐구과정 즐기기**
  엠타이니의 움직임에 관심을 갖고 놀이했다.

> 코딩로봇

⑩ 배달놀이

☑ **놀잇감**
코딩로봇(엠봇), 스마트폰, 리모콘, 연결선, 접시, 검은색 절연테이프

☑ **What is "엠봇"**
엠봇은 장애물 피하기, 검은 선 따라가기, 조종하기 등을 할 수 있는 프로그래밍 로봇입니다. 엠봇은 리모콘을 활용하여 조종할 수도 있고, 스마트폰이나 태블릿PC에 앱을 내려받으면 스크래치 기법으로 코딩할 수 있습니다.

01. 놀이의 시작

✏️ **엠봇 탐색하기**

엠봇을 제공하여 엠봇이 움직이는 방법을 알아보았다.

교사	엠봇은 다양한 기능들을 가지고 있단다.
유아1	어떤 기능이요?
교사	장애물을 피할 수도 있고, 검은 선을 따라가기도 해.
유아2	선생님 제가 해보고 싶어요.
교사	리모콘 누르는 것을 알려줄게.
유아1	우리 블록들로 장애물을 만들어 보자.
유아2	엠봇이 가는 길에 블록을 놓아봐.

엠봇 탐색

02. 놀이의 전개

일하는 자동차 엠봇

한 유아가 재활용 접시와 빵끈으로 엠봇을 연결하고 싶어했다.

유아	선생님, 접시랑 엠봇이랑 묶어주세요.
교사	접시를 엠봇이랑 연결해 달라고?
유아	네.
교사	무엇을 하고 싶니?
유아	여기에 블록을 담아서 움직일 거예요.
교사	그것도 재미있겠다.
유아	선생님, 이것 보세요. 엠봇이 일하는 자동차가 되었어요.

엠봇과 접시 연결하기

엠봇에 접시를 연결하여 일하는 자동차를 만들어 놀이하는 것을 본 다른 유아들도 엠봇에 접시를 연결하여 물건을 실어 나르는 놀이를 했다.

유아1	○○야, 엠봇이 이만큼 블록을 옮기고 있어.
유아2	여기에 다른 것도 실어 보자.
유아1	이번에는 다른 블록이야.
유아2	이건 너무 무거워서 못 하는 거 아니야?
유아1	엠봇이 힘들어하는 것 같은데?
유아2	그러면 다른 걸로 해보자.
유아1	선생님한테 편지를 배달해볼까?
유아2	좋아.

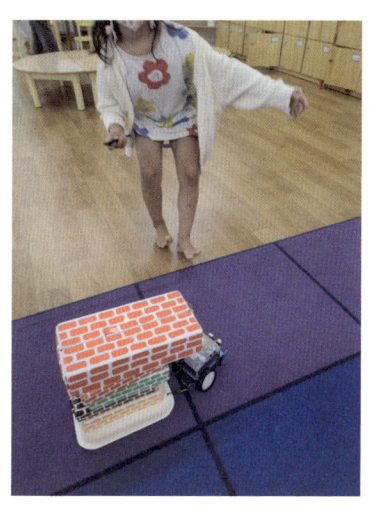

일하는 자동차 엠봇

03. 놀이의 확장

 배달하는 엠봇

유아들은 다른 반 친구들에게도 배달을 하고 싶다고 이야기했다.

유아	선생님, 다른 반 친구들에게도 배달해주고 싶어요.
교사	무엇을 배달하고 싶니?
유아	사탕이요.
교사	그래, 그러면 직접 엠봇을 조종해서 할래?
유아	아니요. 검은 선을 붙여서 하고 싶어요.
교사	그럼 테이프로 원하는 반까지 붙여봐.
유아	선생님, 엠봇이 잘 배달해줄까요?
교사	글쎄, 잘 가는지 우리 한번 볼까?

유아들이 다른 반에 사탕을 배달하는 놀이가 지속되었다.

  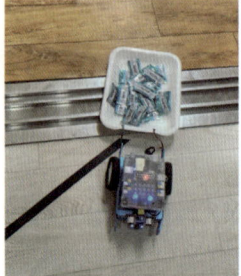

엠봇으로 배달하기

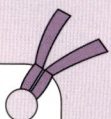

교사의 놀이 이야기

　엠봇은 간단한 리모콘 조작만으로도 자유롭게 움직인다. 따라서 유아들은 손쉽게 엠봇의 움직임을 즐기며 재미있게 놀이에 참여하였다. 유아들이 놀이를 진행해 가면서 또 다른 리모콘의 기능들을 궁금해하였고, 엠봇의 다양한 기능들을 알게 된 후 유아들은 기능에 맞게 스스로 길을 만들거나 검은 테이프를 바닥에 붙여 놀이하는 등 본인들이 습득한 지식을 활용하여 놀이를 만들어 가는 모습을 보였다. 또한 '배달놀이'로 전환하거나 '엠봇 꾸미기' 등으로 확장하는 등 교사가 생각하지 못한 부분에서 다양한 생각과 의견들을 더해서 놀이를 발전시켰다. 재미있게 놀이하고자 하는 유아들의 욕구는 정말 대단하다.

　엠봇으로 놀이할 때 배터리가 자주 소모되어 놀이 중에 배터리를 교체해줘야 하는 어려움이 있으니 이를 미리 고려하여 준비하는 것이 필요하다. 또한 엠봇 놀이 시 일정한 활동 공간이 필요하므로 놀이장소를 미리 정하여 다른 유아들의 놀이에 방해되지 않도록 유아들과 놀이 약속을 정하여 놀이하면 좋다.

유아의 놀이 속 배움과 성장

- **사회관계 > 더불어 생활하기**
  엠봇으로 놀이할 수 있는 방법을 친구들과 함께 공유하며 놀이했다.
- **예술경험 > 창의적으로 표현하기**
  미술재료를 이용하여 엠봇을 일하는 자동차로 만들었다.
- **자연탐구 > 생활속에서 탐구하기**
  엠봇을 탐구하면서 엠봇이 가진 기능에 대해 알아보며 엠봇을 활용하여 놀이했다.

코딩로봇

⑪ 장애물 피하기 놀이

☑ **놀잇감**
코딩로봇(엠봇), 블록, 검은색 절연테이프

☑ **What is "엠봇"**
엠봇은 장애물 피하기, 검은 선 따라가기, 조종하기 등을 할 수 있는 프로그래밍 로봇입니다. 엠봇은 리모콘을 활용하여 조종할 수도 있고, 스마트폰이나 태블릿PC에 앱을 내려받으면 스크래치 기법으로 코딩할 수 있습니다.

01. 놀이의 시작

✏️ **엠봇 탐색하기**

유아들은 엠봇이 검은 선을 따라 움직인다는 것을 알고 난 후, 교실 바닥에 검은색 절연테이프를 붙여 놀이하기 시작했다.

유아1	어떻게 움직이나 보자.
유아2	진짜 검은 선만 따라가고 있어.
유아1	검은 선을 더 이어서 크게 만들어 보자.
교사	선생님이 선 붙이는 것을 도와줄게.
유아2	선생님 여기도 붙여주세요. 크게 만들어 주세요.

절연테이프를 바닥에 붙이는 모습

02. 놀이의 전개

 길을 만들자

유아들은 교실 한쪽에 절연테이프를 이용한 엠봇 길을 만들어 놀이했다.

유아1	엠봇을 만나게 해보자.
유아2	선 따라 움직이게 하면 돼.
유아3	여기서 출발시키고 또 다른 엠봇은 저기서 출발시키자.
유아1	엠봇이 만났어.
유아2	선생님 여기에 검은 테이프를 더 연결해주세요.
교사	어디에 해줄까?
유아2	엠봇이 다닐 수 있게 길게 연결해주세요.
교사	함께 길을 연결해보자.

검은 선을 따라가는 엠봇

유아들은 엠봇의 기능을 탐구하던 중 센서를 통해 장애물을 인식하여 피하는 기능을 알게 되었다.

유아1	엠봇이 내가 만든 블록 길을 따라가고 있어.
유아2	블록을 더 가지고 와보자.

유아3	블록으로 쭉 길을 만들어서 엠봇을 움직여 보자.
유아1	엠봇이 길을 따라가고 있어.
유아2	진짜네.

블록으로 길 만드는 모습

03. 놀이의 확장

✏️ 엠봇이 지나갈 수 있을까?

유아들이 엠봇에 센서가 있다는 것을 알게 된 후 블록들을 계속 놓아주며 어떻게 장애물 인식하는지 확인했다.

유아	선생님, 엠봇이 블록을 피해요.
교사	엠봇이 어떻게 블록을 피하는 걸까?
유아	여기 앞에 카메라가 있는 것은 아닐까요?
교사	엠봇에는 센서가 달려있대.
유아	선생님, 제가 장애물을 더 만들어 볼게요.
교사	좋아. 그럼 엠봇이 어떻게 움직일지 궁금해지는데?
유아	선생님, 여기 엠봇이 왔다 갔다 하고 있어요.

장애물 만들어 놀이하는 모습

유아들은 장애물에 따라 방향을 전환하여 피해가는 엠봇을 활용하여 지속적으로 놀이했다.

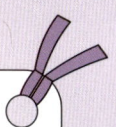

교사의 놀이 이야기

　움직임이 있는 놀잇감은 유아들에게 인기가 많다. 특히 엠봇은 자율주행의 기능이 있고 엠봇 놀이가 유아의 생각에 따라 공간을 구성하고 방향을 설정하여 놀이를 설계할 수 있어서 유아들의 상상력과 사고력을 지원하는 놀잇감이기도 하다. 유아들의 놀이는 검은 선을 따라 움직이는 엠봇 조종 놀이에서 시작하여 블록으로 길 만들기, 장애물 피하기 놀이까지 이어졌다. 유아들은 놀이에 몰입하면서 자연스럽게 로봇 센서가 어떻게 장애물을 인식하는지, 자율주행 자동차는 어떻게 움직이는지에 대해 이해하게 되었다. 흥미 있고 재미있으면 유아들은 무섭게 집중하고 몰입한다. 일대일로 디지털 게임기와 접하면서 일어나는 유아들의 과몰입과는 전혀 다른 차원의 특별한 의미 있는 몰입이며, 우리는 이 몰입을 지원하고 격려해야 한다.

　이와 같은 놀이의 과정에서 유아들은 끊임없이 소통하며 의견을 제시하고, 타협하고 조정하면서 놀이를 만들어 나갔다. 유아들이 놀이에서의 공동의 목적을 위해 함께 소통하고 협력하는 과정에서 충분히 유아들의 진지함과 적극성을 관찰할 수 있었다. 진지하게 집중해서 놀이하는 유아들의 모습이 정말 멋지다.

유아의 놀이 속 배움과 성장

- **사회관계 > 더불어 생활하기**
  친구와 협력하여 엠봇이 다니는 길을 구성했다.
- **자연탐구 > 탐구과정 즐기기**
  방향과 공간을 알고 엠봇이 다니는 길을 구성했다.
  엠봇에 장착된 센서에 대해 많은 관심을 보였다.

> 코딩로봇

⑫ 미로 찾기 놀이

☑ **놀잇감**
코딩로봇(카미봇), 태블릿PC 또는 스마트폰, 종이벽돌블록, 나무블록, 검은색 절연테이프, 놀이판

☑ **What is "카미봇"**
카미봇은 스마트폰 또는 태블릿PC로 블루투스를 연결하여 사용하는 코딩로봇입니다. 카미봇 맵으로 코딩을 하며 놀이를 할 수 있고, 리모콘을 이용하여 카미봇 조종놀이도 할 수 있습니다. 검은색 절연테이프로 길을 만들어 카미봇이 이동하는 라인코딩놀이도 가능합니다.

☑ **How to use "카미봇"**
1. Play 스토어 또는 앱 스토어에서 '카미봇리모콘, 카미카드'를 설치한다.
2. **(리모콘으로 컨트롤할 때)** 카미봇 스위치를 켜고 스마트폰 또는 태블릿PC 설치한 카미봇리모콘 앱을 켜 블루투스를 연결해 놀이한다.
 (코딩을 할 때) 카미봇 스위치를 켜고 스마트폰 또는 태블릿PC 설치한 카미카드 앱을 켜 블루투스를 연결해 놀이한다.

◀ 카미봇
카미봇리모콘 ▶
▼ 카미카드

01. 놀이의 시작

✏ **카미봇 놀이**

교사는 유아들에게 코딩로봇인 카미봇을 제공하여 사용하는 방법을 소개해주었다.

유아   (태블릿PC로 조종하며) 우와! 방향키를 움직이면 막 움직인다!

카미봇 조종 놀이

유아2	신기해!
유아3	카미봇이 내 손 쪽으로 올 수 있게 조종해 봐!
유아1	알겠어!

유아들은 카미봇 조종놀이를 즐겼다.

02. 놀이의 전개

카미봇 미로놀이

카미봇 조종 놀이에 익숙해진 유아들은 다양한 블록(나무블록, 종이벽돌블록)을 이용하여 장애물을 만들거나 미로를 구성하여 놀이를 시작했다.

유아1	내가 종이벽돌블록으로 장애물을 만들어 줄게!
유아2	그래! 그럼 내가 요리조리 피해서 가볼게!
유아1	종이벽돌블록은 건드리면 안 돼!
유아2	(블록을 요리조리 피하면서) 원통블록으로만 세우니깐 피하기 쉬운데!
유아1	그럼 블록으로 미로를 만들어 보면 어떨까?

유아들은 벽돌블록, 원통블록, 나무블록으로 미로를 만들어 놀이하기 시작했다.

장애물 피하기 놀이   미로 놀이

유아3	내가 미로를 만들어 줄게!
유아4	나도 도와줄게!
유아1,2	그래.
유아1	(완성한 미로를 통과하며) 그런데 미로가 별로 없으니까 시시해~
유아2	맞아. 미로를 더 많이 만들어야 할 것 같아.
유아들	그럼, 같이 만들어 보자!

유아들은 미로를 복잡하게 만들어 놀이하기 시작했다.

유아1	(카미봇을 조종하며) 입구를 여기로 하자!
유아2	좋아!
유아1	나 길을 잘못 들어왔어!
유아2	이쪽으로 와!
유아1	알려줘서 고마워! 우와! 미로를 빠져나오기 어려워!
유아2	이번엔 더 어렵게, 더 길게 만들어 보자.

복잡하게 만든 미로 놀이

유아들은 지속적으로 미로를 만들어 놀이했다.

 03. 놀이의 확장

 라인 코딩 미로 찾기

교사	카미봇은 검은 선을 따라가는 기능이 있어! 검은색 절연테이프를 줄게!
유아1	네! 그럼 검은색 절연테이프로 바닥에 길을 만들어 볼게요.
유아2	나도 할래!

유아들은 바닥에 검은색 절연테이프를 붙여 라인코딩놀이를 하기 시작했다.

유아1   (카미봇 라인코딩 버튼을 누르며) 카미봇이 검은색 절연테이프를 따라서 가네!
유아2   그러게! 신기하다.

교사는 유아들의 놀이 확장을 위해 검은색 절연테이프가 붙여진 놀이판을 제공했다.

유아1   여기를 미로 입구라고 하자!
유아2   좋아!
유아1   그럼 미로판으로 길을 만들어 보자!
유아3   (카미봇 라인코딩을 작동하며) 우와! 우리가 만든 미로를 카미봇이 따라가네~
유아2   선이 연결되어 있지 않으면 카미봇이 못 간다.
유아1   선을 잘 연결해보자!

유아들은 미로판을 연결하여 길을 만든 뒤 놀이를 지속했다.

검은색 절연테이프 붙이기

라인코딩놀이

미로 찾기 길 만들기

라인 코딩 미로 찾기 놀이

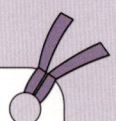

교사의 놀이 이야기

처음 유아들에게 코딩로봇인 '카미봇'을 제공할 때, 주입식 교육이 되지 않을까, 코딩이 유아 수준에 어렵지는 않을까 등의 고민을 하였다. 그래서 우선 유아들에게 코딩의 개념을 알려주기보다 자연스럽게 카미봇을 탐색하여 익숙해질 수 있도록 하였다. 유아들은 카미봇 리모콘으로 방향을 조작하며 놀이를 하다가 익숙해지자 종이 벽돌블록과 나무 블록을 이용하여 미로를 구성한 뒤 미로찾기 놀이를 하였다. 단순하게 카미봇 리모콘을 조작하면서 놀이하는 것이 아니라 미로를 구성하여 놀이하면서 좌, 우, 앞, 뒤 방향에 대해 자연스럽게 알아가는 유아들의 모습을 볼 수 있었다. 이어서 카미봇 기능 중 하나인 '라인코딩 놀이'로 전환되었고, 교사는 유아들에게 놀이에 필요한 재료(검은색 절연테이프)를 제공하여 유아들이 테이프로 다양한 길을 구성하여 놀이할 수 있도록 지원하였다. 라인코딩 놀이에 익숙해진 유아들은 놀이판에 검은색 절연테이프를 붙여 자유롭게 미로를 구성하여 라인코딩 놀이를 즐겼다. 유아들과 라인코딩으로 할 수 있는 놀이에 대해 좀 더 이야기를 나눠본다면 유아들은 더욱 더 다양한 놀이를 생각해내고 즐길 수 있을 것이다(검은색 절연테이프로 다른 학급과 연결하는 길을 만들어 편지 주고받기, 놀잇감 교환하기 등). 놀이판은 스펀지처럼 폭신한 재질보다 하드보드지처럼 딱딱한 판이 좋다.

유아의 놀이 속 배움과 성장

- 의사소통 > 듣기와 말하기
  친구와 협의하여 미로를 만들었다.

- 사회관계 > 더불어 생활하기
  친구와 협력하여 미로를 만들었다.

- 자연탐구 > 탐구과정 즐기기
  미로를 구성하는 것에 호기심을 가지며 놀이를 했다.
  미로를 복잡하게 만들기 위해 미로를 구성하는 물체의 무게와, 재질, 크기 등을 고려하며 사용했다.

- 자연탐구 > 생활 속에서 탐구하기
  카미봇을 이용해서 놀이했다.

3

AI 콘텐츠를 활용한 디지털 놀이

: 온라인에서 놀아요

AI 콘텐츠

⑬ 물고기를 구하자
(AI for Oceans)

☑ **놀잇감**
　　AI for Oceans, 재활용 상자, 도화지, 연필, 채색도구

☑ **What is "AI for Oceans"**
　　'AI for Oceans'은 AI가 물고기나 쓰레기를 알아보도록 프로그래밍하고 학습시키는 콘텐츠입니다. AI는 사용자가 제공하는 정보를 통해 물고기와 쓰레기의 패턴을 인식하며 데이터가 많아질수록 더 많이 배우게 됩니다.

☑ **How to use "AI for Oceans"**

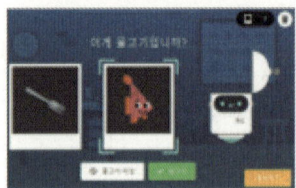
1. 인공지능 학습시키기
'물고기 아님', '물고기' 버튼을 눌러 AI를 학습시킨다.

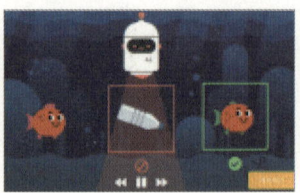
2. 인공지능 학습 결과
사용자가 제공한 데이터를 토대로 올바르게 학습했는지 확인한다.

3. 인공지능 재학습시키기
새로 발생한 문제점, 기준에 따라 AI를 다시 학습시킨다.

01. 놀이의 시작

✏️ **AI for Oceans 탐색하기**

유아1	오잉? 이게 뭐에요?
유아2	바다 환경을 위한 AI?
유아3	그거 로봇이죠?
교사	인공지능은 사람처럼 생각하도록 만들어진 것을 말해.
유아2	게임 같다. 해보고 싶어요!

AI for Oceans 탐색하기

교사가 먼저 시범을 보이고, 유아들의 의견에 따라 교사와 함께 놀이를 실행했다. 1단계 학습이 끝나고 인공지능이 학습한 내용에 따라 물고기와 쓰레기를 분류한 결과를 보여주자 유아들이 신기해했다.

유아1	우와! 진짜 신기하다. (화면 속 AI 로봇을 가리키며) 애가 어떻게 알지?
유아2	우리가 알려줬잖아!
교사	그래. 우리가 인공지능에게 물고기와 물고기가 아닌 것을 알려주어서 인공지능이 공부하게 된 거야.
유아1	(쓰레기를 가리키며) 저건 물고기 아닌데 인공지능이 물고기라고 한다!
교사	그럼 인공지능에게 쓰레기는 물고기가 아니라는 사실을 어떻게 알려줄 수 있을까?
유아3	다시 알려줄 수 있나?
유아2	더 알려줄까요? 더 알려주면 알 수도 있어요.

유아들은 인공지능에게 물고기와 쓰레기를 알려주는 과정을 반복하며, 올바른 정보를 많이 알려줄수록 인공지능이 더욱 올바르게 학습한다는 것을 알 수 있었다.

AI를 학습시키는 유아

02. 놀이의 전개

바다생물인 것과 바다생물이 아닌 것

유아1	고래는 바다생물이야.
유아2	세종대왕은 사람이잖아!
유아4	해파리는 (바다생물이) 아니잖아.
유아2	응? 해파리도 동물이야.
유아3	해파리도 동물이지.
유아4	해파리는 바다에 살잖아.
유아1	아니, 바다에 살아도 동물이지. 물고기도 동물이잖아.
교사	바닷속에 사는 해파리도 해양동물이라고 해. 만약 우리가 인공지능에게 정확하지 않은 내용을 알려주면 어떻게 될까?
유아2	인공지능이 잘못된 걸 알게 돼요.
유아3	반대로 알게 되겠다.
교사	그래. 우리가 인공지능에게 올바르지 않은 정보를 알려준다면 인공지능은 잘못된 정보를 배우게 될 거야. 그래서 인공지능이 잘못된 생각을 하지 않게 하려면 정확하고 올바른 정보를 알려줘야 하는 거야.

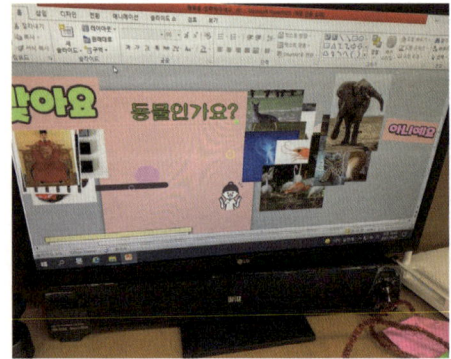 

AI에게 '바다생물과 바다생물이 아닌 것'을 알려주고 있는 유아들

유아들은 인공지능에게 잘못된 정보를 학습시킨다면 결과적으로 인공지능 또한 편향된 정보를 갖게 됨을 알 수 있었다.

03. 놀이의 확장

편견 없는 인공지능 만들기

교사는 인공지능이 편향된 생각을 갖게 될 수 있음을 실험해 보기 위해 유아들에게 '축구선수'를 그려보자고 제안했고, 인공지능 상자를 만들어 유아들이 그린 축구선수 그림들을 상자에 넣었다. 인공지능 상자에게 '축구선수를 알려 줘'라고 이야기하며 그림 카드를 뽑자 모두 남자 축구선수 그림이 나왔다.

인공지능 상자에서 그림 카드를 뽑는 유아

유아1	어? 다 남자만 나오네. 여자 축구 선수도 있는데.
교사	왜 남자 축구선수에 대한 정보만 나왔을까?
유아2	우리가 남자 축구선수 그림만 알려줘서?
교사	그래. 이렇게 한쪽으로만 치우친 생각을 알려주면 인공지능은 그대로 학습해서 편향된 생각을 가질 수 있어. 그래서 인공지능을 학습시킬 때 꼭 다양하고 공정한 정보를

알려주려고 노력해야 한단다.

유아들은 인공지능이 편향된 생각을 갖지 않도록 여자 축구선수 그림을 그려 인공지능 상자에 넣었다. 간단한 실험을 통해 편향된 생각이란 무엇인지, 인공지능에게 편향된 정보만을 알려줬을 때는 어떤 결과가 나타나는지 알 수 있었다.

인공지능 상자에 여자 축구 선수 그림을 그려 넣는 유아

> **TIP 인공지능 편향이란?**
>
> 인공지능은 사람이 학습시키는 정보를 바탕으로 생각하고 인식하기 때문에 어떤 자료를 통해 학습시키는지에 따라 선입견이나 편견이 생길 수 있습니다. 이러한 인공지능 편향이 생기지 않도록 다양하고 많은 자료를 공정하게 학습시키는 것이 중요합니다.

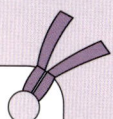

교사의 놀이 이야기

'인공지능'이라는 영역은 기존에 해오던 놀이와 다른 어떠한 새로운 영역이라고 느껴졌고, '유아들도 보통의 놀이와 다르게 어려워하지 않을까' 하는 생각을 갖고 있었다. 그래서 'AI for Oceans'로 놀이를 해보기 전의 고민은 '환경교육 측면에서 제공해야 하는가?', '인공지능 편향에 대해 접근하려면 어떻게 해야 하는가?'였다.

유아들은 자신들이 알려준 대로 물고기와 쓰레기를 구분해 내는 AI를 마치 '마법을 부리는 마법사'처럼 신기해했다. 놀이 시작 전에 가졌던 "어떻게 인공지능의 원리에 접근할 수 있도록 할까?" 등의 고민이 무색해질 정도로 유아들은 놀이 속에서 자연스럽게 인공지능의 특성들을 탐색했고, 계속해서 궁금해했다. 한 유아가 AI에게 물고기와 쓰레기를 반대로 알려주었고, AI는 유아가 학습시킨 대로 물고기는 쓰레기로, 쓰레기는 물고기로 인식하는 결과를 보여주었다. 유아들은 이 결과를 보며 자연스럽게 '인공지능의 편향'에 접근하게 되었고, 이 순간을 포착하여 인공지능의 특성을 알아볼 수 있는 놀이 활동(편견 없는 인공지능 만들기)을 지원했다.

유아들의 놀이를 지켜보며 인공지능이라는 것이 놀이와 따로 떼어서 생각할 수 없는 것이라는 생각이 들었다. 유아들은 놀이 속에서 자연스럽게 인공지능에 대해 알아가고, 자유롭게 활용하며 인공지능의 특성을 알아간다. 인공지능의 특성이나 방법적인 부분을 직접적으로 알려주려고 하기보다 유아들이 AI 콘텐츠를 자유롭게 활용해가는 과정을 지원하는 것이 중요하다고 생각한다.

유아의 놀이 속 배움과 성장

- 사회관계 > 더불어 생활하기
  물고기를 분류하는 과정에서 서로 다른 기준으로 생각할 수 있음을 알게 됐다.

- 자연탐구 > 탐구과정 즐기기
  동물의 서식지를 궁금해하며 알아보았다.

- 자연탐구 > 생활 속에서 탐구하기
  컴퓨터, 태블릿PC를 이용해서 'AI for Oceans' 콘텐츠 놀이를 했다.
  물고기를 분류할 때 여러 가지 기준에 따라 분류하는 경험을 했다.

AI 콘텐츠

14 박물관 놀이
(Google Arts & Culture)

☑ **놀잇감**
'Google Arts & Culture' 앱, 태블릿PC, 스마트폰, 삼각대, 상상블록

☑ **What is "Arts & Culture"**
구글에서 개발한 'Arts & Culture'는 80개국 2,000곳 이상의 문화 기관에서 보유하고 있는 문화예술작품을 담고 있는 앱입니다. PC와 모바일 모두 사용할 수 있으며, 예술작품을 단순히 감상하는 것을 넘어서서 가상현실(VR), 증강현실(AR) 기능을 통해 다채로운 예술 경험을 가능하게 합니다.

Art Selfie	Art Projector	Art Filter	Pocket Gallery
인물을 촬영하면 비슷한 초상화를 찾아준다.	예술작품을 증강현실로 감상할 수 있다.	사진을 예술작품 화풍으로 바꿔준다.	미술관을 증강현실로 체험할 수 있다.

01. 놀이의 시작

✏️ **구글 아트앤컬쳐 탐색하기**

태블릿PC로 아트앤컬쳐 앱을 열어 유아들에게 제공하자 유아들이 태블릿PC를 직접 조작하며 탐색했다.

유아1	이거 어떻게 하는 거예요?
교사	우리가 가고 싶은 다양한 나라의 박물관도 구경할 수 있고, 멋진 미술 작품들도 눈앞에서 크게 볼 수 있고, 나와 닮은 작품들도 찾아주는 거야.
유아2	우와! 신기하다.
유아3	이건 뭐지? 사진 찍는 건가? 찍어보자.
유아1	어? 이 그림이랑 비슷하다.
유아2	어떻게 찾아주는 거지? 똑똑하네.
교사	인공지능이 다양한 화가의 작품을 감상하고 기억해 두었다가, 우리 얼굴의 특징과 비슷한 특징을 가진 작품을 찾아주는 거야.

유아2	제가 좋아하는 그림도 크게 볼 수 있어요?
교사	어떤 작품들이 있는지 한 번 볼까?

교사는 유아들의 관심에 따라 아트앤컬쳐의 여러 기능을 차례대로 경험해볼 수 있게 지원했다.

태블릿PC로 Arts & Culture 탐색하기

02. 놀이의 전개

예술작품 증강현실로 감상하기-아트 프로젝터

유아1	우와! 교실에 그림이 생겼어.
유아2	오잉? 안 만져져. 없잖아?
유아3	이거 진짜 그림이야?
교사	어떻게 그림이 우리 눈앞에 있는 것처럼 보이는 걸까?
유아2	여기(휴대폰) 안에서만 볼 수 있는 건가?
교사	이렇게 실제로 있는 것은 아니지만 우리 주변 환경에 진짜 있는 것처럼 보여주는 걸 '증강현실'이라고 해. 예술작품을 증강현실로 보니 어떤 것 같니?

증강현실 기능으로
예술작품을 감상하고 있는 유아들

유아1	엄청 커요.
유아2	교실이 미술관 같아졌어요.

유아들은 증강현실 기능을 활용하여 이전보다 더 오랜 시간 동안, 더 자세히 작품을 감상했다.

✏️ 예술작품 속 등장인물 되어보기-아트 필터

아트앤컬쳐 앱의 기능 중 아트 필터를 사용하던 유아가 '진주 귀걸이를 한 소녀' 작품 필터가 적용된 자신의 모습을 보고 재미있어하며 친구들에게 보여주었다.

유아1	나 좀 봐봐! 나 귀걸이 했다!
유아2	그림이 됐잖아? 신기하다!
유아3	웃기다.
유아2	나도 해보고 싶어!

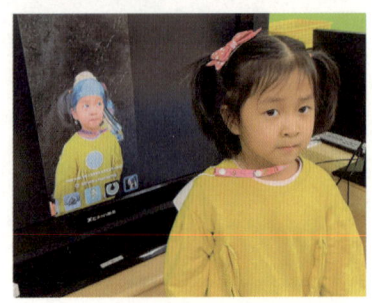

'진주 귀걸이를 한 소녀' 필터를 적용해보는 유아

태블릿PC 화면을 미러링 기능으로 전자칠판에 연결하여 모두가 함께 볼 수 있도록 해주자 한 사람씩 번갈아 가며 예술작품 속 등장인물 되어보기 놀이를 했다.

유아1	네가 웃으니까 그림도 웃는다!
유아3	입도 벌려 봐봐!
유아1	그림이 똑같이 움직여. 너를 따라 하고 있어.
유아4	얘(인공지능)가 △△의 사진을 그림에 넣어 준 건가 봐.

'모나리자' 필터를 적용해보는 유아

03. 놀이의 확장

박물관 놀이

유아들은 아트앤컬쳐 앱의 필터 기능을 활용하여 새롭게 탄생한 자신과 친구들의 모습을 재미있어 했다. 사진첩에 모여 있는 작품 모습을 살펴보던 한 유아가 전시하고 싶다는 의견을 냈고, 이에 따라 박물관 놀이가 시작됐다.

유아1	선생님. 우리 작품들로 전시하고 싶어요.
유아2	우리 작품들 모아서 전시하면 되겠다.
교사	진짜 박물관의 모습을 살펴볼 수도 있어. 박물관에 작품들이 어떻게 전시되어 있는지 같이 살펴보고 나서 우리도 박물관을 만들어 보자.

교사는 '포켓 갤러리'와 '스트릿뷰' 기능으로 박물관의 실제 모습을 살펴볼 수 있도록 지원했다.

'Pocket Gallery'로
실제 박물관을 살펴보는 유아

유아3	이것처럼 똑같이 만들자!

교사는 유아들의 요구에 따라 아트앤컬쳐 앱 내의 다양한 명화와 유아들의 모습이 담긴 작품을 인쇄하여 제공했다. 유아들은 상상블록을 활용하여 작품을 전시할 공간을 구성하고, 인쇄된 작품과 자신들이 그린 여러 그림을 전시한 후 박물관 놀이를 시작했다.

유아1	여기는 박물관입니다.
유아2	여기가 입구! 그림들을 전시한 곳입니다.
유아3	여기는 앉아서 작품을 보는 곳이야.
유아2	선생님! 여기에 그거(아트앤컬쳐 앱) 켜 주세요. 여기는 작품 체험하는 곳이에요.

박물관 놀이

> **TIP** **증강현실(AR)이란?**
>
> 증강현실이란 현실의 환경이나 사물에 3차원의 가상 이미지를 겹쳐서 보여주는 기술을 말합니다. 증강현실 기술은 실제로 존재하지 않더라도 마치 실제로 존재하는 것처럼 느껴지게 하고, 생동감 있는 관찰을 할 수 있어 유아들의 몰입도를 높여주기도 합니다. 스마트폰이나 태블릿PC만 있다면 유아들과 함께 손쉽게 증강현실을 체험해 볼 수 있습니다.

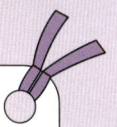

교사의 놀이 이야기

　유아들이 흥미를 보이며 놀이하는 주제에 따라 관련된 예술작품, 명화들을 프린트하여 게시해 주고는 했었다. 명화 감상을 할 때는 주로 명화와 관련된 이야기를 들려주거나 미술적 요소를 탐색해 보는 놀이를 했었는데, 구글의 아트앤컬쳐 앱을 활용하니 명화 감상이 더욱 재미있고 활기차게 이루어졌다.

　증강현실 기술은 유아들에게 굉장히 매력적인 요소라고 생각한다. 유아들은 실제의 환경에 덧붙여져서 입체적으로 나타나는 명화 자체에 흥미와 호기심을 가지고 적극적으로 몰입해서 탐색했다. 실제로 평면자료로 게시해 준 명화를 감상할 때보다 증강현실 기술을 활용한 명화를 감상하는 시간이 더 오래 지속되었다. 처음에는 큰 화면으로 감상하는 것이 좋을 것 같아서 태블릿PC를 제공했더니 "이거 너무 무거워요" 하는 유아들이 있었다. 이에 스마트폰으로 바꾸어 제공하고 미러링 기능으로 전자칠판에도 보이게 하여 모두가 함께 감상할 수 있도록 지원했다. 증강현실 특성상 화면을 이리저리 움직이며 생동감 있게 활용하기 때문에 태블릿PC 보다는 스마트폰과 같이 유아들이 들고 움직이기에 가볍고 편한 기기가 적합한 것 같다. 아트앤컬쳐 앱을 활용한다면 교사와 유아가 이야기 나누거나 눈으로만 감상하는 형태의 활동보다 더욱 생동감 있고 즐거운 체험 감상이 될 것이다.

유아의 놀이 속 배움과 성장

- 신체운동·건강 > 신체활동 즐기기
  '이삭 줍는 여인들', '절규' 등 예술작품 속의 동작을 신체로 표현했다.
- 사회관계 > 사회에 관심 가지기
  여러 나라의 박물관과 화가들의 작품을 살펴보며 다른 나라의 문화에 관심을 가졌다.
- 예술경험 > 예술 감상하기
  Arts & Culture 앱 속의 다양한 예술작품을 감상했다.
- 자연탐구 > 탐구과정 즐기기
  실제로는 존재하지 않지만, 화면 속에 실제처럼 나타난 작품들을 감상하며 증강현실 기술을 경험했다.

AI 콘텐츠

⑮ 인공지능으로 악기를 연주해요
(AI DUET)

☑ **놀잇감**
구글 'AI Duet', 컴퓨터, 태블릿PC, 키보드, 리듬악기

☑ **What is "AI Duet"**
'AI Duet'은 인공지능과 함께 피아노 연주를 하는 콘텐츠입니다. AI Duet은 인공지능 기술을 활용하여 여러 멜로디를 학습한 후에 사람이 건반을 눌러 연주하면 뒤이어 어울리는 음을 조합해냅니다.

☑ **How to use "AI Duet"**

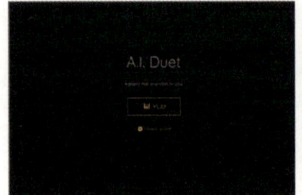
AI Duet 시작 화면

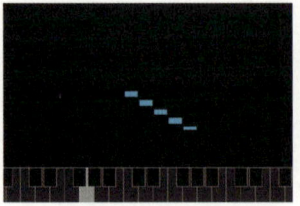
사용자가 건반을 누르면 파란색으로 표시된다.

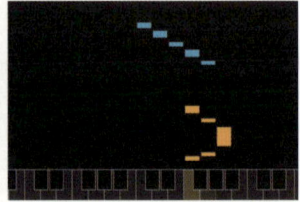
AI가 사용자 연주에 어울리는 음을 연주하며 노란색으로 표시된다.

01. 놀이의 시작

✏️ **피아노 연주 놀이 - 이야기에 어울리는 효과음 만들기**

평소 악기연주를 즐기는 유아들은 리듬악기뿐 아니라 피아노(키보드) 연주에도 관심을 보이며 자유로운 연주를 즐겼다. 한 유아가 그림책을 악보처럼 펼쳐놓고 건반을 눌러 피아노 연주 놀이를 시작했다.

유아1	나 피아노 잘 치지?
유아2	이건(그림책) 뭐야?
유아1	지금 바람이 불고 있어. (키보드 건반을 누르며) 바람 소리를 만드는 거야.
유아3	바람 소리? 더 세게 쳐야지!

그림책에 어울리는 소리를 연주하는 유아들

유아	나도 같이 할래.
교사	이야기에 어울리는 소리를 만들어주고 있구나.
유아2	선생님. 이거 동극 같지요?

유아들은 동극놀이를 할 때 이야기에 어울리는 효과음을 만들었던 것을 회상하며 그림책의 내용에 어울리는 효과음 만들기 놀이를 지속했다.

02. 놀이의 전개

AI Duet으로 연주하기

교사가 태블릿PC로 '에이아이 듀엣' 콘텐츠를 제공했다.

유아1	이것도 피아노에요?
유아2	오잉? 누르니까 파란색이 생겼어.
유아3	우리가 누르면 파란색으로 나오나 봐.
유아1	주황색도 나와.
교사	파란색은 우리가 연주한 것이고, 주황색은 뭘까?
유아2	주황색은 저절로 나와요.
교사	주황색은 인공지능이 연주한 거야. 우리가 피아노를 연주하면 인공지능이 우리가 연주한 것과 어울리는 음을 만들어 주는 거야.
유아3	어울리는 음? 어떻게요?
교사	인공지능은 아주 많은 양의 곡을 공부했기 때문에 우리가 연주한 음과 어울리는 음을 잘 찾아줄 수 있는 거야. 우리가 그림책의 내용을 보고 어울리는 소리를 악기들로 만들어 준 것처럼!

AI Duet을 자유롭게 연주하는 유아들

유아들은 어렵지 않게 'AI Duet'을 활용해 피아노 연주 놀이를 지속했다. 인공지능이 연주해주는 어울리는 음이 잘 어울리는지, 잘 어울리지 않는지 평가하기도 하고 사용의 어려운 점을 찾아 이야기했다.

유아2	이것 봐봐. 길게 누를 수도 있어.
유아1	다 같이 눌러 보자.
유아2	우리가 연주한 거랑 비슷한 것 같아!
유아3	이상한 것 같아. 안 어울려.
유아1	길~게 누르면 얘(에이아이 듀엣)도 길~게 연주해.
유아3	선생님, 이거(태블릿PC) 너무 작아서 다 같이 하기가 힘들어요.
유아2	큰 걸로 틀어주세요!

교사가 유아들의 요청에 따라 태블릿PC 대신 컴퓨터를 활용하여 '에이아이 듀엣' 콘텐츠를 제공하자 조금 더 편리하게 연주할 수 있었다.

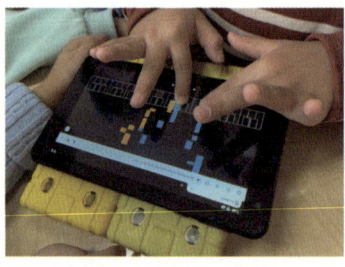 

음계 자유롭게 눌러보기   함께 연주하기

03. 놀이의 확장

 AI Duet과 여러 가지 악기로 합주하기

'에이아이 듀엣'으로 연주 놀이를 지속하던 중, 한 유아가 키보드 앞에 앉아 합주를 시작했다.

유아1	같이 쳐볼까?
유아2	그럼 나는 컴퓨터로 피아노 칠 테니까 너는 진짜 피아노로 쳐 봐.
유아3	가을바람 쳐 줘!

한 유아는 'AI Duet'으로, 또 다른 유아는 키보드로 연주했다. 그리고 또 다른 유아는 〈가을바람〉 노래를 부르기 시작했다. 교사는 키보드로 연주하는 유아도 인공지능처럼 어울리는 음을 연주해보도록 지원했다.

교사	우리도 인공지능처럼 어울리는 음을 연주해볼까?
유아2	어떻게요?
교사	선생님이 녹음해 놓은 가을바람 노래에 맞춰서 어울리는 음을 함께 연주해보는 거야.
유아3	그러면 □□랑, 컴퓨터(AI Duet)랑, ○○랑, 선생님이랑 같이 연주하는 거네. 나는 노래 할래!

에이아이 듀엣 & 키보드로 합주하기

유아들은 키보드에 녹음되어있던 동요 〈가을바람〉에 맞춰 자유롭게 연주했다.

놀이가 지속되는 동안 더 많은 유아들이 연주 놀이에 관심을 보이며 마라카스, 핸드벨, 블록으로 만든 바이올린 등 다양한 악기와 놀잇감을 활용하여 음악에 맞춰 연주하는 합주 놀이로 확장됐다.

에이아이 듀엣과 여러 가지 악기와 놀잇감으로 합주하기

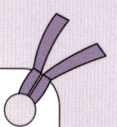

교사의 놀이 이야기

악기연주 놀이는 일상생활에서 시시때때로 일어나는 놀이이다. 유아들은 기존의 정형화 된 악기를 활용하여 연주하기도 하고, 블록이나 놀잇감을 두드리거나 흔드는 등의 다양한 방법으로 소리를 만들어 연주하기를 즐긴다. 유아들의 피아노 연주 놀이를 살펴보던 중 그림책 내용에 맞는 효과음을 만드는 놀이가 나타나는 것을 관찰하게 되었고, 이에 '어울리는 소리'를 만들어 내는 AI Duet 콘텐츠를 제공했다.

유아들은 스스로 만들어 낸 음과 리듬을 시각적으로 확인할 수 있다는 것에 흥미를 느꼈고, 인공지능이 나의 연주에 맞춰 새로운 소리를 연주해내는 것을 신기해했다. 또, 컴퓨터 자판과 피아노 건반에 색깔 스티커를 붙여주자 음계에 대해 관심을 가지는 모습을 보이기도 했다. AI Duet이 만들어 내는 화음이 아주 조화롭지는 않기에 '음악적 아름다움을 느끼는 데 방해가 되지는 않을까?' 하는 개인적인 우려도 있었지만, 오히려 AI 콘텐츠를 활용하여 음악을 새롭게 감상하고 새롭게 표현해볼 수 있는 기회가 되었다.

이처럼 AI Duet을 유아들의 음악 놀이와 연계하여 제공한다면 리듬, 셈여림, 빠르기, 화성 등 음악적 요소를 자연스럽고 다채롭게 경험할 수 있도록 지원할 수 있을 것이다. AI Duet 콘텐츠는 컴퓨터나 태블릿PC를 활용하기 때문에 사용 인원에 대한 제한이 있지만 앞선 놀이 사례처럼 여러 가지 악기를 함께 제공하면 도움이 될 것이다.

유아의 놀이 속 배움과 성장

- **사회관계 > 더불어 생활하기**

  친구들과 사이좋게 합주하며 놀이했다.

  AI Duet을 연주하기 위한 사용 순서를 정해 놀이했다.

- **예술경험 > 창의적으로 표현하기**

  AI Duet과 여러 악기를 사용하여 창의적인 소리와 리듬을 만들었다.

- **예술경험 > 예술 감상하기**

  친구들과 AI Duet이 만들어 내는 음을 감상하며 예술 표현을 존중했다.

- **자연탐구 > 생활 속에서 탐구하기**

  디지털 기기를 활용하여 음악을 만들었다.

AI 콘텐츠

⓰ 위성지도로 우리 동네 찾아보기
(Google Earth, Naver Map)

☑ **놀잇감**
전자칠판, 컴퓨터 또는 노트북, 스마트폰, 레고블록

☑ **What is "위성지도"**
위성지도는 인공위성을 이용하여 만들어진 지도입니다. 구글어스, 네이버 지도 등으로 접속하여 원하는 지역을 손쉽게 찾아볼 수 있습니다.

01. 놀이의 시작

✏️ 우리 동네 놀이

유아들은 우리 동네에서 볼 수 있는 기관, 장소에 관심을 가지고 우리 동네 기관 등을 블록으로 만들어 놀이하기 시작했다.

유아1	나는 우체국을 만들어 볼 거야!
유아2	그래 나는 그럼 소방서를 만들어 볼게!
유아3	나는 자동차랑 길을 만들래!
유아1	우리가 만든 동네야!
유아2	네가 사는 동네에는 경찰서 있어?
유아1	아니 없어!
유아2	우리 동네에는 경찰서가 있다.
유아1	그래? 그럼 네가 사는 동네에는 마트 있어?
유아3	아니 내가 살고 있는 동네에는 마트 없는데.

우리 동네 구성하기

유아들은 놀이를 하면서 자신이 사는 동네와 친구가 사는 동네 기관을 비교했다.

02. 놀이의 전개

내가 사는 동네 찾아보기

유아들은 자신이 살고 있는 동네를 지도로 보고 싶어 했다. 교사는 유아들에게 위성지도 보는 방법을 소개하며 위성지도를 볼 수 있도록 제공했다.

유아들은 검색창에 자신이 사는 동 이름이나 아파트 이름을 검색했다.

유아1	내가 사는 아파트를 검색해볼게!
유아2	우와! 진짜 검색하니 나오네!
유아1	(거리뷰를 클릭하며) 우와! 정말 우리 아파트 입구랑 똑같이 생겼어!
유아2	신기하다. 어? 마트도 있네! 옆에 정육점도 있어!
유아3	이번엔 내가 사는 동네를 검색해 볼래.
유아1	그래!
유아2	지도를 확대하니깐 동네 기관이 무엇이 있는지 알 수가 있네! 신기하다.

내가 사는 동네 찾아보기

유아들이 사는 아파트 표시하기

유아들은 자기 집과 친구의 집의 위치를 지도에 표시하고 싶어 했다. 이에 교사는 지도 위에 표시하는 방법을 유아들에게 알려주었다.

교사	내가 사는 아파트를 검색한 다음에 별 표시를 누르면 지도상에 별로 표시가 될 거야! 친구들이 사는 아파트를 다 저장해보자!
유아1	내가 사는 아파트 검색해서 저장할게!
유아2	나도 저장할게!

유아들은 자신이 사는 아파트를 검색하여 저장한 뒤 지도 위에 표시된 별을 보며 친구들의 집을 찾았다.

유아1	우와! 우리 집이랑 너희 집이랑 바로 옆에 있네!
유아2	그러게!
유아3	우리 아파트에서 제일 먼 곳은 △△가 사는 아파트야!

유아들이 사는 아파트 표시하기

03. 놀이의 확장

우리 집과 친구의 집 거리 비교하기

유아들은 자기가 사는 아파트와 친구가 사는 아파트 거리를 비교하며 놀이했고, 교사는 지도에서 거리를 측정하는 방법을 알려주었다. 유아들은 우리 집과 가까운 친구의 집, 우리 집과 먼 친구의 집을 찾아보았다.

유아1	우리 집에서 너희 집까지 745미터 차이가 나네! 걸어서 10분이면 가네!
유아2	그러게! 근데 우리 집에서 제일 가까운 친구의 집은 △△네야! 250미터 차이고 걸어서 5분이면 가잖아!
유아3	맞아! 우리 그럼 우리 집에서 가장 멀리 사는 친구와 가까이 사는 친구들을 알아보자!

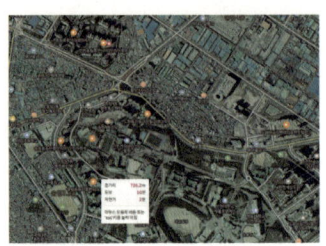
내가 사는 아파트와
친구가 사는 아파트 거리 비교하기

거리 비교하며 놀이하기

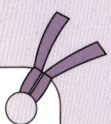

교사의 놀이 이야기

　유아들은 친구와 함께 동네에서 볼 수 있는 마트, 편의점, 우체국, 경찰서 등을 블록으로 구성하여 놀이하면서 친구는 어느 동네에서 사는지, 친구가 사는 동네에는 무엇이 있는지 궁금해했다. 궁금증을 가진 유아들에게 네이버 지도 또는 구글어스를 제공하여 자신이 사는 동네를 살펴보고 지도상에 사는 집을 표시하는 방법을 알려주자 유아들은 쉽게 표시하며 자신의 동네와 친구가 사는 동네를 비교하며 놀이했다. 키보드로 검색창에 검색어를 입력하는 것이 익숙했던 유아들은 자신이 사는 동의 이름이나 아파트를 쉽게 검색할 수 있었지만 그렇지 못한 유아들은 검색이 능숙한 친구의 도움을 받아 자신이 사는 곳을 검색하기도 했다. 네이버 지도는 거리 측정이 가능한데 유아들이 이 기능을 활용해서 자신이 사는 아파트와 친구가 사는 아파트 거리를 비교해보며 가깝게 사는 친구는 누구인지, 먼 거리에 사는 친구는 누구인지 알아보기도 했다.

　네이버 지도 또는 구글어스 놀이할 때 검색하는 방법을 유아들과 이야기를 나누고 검색하는 방법을 순서도로 만들어 프린트하여 제공한다면 유아들이 검색하는 것을 경험하며 놀이에 참여할 수 있을 것이다. 네이버 지도는 거리 측정까지 가능하므로 다양한 놀이에 활용해보면 좋을 것이다. 예를 들면 현장 체험 전 우리가 갈 곳을 미리 네이버 지도로 찾아 위치와 거리를 검색하는 것도 재미있을 것 같다.

유아의 놀이 속 배움과 성장

- 의사소통 > 읽기와 쓰기에 관심 가지기
  자신의 동네 이름이나 아파트 이름을 검색창에 입력했다.

- 사회관계 > 더불어 생활하기
  우리 동네에 관심을 가지고 블록으로 우리 동네를 구성했다.

- 자연탐구 > 생활 속에서 탐구하기
  우리 집과 친구 집 간의 거리를 알아보고, 가까운 거리와 먼 거리를 비교했다.
  우리 동네에 대해 궁금한 것을 위성지도로 찾아보았다.

AI 콘텐츠

⑰ 인공지능 디자이너
(Auto draw)

☑ **놀잇감**
전자칠판, Auto draw

☑ **What is "Auto draw"**
Auto draw는 자동으로 그려주는 온라인콘텐츠입니다. 그리고자 하는 그림의 모양을 그리면 컴퓨터가 모양을 추측하여 다양한 도안을 제시해줍니다. 사용자는 그중 하나를 선택하여 다양하게 그림을 꾸며줄 수 있고 공유할 수도 있습니다.

01. 놀이의 시작

✏️ **오토드로우 탐색하기**

평소 전자칠판에 그림그리기를 즐기던 유아들에게 '오토드로우'를 소개하였다.

교사	애들아 여기에 한 번 그림 그려봐.
유아	아무거나 그려요?
교사	무엇을 그리고 싶어?
유아	저는 하트요.
교사	그럼 하트를 그려봐.
유아	하트 그렸어요.
교사	여기 위에 어떤 그림들이 나오니?
유아2	여러 가지 모양의 하트가 나왔어요.

오토드로우 탐색

02. 놀이의 전개

 자동으로 그려지는 그림

유아들은 오토드로우가 제시하는 그림 중 마음에 드는 것을 선택하여 꾸몄다.

유아1	선생님, 저는 강아지를 그릴 거예요.
교사	그래, 강아지를 그려봐.
유아2	여기 위에 강아지가 나왔어.
유아1	나는 이 강아지로 그릴 거야.
유아2	선생님, 이거 색칠도 할 수 있어요?
교사	그럼, 색칠도 하고 크기도 바꾸고 글씨도 넣을 수 있어.
유아1	그럼 강아지 색칠할래요.
교사	예쁘게 꾸며봐.
유아2	나도 강아지 꾸미고 싶어. 같이 하자.

오토드로우 사용하기

유아들은 오토드로우를 이용하여 다양한 그림을 그렸다.

유아	선생님, 저도 강아지 그려볼래요.
교사	그래, 한번 예쁘게 꾸며봐.

유아	선생님. 그런데 토끼가 나왔어요.
교사	그러게! 토끼가 나왔네.
유아	선생님, 저 그냥 토끼 그릴래요.
교사	그것도 좋지.

  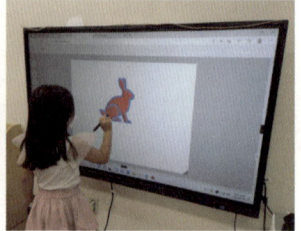

오토드로우를 이용해서 그린 토끼

03. 놀이의 확장

 한글 디자인 놀이

유아들이 한글날을 맞이하여 한글 디자인을 했다. 한 유아가 오토드로우 창을 열어 글씨를 쓰자 인공지능이 글씨와 비슷한 그림을 추천했다.

유아	선생님 여기 'ㄴ(니은)'은 발모양 같죠.
교사	정말 'ㄴ(니은)'하고 비슷하네.
유아	'ㅇ(이응)'도 그려볼게요.
교사	어떤 디자인들이 나올까?
유아	선생님 여기 동그라미는 엄청 많아요.
유아2	나도 한번 해볼게.
유아	오토드로우가 그림을 찾아주니까 재미있다.

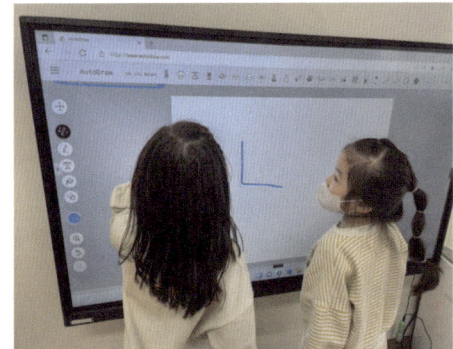

오토드로우를 이용한 한글 디자인 놀이

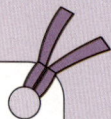

교사의 놀이 이야기

컴퓨터나 전자칠판에서 '오토드로우'를 활용하여 그림을 그리면, 인공지능이 내가 그린 토끼를 실제 토끼처럼 그림으로 완성해 주어 유아들의 탄성과 흥미를 자아내었다. 또한 '오토드로우' 프로그램을 활용함으로써 그림 그리는 것을 어려워했던 유아들도 그림 그리기가 수월해졌다. 내가 그리고 싶은 그림 이외에도 다양한 그림들이 제시되니, 그중 마음에 드는 그림을 선택하여 다양한 그림을 완성하기도 하였다.

처음에 유아들에게 기본적으로 그림 그리는 방법, 색깔 선택 등의 단순한 기능 위주로 설명해주었는데, 유아들은 교사가 알려준 기능 이외에 오토드로우 프로그램에서의 도형 사용, 확대 및 축소, 텍스트 입력까지 더 많은 기능들을 놀이 중에 스스로 익혀 활용하였다. 인공지능의 기능을 익히기 위해 의식적으로 시간을 투자하여 공부했던 교사 자신에 비해 유아들은 이러한 디지털 기능들을 너무도 쉽게 감각적으로 받아들이고 활용하였다. 그리고 스폰지처럼 빨아들여서 자신들이 좋아하는 놀이에 활용하였다. 디지털 기반 놀이는 유아들에게 자연스럽고 재미있지만, 어떤 교사에게는 부자연스럽고 어려운 과정이 될 수 있다. 때로는 교사도 유아에게 배운다. 이번 놀이의 사례처럼 말이다.

유아의 놀이 속 배움과 성장

- 의사소통 > 읽기와 쓰기에 관심 가지기

  한글에 관심 가지며 글자 놀이를 즐겼다.

- 사회관계 > 사회에 관심가지기

  우리나라 한글에 대해 자부심을 갖고 놀이했다.

- 예술경험 > 창의적으로 표현하기

  오토드로우를 이용하여 자신의 생각을 그림으로 표현했다.

- 자연탐구 > 탐구과정 즐기기

  오토드로우의 다양한 기능을 활용하여 그림을 그렸다.

AI 콘텐츠

18 인공지능아, 내 그림을 맞춰봐
(Quick draw)

☑️ **놀잇감**
전자칠판, Quick draw

☑️ **What is "Quick draw"**
Quick draw는 '빨리 그리기' 게임입니다. 사용자가 주어진 제시어를 20초의 제한 시간 안에 빠르게 그리면 컴퓨터가 그림의 답을 맞힙니다.

01. 놀이의 시작

✏️ 퀵드로우 탐색하기

교사가 유아들에게 시범을 보이며 '퀵드로우'를 소개했다.

교사	얘들아, 선생님이 퀵드로우를 한번 해 볼게.
유아	이건 뭐예요?
교사	퀵드로우야. 인공지능이 우리가 그린 그림을 맞추는 게임이지.
유아2	선생님, 저도 한번 해볼래요.
교사	선생님이 도와줄게.

퀵드로우 탐색

02. 놀이의 전개

✏️ 퀵드로우 놀이하기

유아들은 퀵드로우에 흥미를 보이며 놀이를 지속했다.

제2장. 디지털 놀이 실행하기 141

유아1	선생님 여기 뭐라고 쓰여 있어요?
교사	자전거.
유아2	내가 자전거 그려볼게.
유아1	답이 아닌가 봐.
유아2	선생님 이건 어떤 글씨에요?
유아3	그거 산이야.
유아1	산 그려볼게.
유아2	맞췄어. 산을 맞췄어.
교사	인공지능이 너희들의 그림을 몇 개나 맞췄는지 한 번 볼까?
유아2	두 개 맞췄어요.

퀵드로우 놀이 모습

유아들의 그림을 인공지능이 맞추지 못하는 경우들도 많아서 다른 사람들은 어떻게 그림을 그렸는지 함께 살펴보았다.

퀵드로우 그림 확인

유아1	나 그냥 아무거나 그릴 거야.
유아2	인공지능이 못 맞췄어.
유아1	인공지능이 우리 그림 한 개도 못 맞췄어.
교사	그럼 우리가 못 맞춘 그림을 다른 사람들은 어떻게 그렸는지 한 번 살펴볼까?
유아2	여기 땅콩 그림 보고 싶어요.
교사	다른 사람들은 땅콩을 이렇게 그렸네.

유아1	그럼 다른 그림도 살펴보자.
유아2	봉투는 이렇게 그렸네.

03. 놀이의 확장

 퀵드로우 그림 그리기 단체전

유아들은 팀을 나누어 퀵드로우 게임을 했다.

유아	선생님, 인공지능이 그림을 많이 맞춰야 이기는 거죠?
교사	그래. 제시어에 맞게 그림을 그리는 거야.
유아	네.
교사	한 팀에 한 사람씩 나와서 그림을 그리자.
유아	문제 단어가 뭐야?
유아2	비행기.
유아	내 그림을 맞췄어.

퀵드로우 그림 그리기 단체전

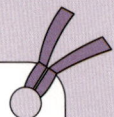

교사의 놀이 이야기

시간제한 없이 자유롭게 그림을 그릴 수 있는 '오토드로우'와는 달리 '퀵드로우'는 제한시간 안에 그림을 그려야 해서 유아 수준에 어렵지 않을까 생각했는데, 유아들은 제한시간 내에서 자신의 수준에 맞게 그림을 그리며 놀이를 즐겼다. 퀵드로우는 글씨를 알아야 놀이를 할 수 있다는 제한점이 있는데 유아들이 글씨를 모를 경우 위에 제시된 확장 놀이의 사례처럼 유아들이 함께 협력하여 단체전 게임으로 놀이하는 것도 하나의 좋은 방법이 될 수 있을 것이다. 놀이과정에서 유아들이 새로운 단어들을 지속적으로 접하게 되고 그 단어의 의미를 알아가는 과정을 통해서 퀵드로우 놀이가 단순하게 그림을 그리는 것을 넘어서 글씨를 어려워하는 유아들에게 단어에 대한 관심을 높일 수 있는 놀이로 진행될 수 있었다. 또한 퀵드로우가 다양한 사람들이 스케치한 자료를 바탕으로 딥러닝 되는 프로그램이기 때문에 유아들이 퀵드로우에서 제공되는 다른 사람들의 그림들을 살펴보며 다른 사람들의 다양한 생각과 표현을 살펴보는 것도 꽤 의미 있는 활동이 될 수 있다고 생각한다. 유아의 접근과 활용이 쉽도록 교사가 프로그램을 미리 살펴보고 프로그램의 제한점과 장, 단점을 분석하여 유아의 놀이 수준 및 요구에 맞춰 지원해 주는 것이 필요하다.

유아의 놀이 속 배움과 성장

- **의사소통 > 읽기와 쓰기에 관심 가지기**
  퀵드로우에서 제시하는 단어를 읽었다.

- **사회관계 > 더불어 생활하기**
  약속과 규칙을 지키며 게임에 참여했다.

- **예술경험 > 창의적으로 표현하기**
  퀵드로우가 제시한 단어를 그림으로 표현했다.

- **자연탐구 > 탐구과정 즐기기**
  인공지능이 그림을 어떻게 학습했는지 이해하며 놀이했다.

> AI 콘텐츠

⑲ 세계여행을 떠나자
(Google Earth)

☑ **놀잇감**
전자칠판, Google Earth, 세계지도, 크로마키 초록색 천

☑ **What is "Google Earth"**
Google Earth는 구글에서 제공하는 지도 플랫폼으로 세계 여러 나라의 모습을 위성사진으로 볼 수 있습니다.

01. 놀이의 시작

✏️ **세계 여러 나라 관심가지기**

한 유아가 친구들과 같이 보고 싶다며 세계지도를 가지고 왔다. 유아들은 세계지도에서 관심 있는 나라를 찾아보거나 전자칠판에 따라 그리기도 했다.

유아	선생님, 이 나라는 어느 나라에요?
교사	여기는 프랑스야.
유아	프랑스는 어떻게 생겼어요?
교사	글쎄, 프랑스가 어떻게 생겼는지 한번 알아볼까?
유아2	선생님, 북극도 어떻게 생겼는지 보고 싶어요.
교사	좋아! 선생님이 세계여행을 할 수 있도록 해줄게.

전자칠판에 그린 대륙

제2장. 디지털 놀이 실행하기   145

02. 놀이의 전개

✏️ 구글어스 탐색하기

다른 나라를 궁금해하던 유아들과 함께 구글어스로 세계 여러 나라를 살펴보았다.

교사	어느 나라가 가장 궁금하니?
유아1	스위스요.
교사	그럼 스위스 모습을 살펴볼까?
유아2	선생님 프랑스도 궁금해요.
교사	프랑스에 유명한 건축물 에펠탑도 한번 보자.
유아2	에펠탑이 진짜 커요. 선생님.
교사	이번엔 직접 나와서 나라를 선택해 볼까?
유아3	선생님 저는 중국을 보고 싶어요.

구글어스 탐색

유아들이 구글어스 사용법을 알고 직접 나라들을 선택하여 관찰했다.

유아1	우리 에펠탑 찾아보자.
유아2	에펠탑은 프랑스잖아.
유아1	그럼 프랑스부터 찾자.
유아2	선생님한테 에펠탑 검색해달라고 하자.

구글어스로 나라 관찰하기

03. 놀이의 확장

세계 여행을 떠나자

유아들은 지속적으로 세계 여러 나라에 대한 관심으로 유명 랜드마크를 찾아보았고, 세계여행을 하고 있는 것처럼 크로마키 기법을 이용하여 놀이를 했다.

유아   선생님, 저 진짜로 일본에 가보고 싶어요.
교사   일본에 가보면 좋겠지만, 지금은 우리가 갈 수 없으니까 대신 진짜 여행을 간 것처럼 사진을 찍어보자.
유아   선생님 그러면 저는 전부 다 갈래요.
교사   그래, 그럼 우리 어느 나라부터 가볼까?

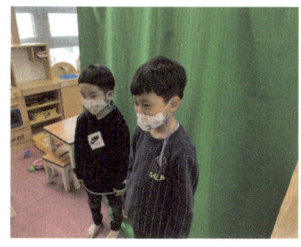  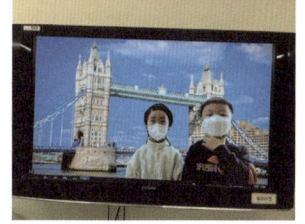

크로마키 기법을 이용하여 사진 찍기

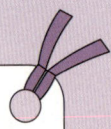

교사의 놀이 이야기

　구글어스 프로그램에서는 지구가 실제의 모습처럼 실감나게 눈앞에 나타난다. 이러한 경험만으로도 유아들은 흥분하며 큰 관심과 흥미를 나타내었다. 유아들은 구글어스에서 보이는 지구의 모습을 직접 돌려가면서 원하는 나라를 선택하여 확대하고 축소하며 탐색하였다. 유아들이 관심 있었던 나라를 선택하여 거리뷰로 살펴보며 생생한 현지의 모습을 관찰하기도 하였다. 막연하게 생각했던 다른 나라의 환경, 거리, 랜드마크 등의 모습을 찾아보면서 그 나라의 사람들의 모습, 인종, 건축물, 자연 풍경 등에 대한 관심이 더 커졌다.

　유아들과 놀이를 진행하면서 구글어스에서 특정한 지역을 확대해서 랜드마크를 찾기보다 구글어스 프로그램의 검색창에서 검색하면 더 실제처럼 생동감 있는 모습의 랜드마크를 쉽게 찾을 수 있다는 것도 알게 되었다. 또한 3D스트릿뷰를 활용하면 유아가 직접 그 거리에 들어가 있는 느낌이 들어 생동감 있게 놀이할 수도 있다. 우리 아이들이 생동감 있고 재미있게 세상에 대한 관심을 확장하고 시야를 넓힐 수 있었던 아주 좋았던 놀이로 기억된다.

유아의 놀이 속 배움과 성장

- 의사소통 > 듣기와 말하기
  　세계 여러 나라에 대한 자신의 경험, 느낌, 생각을 이야기했다.

- 사회관계 > 사회에 관심가지기
  　구글어스를 통해 세계 여러 나라를 탐색하면서 다양한 문화에 관심을 가졌다.

- 예술경험 > 예술감상하기
  　세계 여러 나라의 자연환경과 문화를 살펴보면서 아름다움을 느꼈다.

- 자연탐구 > 탐구과정 즐기기
  　구글어스로 세계 여러 나라를 알아보았다.

AI 콘텐츠

⑳ 디지털 책 만들기 놀이
(BookTraps, Book Creator)

☑ **놀잇감**
노트북, 전자칠판, BookTraps, Book Creator, 그림책 『진정한 일곱 살』, 『여름이 온다』, 태블릿PC, 스마트폰

☑ **What is "BookTraps & Book Creator"**
BookTraps & Book Creator는 유아들이 그림책을 만들 수 있는 온라인콘텐츠입니다. BookTraps & Book Creator를 이용해 유아들이 자유롭게 그림도 그리고, 글씨도 쓰며 디지털로 된 책을 만들 수 있습니다.

☑ **How to use "BookTraps & Book Creator"**

- 'BookTraps'는 Play스토어나 앱스토어에서 다운로드 받아 사용할 수 있다. 스마트폰 또는 태블릿PC로 사용하기 때문에 그림을 그릴 수 있는 펜이 필요하다.

- 'Book Creator'는 웹에서만 가능하므로 노트북이나 전자칠판에서만 사용할 수 있다. 마우스나 전자칠판 펜으로 그림을 그릴 수 있다.

01. 놀이의 시작

✏️ 『진정한 일곱 살』 그림책 읽기

일곱 살이 된 유아들과 함께 『진정한 일곱 살』을 읽고 내용을 회상했다.

교사	『진정한 일곱 살』은 어떤 행동을 해야 할까?
유아1	용기가 있어야 한다고 해요.
유아2	집 주소와 전화번호를 알아야 한다고 해요.
교사	너희들은 진정한 일곱 살이 어떻게 행동해야 한다고 생각하니?
유아3	친구와 사이좋게 놀이를 해요.
유아4	정리 정돈을 잘해요.

허은미 글/오정택 그림
만만한책방

제2장. 디지털 놀이 실행하기　149

02. 놀이의 전개

「진정한 일곱 살」 디지털 책 만들기

유아들이 생각하는 '진정한 일곱 살'에 대해 이야기를 나눈 후 '북트랩스' 앱을 활용하여 디지털 책을 만들어 보기로 했다.

교사	북트랩스 앱으로 그림을 그리면 디지털 책을 만들 수 있어! 그림을 그리다가 어려운 점이 있으면 도움을 요청해~!
유아1	네~ 내가 책 표지를 만들어 볼게!
유아2	그래~ 그럼 그다음에 내가 생각하는 진정한 일곱 살의 행동을 그림으로 그려볼게!
유아1	내가 원하는 색을 선택해서 그림을 그리니까 정말 재미있다.
유아3	그러게. 내가 그림을 잘못 그렸을 때 여기 지우개 버튼 눌러서 지우면 사라져!

유아들은 순서를 정해 『진정한 일곱 살』 디지털 책을 그려 완성했다.

유아1	드디어 디지털 책 완성!
유아2	선생님! 저희 다 그렸어요!
교사	그래? 그럼 너희가 만든 디지털 책을 한번 볼까?
유아1	네! 우리가 만든 책을 엄마, 아빠께도 보여드리고 싶어요.

< 해오름반 어린이들이 직접 그린 전자그림책 QR코드 >

디지털 책 만들기

교사	정말 잘 만들었다. 그럼 선생님이 부모님께 보여드릴 수 있게 QR코드로 만들어 줄게!
유아3	네!
유아2	다른 반 친구들에게도 우리가 만든 디지털 책을 소개하고 싶어요.
교사	그래! 우리가 만든 디지털 책을 다른 친구들에게도 보여주자!

유아들은 자신이 만든 디지털 책을 가정과 다른 반 친구들에게 보여주고 싶어 하여 교사는 QR코드로 생성하여 공유했다.

03. 놀이의 확장

『여름이 온다』 디지털 책 만들기

유아들은 더 나아가 『여름이 온다』를 감상하고 '북크리에이터'를 이용하여 디지털 책을 만들어 보기로 했다.

교사	'북크리에이터'는 이야기를 녹음할 수 있고, 사진을 넣어 디지털 책을 만들 수 있어!
유아1	우와! 그럼 동화 속 장면을 사진 찍어서 넣고 싶어요.
교사	그래~ 그럼 선생님이 사진을 찍어줄게!
유아2	저는 이야기 소리도 넣고 싶어요.
교사	여기 녹음 버튼을 누르면 돼!
유아2	네~

유아들은 동화 속 장면을 신체로 표현하여 사진도 찍고, 목소리도 녹음하여 『여름이 온다』 디지털 책을 완성했다.

동화 속 장면 촬영하기

유아들이 만든 디지털 책 QR코드로 가정과 공유하기

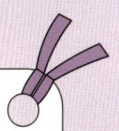

교사의 놀이 이야기

　일곱 살이 된 해오름반 어린이들과 『진정한 일곱 살』을 읽고, 이야기를 나누었다. 유아들이 표현하는 '진정한 일곱 살에 대한 생각'이 훌륭하고, 예뻐서 유아들의 생각과 마음을 간직할 수 있도록 '디지털 그림책'을 만들기로 하였다. '북트랩스' 앱을 이용해 유아들의 생각을 그림으로 표현, 디지털 책 만들기에 참여했다. 대부분의 유아들은 전자펜 없이도 태블릿PC 화면에 손가락으로 터치하며 그림을 그렸고, 다소 어려워하던 유아들도 경험이 많은 유아들의 도움으로 함께 참여하였다.

　유아들이 장소에 구애받지 않고 그림을 그릴 수 있는 '북트랩스'와 유아들이 촬영한 사진, 녹음한 파일을 첨부할 수 있는 '북크리에터'를 활용하면 유용할 것이다. '북트랩스'는 스마트폰으로도 사용할 수 있지만, '북크리에터'는 웹 프로그램이므로 컴퓨터, 노트북, 전자칠판으로 사용할 수 있다. 또한 두 가지 AI 콘텐츠로 만든 디지털 책을 QR코드에 링크로 첨부하면 바로 연동이 되므로 손쉽게 공유할 수 있다.

유아의 놀이 속 배움과 성장

- 신체운동·건강 > 신체활동 즐기기

　『여름이 온다』의 장면을 신체로 표현했다.

- 의사소통 > 듣기와 말하기

　『진정한 일곱 살』의 행동에 대한 자신의 생각을 이야기했다.

- 의사소통 > 책과 이야기 즐기기

　그림책을 읽은 후 자신이 생각하는 것을 디지털 책으로 만들었다.

- 사회관계 > 더불어 생활하기

　친구와 함께 디지털 책을 만들었다.

- 예술경험 > 창의적으로 표현하기

　자신의 생각을 그림으로 표현했다.

- 자연탐구 > 생활 속에서 탐구하기

　태블릿PC와 전자칠판을 이용하여 디지털 책을 만들었다.

> AI 콘텐츠

21 날 따라 해봐라!
(Scroobly)

☑ **놀잇감**
전자칠판, 노트북 또는 태블릿PC, AI 카메라, Scroobly, 다양한 신체 카드

☑ **What is "Scroobly"**
Scroobly는 인공지능으로 만든 애니메이션으로 유아들이 그린 그림에 인공지능기법을 활용하여 움직이며 놀이할 수 있도록 만든 AI 콘텐츠입니다.

☑ **How to use "Scroobly"**
1. 웹사이트(http://www.scroobly.com)에 접속하여 '시작하다'를 클릭한다.
2. 이어지는 설명에서 다음을 클릭한다. 카메라 사용 설정창이 뜨면 '허용'을 클릭한 후 하단에서 원하는 이미지를 선택한다.
3. 녹화 버튼을 눌러 녹화한 뒤 다운로드한다.
※ 원하는 이미지가 없을 때는 유아들이 직접 디자인해서 사용할 수 있다.

01. 놀이의 시작

 나처럼 해봐요

유아들은 '나처럼 해봐요' 노래에 맞춰 친구들과 움직이며 놀이하기 시작했다.

유아1	(토끼 동작을 하며) 나처럼 해봐라 이렇게!
유아2	이번에 내 동작을 따라 해봐!
유아3	알겠어!
유아2	(발레 동작을 하며) 나처럼 해봐라 이렇게!

나처럼 해봐요 놀이

02. 놀이의 전개

스크루블리 탐색하기

'나처럼 해봐요' 놀이를 하는 유아들에게 교사는 '스크루블리' AI 콘텐츠를 소개했다.

유아1	우와! 우리 얼굴이 전자칠판에 나오고 있어요!
유아2	여기 다양한 캐릭터가 많아!
유아3	제가 캐릭터를 선택해볼래요.
교사	캐릭터를 선택해봤니?
유아3	네!
교사	여기 빨간색 동그라미 버튼을 클릭하면 녹화가 될 거야!
유아들	네~

놀이 방법 알아보기

교사가 먼저 시범을 보이고, 유아들이 자유롭게 캐릭터를 선정하여 놀이했다.

 스크루블리 놀이하기

조작하는 방법이 익숙해진 유아들은 원하는 캐릭터를 클릭하여 다양한 동작을 취하며 놀이했다.

유아1	(캐릭터를 고른 뒤) 내가 동작을 촬영해볼게!
유아2	이번에 내 차례!
유아3	그럼 우리 다양한 동작을 촬영하고 누구의 동작인지 다른 친구들한테 맞춰 보라고 하자!
유아1	좋아!

스크루블리 놀이하는 유아들은 자신의 캐릭터를 선택하여 동작을 촬영했다.

유아1	◇◇야! 이 영상을 보고 누구인지 맞춰봐!
유아4	알겠어! (영상을 시청한 뒤) 어? 알겠다! △△지?
유아3	어떻게 알았어?
유아4	네가 자주 하던 동작이 나오잖아!
유아3	우와!

유아들은 영상을 보며 누구의 동작인지 맞추는 놀이를 했다.

스크루블리 놀이하기

누구의 동작일까?

03. 놀이의 확장

 캐릭터 디자인해서 놀이하기

교사는 유아들에게 캐릭터를 디자인하는 방법을 설명해준 뒤 유아들이 자유롭게 캐릭터를 디자인하여 놀이할 수 있도록 지원했다.

교사	여기서 캐릭터를 직접 디자인할 수 있다! 캐릭터 몸통을 선택한 다음에 눈, 코, 입, 팔, 다리, 옷 등을 직접 그려보면 돼!
유아	우와! 디자인해볼래요.
교사	그래~ 도움이 필요하면 이야기해!
유아	나는 통통한 몸을 선택할 거야! (마우스로 천천히 움직이며) 눈, 코, 입을 그려봐야지! (완성한 다음) 내가 디자인한 캐릭터로 동작을 촬영하니까 재미있다.

유아들은 자신이 디자인하고 싶은 캐릭터를 디자인하여 스크루블리 놀이를 지속했다.

  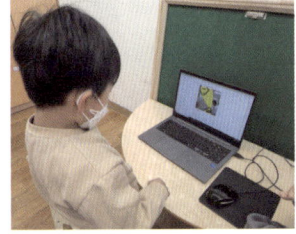

내가 디자인한 캐릭터로 놀이하기

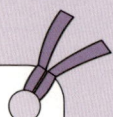

교사의 놀이 이야기

　유아들은 평상시 〈나처럼 해봐요〉 노래에 맞춰 신체 놀이하는 것을 자주 즐긴다. 이에 교사는 유아들이 좋아하는 신체 동작 표현놀이를 지원하기 위해 유아들에게 '스크루블리' 온라인콘텐츠를 제공하였다. 스크루블리 놀이를 위해서는 웹에서 유아들이 캐릭터를 선택하여 동작을 녹화하는 등의 프로그램 설정 및 조작이 필요한데, 초기에 유아들이 익숙해지기 전까지는 교사의 도움이 필요하다. 준비과정에서는 어려움이 있었지만, 유아들은 스크루블리 콘텐츠를 활용하여 다양한 동작을 취하며 재미있게 놀이에 참여하였다. 더 나아가 캐릭터를 골라 다양한 동작을 만들어 녹화하고, 친구들과 누구의 동작일까 맞추는 놀이로 진행하였으며 스크루블리 AI 콘텐츠에서 '캐릭터 디자인하기' 놀이로 확장되어 유아들이 직접 원하는 캐릭터를 디자인하며 놀이를 지속하였다.

　유아들의 흥미가 유지된다면 놀이는 끊임없이 변화하고 확장하며 지속된다. 이번에도 스크루블리 AI 콘텐츠를 활용하여 동작 따라 하기, 동작을 녹화하여 게임에 활용하기, 캐릭터 디자인하기 등으로 놀이가 이어져 갔다. 이는 교사의 계획된 놀이가 아닌 유아의 흥미와 관심에 따른 놀이의 흐름이며, 교사의 놀이 관찰에 기반한 놀이 지원이 병행될 때 이러한 놀이의 발전적 흐름이 가능하다. 놀이 지원의 기본은 놀이 관찰이다.

유아의 놀이 속 배움과 성장

- 신체운동·건강 > 신체활동 즐기기
  '나처럼 해봐요' 노래에 맞춰 신체를 움직였다.
  자신이 하고 싶은 동작을 신체로 표현했다.

- 사회관계 > 더불어 생활하기
  친구와 함께 신체활동에 참여했다.

- 예술경험 > 창의적으로 표현하기
  자신이 생각하는 캐릭터를 디자인했다.

- 자연탐구 > 생활 속에서 탐구하기
  컴퓨터, 태블릿PC를 이용해서 '스크루블리' 콘텐츠 놀이를 했다.

AI 콘텐츠

22 수수께끼 놀이
(Akinator)

☑ 놀잇감
알파미니, 전자칠판, 스마트폰 또는 태블릿PC, Akinator, 동물 사진이 붙은 스케치북

☑ What is "Akinator"
Akinator는 유아들이 인공지능과 말놀이를 하거나 수수께끼 놀이를 할 수 있는 AI 콘텐츠 입니다. Akinator는 모바일로 설치하거나 웹으로 접속하여 사용할 수 있습니다. 유아들과 Akinator 놀이를 하는 경우 '청소년 모드'를 활성화하여 사용하도록 합니다.

01. 놀이의 시작

✏️ 알파미니 놀이

유아들은 AI 로봇인 '알파미니'와 대화를 했다.

유아	*헤이 클로바! 오늘의 미세먼지는 어때?
알파미니	오늘의 미세먼지는 보통입니다.
유아2	헤이 클로바! 춤춰봐!
유아3	우와! 진짜 춤을 추네!
교사	알파미니에게 '앉아봐' 라고 이야기하면, 진짜로 앉는다.
유아	우와!! 그럼 제가 말해 볼게요. 헤이 클로바 앉아봐!

알파미니와 상호작용하며 놀이하기

*AI 로봇 알파미니에 내장되어있는 스피커는 '클로바'와 동일하기 때문에 '헤이, 클로바'라고 불렀을 때 응답합니다.

제2장. 디지털 놀이 실행하기　159

02. 놀이의 전개

 아키네이터 탐색하기

인공지능 로봇과의 말놀이에 흥미를 보이는 유아들에게 '아키네이터' AI 콘텐츠를 제공했다.

유아1	우와 이게 뭐지?
유아2	알라딘 같아!
교사	인공지능 스피커와 이야기를 나누며 놀이하 듯 인공지능이랑 수수께끼 놀이를 할 수 있어!
유아3	우와! 해보고 싶어요.

놀이 방법 알아보기

 아키네이터 놀이하기

교사가 먼저 시범을 보이고 '아키네이터'와 수수께끼 놀이를 했다.

유아1	나는 만화 캐릭터를 생각하고 해야지!
유아2	어떤 캐릭터인지 알려줘!
유아1	뽀로로야!
유아3	그럼 시작 버튼 누르자!
아키네이터	유튜버인가요?
유아들	아니요.
아키네이터	안경을 썼나요?
유아들	네!

유아들은 아키네이터가 물어보는 질문에 대답 버튼을 누르며 놀이했다.

아키네이터　제 생각은 뽀로로입니다.

유아들　　우와~ 엄청 신기해! 우리가 생각하는 캐릭터가 맞잖아!

유아들은 만화 캐릭터나 만화영화 속 주인공, 위인을 생각하며 아키네이터 놀이를 지속했다.

아키네이터 놀이하기

03. 놀이의 확장

인공지능이 되어 수수께끼 놀이하기

유아들이 아키네이터 놀이를 지속하다가 자신이 생각했던 캐릭터가 나오지 않자 직접 인공지능이 되어 수수께끼 맞추는 놀이를 했다.

유아1　　내가 생각했던 캐릭터가 나오지 않았어요!

교사　　　그래? 속상했겠다. 아키네이터가 어렵게 질문을 했구나!

유아1　　네! 그래서 대답을 못 했어요. 그러니깐 제가 생각했던 캐릭터가 나오지 않았어요.

유아2　　그럼 우리가 직접 인공지능이 되어 수수께끼 놀이를 해보자!

유아3　　좋아!

교사　　　그럼 어떤 주제로 수수께끼 놀이를 해보면 좋을까?

유아　　　동물이요.

교사	그럼 선생님이 동물 사진이 붙은 스케치북을 줄게!
유아	네!
유아1	내가 맞추는 사람을 할게!
유아2	그럼 질문을 해봐!
유아1	애완동물입니까?
유아2	아니요.
유아1	귀엽나요?
유아3	네.

유아들은 인공지능 역할과 대답을 하는 역할을 나누어 수수께끼 놀이를 지속했다.

인공지능이 되어 수수께끼 놀이하기

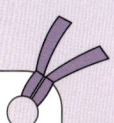

교사의 놀이 이야기

　유아들은 AI로봇인 알파미니에게 날씨 확인하기, 미세먼지 농도 확인하기 등 일상생활 속에서의 정보와 궁금한 점을 물어보거나, 놀이에 필요한 배경음악을 요청하는 등 로봇과 친구처럼 대화하며 지냈다. AI로봇과의 대화가 익숙해졌을 즈음에 새로운 AI 콘텐츠인 '아키네이터'를 소개해주었다. '아키네이터' 놀이가 글을 잘 모르는 유아들에게 다소 어려움이 있지만, 놀이의 과정과 결과를 화면의 캐릭터가 시각적으로 보여주기 때문에 유아들이 비교적 오랜 시간 집중하며 재미있게 참여할 수 있었다. '아키네이터 놀이'에서 유아들이 이해하기에 어려운 질문이나 유아들이 생각한 캐릭터나 위인이 나오지 않아 흥미를 잃어갈 때 쯤, 교사는 자연스럽게 언플러그드 놀이로 전환하여 '수수께끼 맞추기' 놀이를 할 수 있도록 지원하였다. 언플러그드 놀이에서 AI역할을 맡은 유아가 정답을 맞힐 수 있도록 유아들이 다양한 질문들을 생각해 내는 과정에서 생각하는 힘도 기를 수 있었던 것 같다.

　AI로봇과도 수수께끼 놀이를 할 수 있지만, AI로봇은 청각적인 단서로 놀이가 진행되고 아키네이터는 시각적인 단서와 결과가 공유되기 때문에 차이점과 장단점을 생각해서 적절히 지원해주는 것이 좋다. 또한 유아들이 공통적으로 알고 있는 원내의 인물(원장선생님, 조리사님 등)이나 정보에 대한 언플러그드 수수께끼 놀이를 지원한다면 더욱 재미있게 놀이할 수 있을 것이다.

유아의 놀이 속 배움과 성장

- 의사소통 > 듣기와 말하기

  AI 로봇인 알파미니와 대화를 나눴다.

  알파미니에게 궁금한 것을 질문했다.

- 사회관계 > 더불어 생활하기

  친구와 함께 수수께끼 놀이를 했다.

- 자연탐구 > 생활 속에서 탐구하기

  AI 로봇에 관심을 갖고 놀이에 활용했다.

  '아키네이터' 콘텐츠를 활용하여 놀이를 즐겼다.

> AI 콘텐츠

23 모양으로 맞춰봐
(Jamboard)

☑ **놀잇감**
전자칠판, 태블릿PC, 스마트폰, Jamboard, 자음과 모음 도장, 종이, 글자카드

☑ **What is "Jamboard"**
Jamboard는 구글이 개발한 인터랙티브 화이트보드 시스템으로 구글 드라이브로 연동되어 인터넷이 되는 컴퓨터나 태블릿PC, 스마트폰으로 여러 사람이 동시에 접속하여 사용할 수 있습니다. 잼보드에서는 자신이 쓴 글씨나 그린 그림, 도표 등을 자유롭게 공유할 수 있습니다. 또한 잼보드는 화상회의를 하면서 특정 주제에 대한 생각을 자유롭게 나누거나 아이디어를 모으고, 분류하고, 발전시킬 때 사용하기도 하고, 유아들이 자유롭게 그림을 그리거나 글씨를 쓰며 사용할 수 있습니다.

☑ **How to use "Jamboard"**
구글 검색창에서 'Jamboard'를 검색한 후, 시작하기를 누르면 하얀 화면 우측하단의 ⊕ 모양을 클릭하여 페이지를 엽니다. 아래의 그림은 잼보드에서 사용할 수 있는 기능입니다.

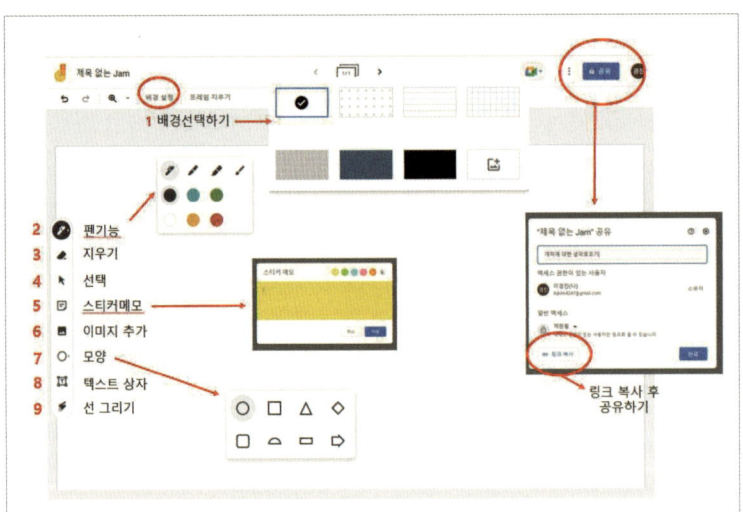

01. 놀이의 시작

✏️ **수수께끼 놀이하기**

유아들은 인공지능 프로그램 아키네이터로 자신들이 생각한 캐릭터나 인물(엘사, 뽀로로, 세종대왕 등)을 정한 후 스무고개 형식의 질문에 답을 하며 수수께끼 놀이를 했다.

유아1	선생님, 우리 지난번에 전자칠판에서 화이트 보드판 (잼보드) 나왔잖아요.
유아2	거기(잼보드)에 그림도 그리고 글자도 써서 그림책도 만들었지.
유아1	우리 퀴즈 맞추기 놀이할 건데 거기(잼보드)다가 해 볼래요.

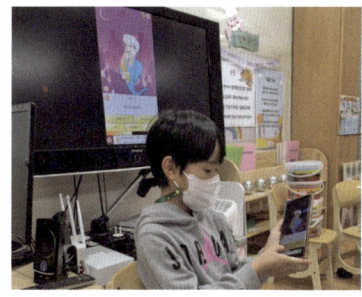

아키네이터를 사용하여
수수께끼 놀이를 하는 유아의 모습

수수께끼 놀이를 즐기던 유아들은 교사에게 와서 지난번 '우리의 상상, 우리의 생각' 그림책을 만들었던 경험을 이야기하며 '잼보드'를 사용하고 싶어 했다.

02. 놀이의 전개

모양으로 맞춰 봐!

유아들의 요구에 따라 교사는 전자칠판에 '잼보드'를 열고 링크를 공유했다. 유아들은 제시된 모양을 이용해 그림 완성하기, 친구 이름의 초성을 써서 알아맞히기 놀이를 했다.

유아1	(잼보드에서 ▷모양을 선택하며……) 이건 어떤 그림일까?
유아2	음… 집?

잼보드의 모양을 사용하여 퀴즈를 내는 유아들의 모습

유아	좀 더 힌트를 주겠어요. 우주에 날아다니는 거야(라고 이야기하며 그림을 추가하여 그린다).
유아2	로케트!
유아	정답. 이번에는 네가 문제를 내봐.
유아2	(잼보드에서 ○모양 3개를 선택한다.) 이건 우리반 친구 이름이야.
유아	○이 3개 들어가는 이름? 첫 번째 힌트를 주세요.
유아2	아! 알았어. 바로 오○우!

03. 놀이의 확장

자음과 모음으로 글자 만들기

잼보드의 모양을 이용해 친구의 이름 퀴즈를 내던 유아들은 친구들의 이름에 더욱 관심을 가지며 교실 안에 있던 '자음과 모음 도장'으로 친구 이름 만들기 놀이를 했다.

| 유아 | '장○엘' 이거 너 이름 맞지? |
| 유아2 | 맞아. 내 이름. 나도 너 이름 도장으로 만들어 볼게. |

교사는 글자와 친구의 이름에 관심을 가진 유아들을 위해 '글자 찾아 친구 이름 만들기 게임'을 놀이지원활동으로 준비하여 진행했다. 유아들은 강당에 숨겨진 글자를 찾아 친구 이름을 완성하는 놀이를 했다.

자음과 모음 도장으로 친구의 이름을 만든 유아의 모습

친구 이름 찾기 게임을 하는 유아들의 모습

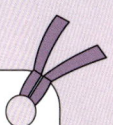

교사의 놀이 이야기

　유아들은 이야기하며 자신의 생각과 느낌, 자신의 경험을 이야기하는 것을 즐긴다. 또한 친구들과 수수께끼 내는 놀이를 좋아한다. 잼보드는 쉽게 사용할 수 있는 프로그램으로 유아들도 쉽게 이용하여 놀이에 활용할 수 있었다. '잼보드'를 활용한 퀴즈 맞추기 놀이는 한 명의 유아가 퀴즈를 내면, 놀이에 참여한 유아들이 퀴즈를 맞추는 놀이로 스마트폰이나 태블릿PC의 수량이 많이 있지 않더라도 다수의 유아들이 참여할 수 있는 놀이다. 즉, 하나의 디지털 기기로도 여럿이 함께 놀이할 수 있다.

　디지털 활용 놀이라 하면, 주로 태블릿PC나 컴퓨터, 스마트폰을 가지고 혼자 하는 놀이로 인식이 되어 유아들의 사회성 발달에 부정적인 영향을 줄 것으로 생각한다. 하지만 위의 놀이 사례에서도 볼 수 있듯이 디지털 활용 놀이도 교사의 관심과 지원에 따라 혼자서 하는 놀이가 아닌 여럿이 함께 협력하여 할 수 있는 놀이가 된다. 잼보드뿐만 아니라 디지털을 활용하여 함께 놀이할 수 있는 놀이가 무엇이 있는지 찾아보고 유아들의 놀이를 지원해 주는 것도 좋을 것 같다.

유아의 놀이 속 배움과 성장

- 신체운동·건강 > 안전하게 생활하기
  스마트폰을 사용하여 퀴즈 놀이를 하면서 스마트폰의 올바른 사용법을 알았다.
- 의사소통 > 읽기와 쓰기에 관심 가지기
  친구의 이름을 읽고 쓰며 놀이했다.
- 사회관계 > 더불어 생활하기
  규칙을 지키며 퀴즈 맞히기 놀이에 참여했다.
- 예술경험 > 창의적으로 표현하기
  모양을 유추하여 그림으로 표현했다.
- 자연탐구 > 생활속에서 탐구하기
  스마트 기기(전자칠판, 스마트폰 등)와 잼보드 프로그램을 놀이에 활용했다.

미러링을 활용한
디지털 놀이

: 거울처럼 보며 함께 놀이해요

미러링

아이돌 놀이

☑ **놀잇감**
스마트폰, 전자칠판, 아이돌 음악 음원

☑ **What is "Mirroring"**
Mirroring이란 이미지를 거울(Mirror)에 비친 것과 똑같이 표시하기 위한 기술로, 쉽게 말하면 스마트폰, 태블릿PC, 노트북 등의 화면을 TV, 모니터, 빔프로젝터로 똑같이 출력하는 기술을 의미합니다.

☑ **How to use "Mirroring"**
<전자칠판과 스마트폰 미러링 연결하는 방법>
- play스토어 또는 앱스토어에서 'Screen Share'를 다운로드한다.
- 전자칠판에 있는 QR코드를 스마트폰에 인식한다.
- 스마트폰과 전자칠판 화면을 공유한다.

<동글이 연결하는 방법>
- TV에 있는 USB단자와 HDMI단자에 미러링 동글이를 연결한다.
- 스마트폰 'Smart View'를 클릭한 후 동글이 넘버를 확인하여 연결한다.

동글이　　　　전자칠판　　　　동글이　　　　Smart View

01. 놀이의 시작

✏ **춤추기 놀이**

춤추는 걸 좋아하는 유아들은 교사에게 아이돌 안무를 보며 춤을 추고 싶다고 이야기하여 교사는 유아들에게 영상을 제공했다.

유아1	선생님! 아이돌 안무를 보여주세요!
교사	알겠어! 어떤 아이돌 안무를 보여줄까?
유아2	브레이브걸스 롤린 안무 보여주세요.
유아3	신난다! 롤린 춤 정말 좋아!
교사	그래. 롤린 안무 보여줄게!

춤추며 놀이하기

유아들은 안무 영상을 보며 춤추기를 반복했다.

02. 놀이의 전개

아이돌 놀이

유아들은 아이돌의 무대 영상을 보다가 영상 속에 나오는 아이돌이 되고 싶다고 했다.

유아1	안무를 보고 따라 춤을 추니깐 아이돌 같아! 그치?
유아2	맞아. 우리 아이돌 같아.
유아3	저기 영상 속에 나오는 아이돌처럼 우리도 영상 속에 나오면 좋겠다!
유아1	선생님 우리도 아이돌처럼 춤을 추면 전자칠판 속에 나왔으면 좋겠어요.
교사	그래? 그럼 선생님이 전자칠판 속에 너희가 춤추는 모습이 나오게 연결해줄게!
유아들	네.

아이돌 춤추기

교사는 유아들의 요구에 따라 전자칠판과 스마트폰을 미러링으로 연결한 뒤 유아들이 춤추는 모습을 촬영했다.

 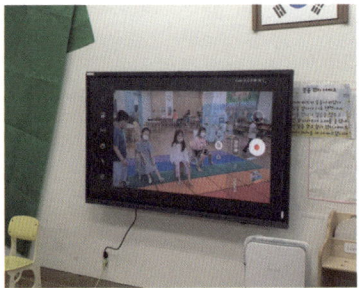

아이돌 가수 되어보기

유아1 우리 모습이 정말 전자칠판에 나오고 있어!

유아2 맞아! 엄청 신기하다.

유아1 우리 정말 아이돌이 된 것 같아!

유아3 정말 우리가 공연을 하는 것 같아!

유아1 선생님, 카메라로 움직이면서 찍어주세요!

교사 그래! 선생님이 아이돌이 무대 하는 것처럼 찍어줄게!

유아들 감사합니다.

교사는 유아들의 요구에 따라 스마트폰을 이용하여 클로즈업도 하며 유아들의 놀이를 지원했다.

유아1 우와! 선생님이 우리를 더 아이돌처럼 만들어 주셨어!

 03. 놀이의 확장

 공연발표

교실에서 아이돌 놀이를 계속하던 유아들은 다른 반을 초대하여 아이돌 공연을 보여주고 싶다고 해서 다른 반 친구들을 초대해 공연을 보여줬다.

유아1	선생님! 우리가 연습한 아이돌 춤을 다른 반을 초대해서 보여주고 싶어요.
교사	그래? 그럼 다른 반을 초대할까?
유아들	좋아요.

유아들은 다른 반 친구들을 초대하여 준비한 공연을 보여주며 놀이를 지속했다.

아이돌이 되어 공연하기

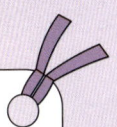

교사의 놀이 이야기

　미디어, 유튜브에 대한 접근이 확대되면서 유아들은 장래희망으로 유튜버나 연예인(아이돌)이 되기를 희망하며 그에 대한 높은 관심을 보였다. 교실에서 아이돌 춤추기 놀이를 즐겨하던 유아들은 교사에게 아이돌 춤 안무 영상을 요구하였고, 교사는 유튜브 아이돌 춤 안무 영상을 제공하였다. 영상을 보면서 춤을 따라 추던 유아들은 영상 속 아이돌처럼 영상을 촬영하고 싶다고 교사에게 제안하였다. 이에 교사는 스마트폰과 전자칠판을 미러링하여 유아들이 춤을 추는 모습을 영상으로 촬영했고, 유아들은 실시간으로 춤을 추는 자신 모습이 화면에 나오자 '정말 아이돌이 된 것 같아!, 진짜 가요 무대에서 공연을 하는 것 같아!'라며 즐거워하였다.

　유아들의 놀이를 관찰하면서 필요에 따라 미러링 기법을 소개하고 놀이가 확장될 수 있도록 지원하자 유아들은 단순한 '춤추기 놀이'에서 '아이돌 놀이'로 진행하였다. 미러링 조작은 방법이 간단하므로 교사들이 손쉽게 활용할 수 있을 것이다. 미러링 기법을 활용하여 아이돌 놀이뿐만 아니라 유튜버 놀이, 뉴스데스크 놀이 등 다양한 놀이를 할 수 있을 것이다.

유아의 놀이 속 배움과 성장

- **신체운동·건강 > 신체활동 즐기기**
  자신의 신체 움직임을 조절하며 춤을 췄다.
- **신체운동·건강 > 안전하게 생활하기**
  춤을 출 때 서로 부딪히지 않도록 간격을 두어 안전하게 놀이를 했다.
- **의사소통 > 듣기와 말하기**
  노래하고 춤을 출 때 느꼈던 감정을 말로 표현했다.
- **예술경험 > 창의적으로 표현하기**
  좋아하는 음악에 맞추어 동작으로 자유롭게 표현했다.
- **자연탐구 > 생활 속에서 탐구하기**
  스마트폰과 전자칠판에 나온 자신의 모습을 관찰했다.

> 미러링

25 공연놀이

- **놀잇감**
  스마트폰, 전자칠판, 리듬악기

- **What is "Mirroring"**
  Mirroring이란 이미지를 거울(Mirror)에 비친 것과 똑같이 표시하기 위한 기술로, 쉽게 말하면 스마트폰, 태블릿PC, 노트북 등의 화면을 TV, 모니터, 빔프로젝터로 똑같이 출력하는 기술을 의미합니다.

01. 놀이의 시작

리듬악기 연주 놀이

〈리듬악기 가지고〉라는 동요를 불러본 후, 노래에 맞춰 리듬악기 연주 놀이를 했다. 유아들은 탬버린, 트라이앵글, 소고를 자유롭게 연주했고, 친구들이 연주하는 모습을 관람하는 관람객도 등장했다.

유아1	친구들이 우리 하는 거 구경할 건가 봐.
유아2	선생님, 여기는 보는 사람들이 앉는 곳이에요.
교사	악기연주를 감상하는 관람객들이구나?
유아3	의자를 더 많이 놓자.
유아4	공연하는 것 같아요!
교사	곧 악기연주 공연이 시작된대요~ 공연을 관람하실 분들은 객석에 앉아주세요!

악기연주 놀이

친구들이 관람석을 구성하는 모습을 보고 한 유아가 '공연 같다'고 표현했고, 교사가 공연의 시작을 알리며 '악기연주 공연'이 시작되었다.

02. 놀이의 전개

✏️ 공연 무대 구성하기

유아1	공연을 하려면 무대가 있어야 해요.
유아2	우리가 무대 만들어도 돼요?
유아3	무대에는 커튼 있어야 해요. 강당에 있는 것처럼.
유아4	그럼 무대 있는 곳으로 구경하는 의자를 옮기자.

유아들은 교실 한편에 공연을 위한 무대를 구성했고, 완성된 무대 위에서는 악기연주 공연뿐만 아니라 노래 공연, 춤 공연을 선보였다. 공연 놀이가 지속되는 동안 무대의 모습은 공연의 유형에 따라 바뀌기도 하고, 불편한 점을 개선하며 계속해서 변화했다.

공연 무대 구성하기

✏️ 공연 놀이

교사는 유아들의 공연 놀이를 지원하기 위해 스마트폰으로 유아들의 공연 모습을 촬영했고, 교실 TV에 미러링으로 연결하여 다른 유아들도 함께 볼 수 있도록 했다.

유아1	우와, 선생님 진짜 공연 같아요.
유아2	친구들이 TV에 나온다. TV에 나오는 사람들 같아.
유아3	가수 같아! 나도 해보고 싶어!
유아4	선생님이 찍는 게 TV에 똑같이 나온다!

유아들은 미러링을 활용하여 TV에 나오는 친구들의 모습을 보며 신기해하고 더욱 즐거워했다. 유아들은 관람석에 앉아 있지 않아도 교실 어느 곳에서나 공연을 하는 친구들의 모습을 화면을 통해 볼 수 있게 됐다.

실제 공연 모습과 미러링으로 TV에 송출되는 공연 모습   친구들의 공연을 TV로 감상하는 유아들

공연 촬영하기

교사가 촬영한 영상이 TV에 동일하게 송출되는 것을 보며 신기해하던 유아들은 직접 촬영해보고 싶다고 했다. 이에 따라 교사는 유아들이 스스로 촬영해볼 수 있도록 스마트폰을 제공했다.

유아1	선생님! 제가 찍어볼래요.
유아2	○○이 감독님이다!
유아1	내가 시작하면 노래 틀어줘. 촬영할 거예요!
유아3	나 가까이에서 찍어줘.
유아1	예쁘게 잘 나와?
유아4	선생님! 제가 춤추는 모습을 TV로 바로 볼 수 있어서 좋아요!

유아들은 '촬영감독'이라는 새 역할을 맡아 공연하는 친구들의 모습을 스마트폰으로 촬영했고, 자신이 촬영하는 모습이 TV에 송출되는 것을 보며 재미있어했다. 공연을 하는 유아들도 자신들의 공연 모습을 실시간으로 보면서 '가수'가 된 것 같다며 즐거워했다.

 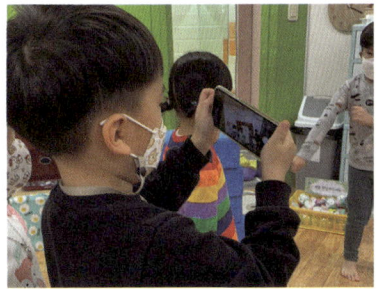

공연 촬영하기

03. 놀이의 확장

생방송 공연 놀이

유아1   선생님 다른 반 친구들한테도 이렇게(미러링) 공연 보여주고 싶어요.

유아2   다른 반 교실에도 틀어주세요.

교사   공연 모습을 다른 반 친구들에게 보여주고 싶구나? 그럼 공연을 준비해서 친구들에게 알려주고, 실시간으로 보여주는 생방송 공연 놀이를 해보자.

다른 반 친구들에게도 보여주고 싶다는 의견에 따라 실시간 화상회의 프로그램 'ZOOM'을 통해 생방송 공연 놀이를 했다.

실시간 화상회의로 송출한 생방송 공연 놀이

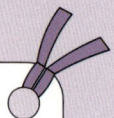

교사의 놀이 이야기

이 책에 소개된 공연 놀이는 '소리'에 대한 관심에서 시작된 놀이다. 소리와 관련된 인공지능 콘텐츠를 활용해 놀이하고, 듣기 좋은 소리와 싫은 소리에 대해 탐색했다. 듣기 좋은 소리를 내는 '악기'에 대한 이야기에서 공연 놀이로 연계되었다.

공연에 필요한 물품이나 무대 구성은 유아들이 준비하고, 구성했다. 공연 놀이를 하는 공간이 교실의 뒤쪽이었기 때문에 다른 공간에 있는 유아들은 잘 보이지 않을 것 같아 스마트폰 미러링 기능을 이용해 TV에 연결했다. 다른 놀이를 하는 유아들도 관람할 수 있도록 하기 위한 간단한 지원이었지만, 공연 놀이가 확장·지속되었다. 스마트폰으로 촬영하는 모습이 TV에도 똑같이 송출되는 모습을 보며 '촬영하는 사람(촬영감독)'에 대한 관심도 높아졌고, "진짜 연예인이 된 것 같다"며 신나고 설레는 시간을 보냈다.

공연 놀이 이후 유아들은 스마트폰으로 촬영한 것을 실시간으로 공유할 수 있다는 점을 활용하여 미러링으로 완성된 작품을 소개하곤 한다. 최근의 미러링 기술은 스마트폰이나 태블릿PC와 스마트 TV 간의 연결이 아주 쉽다. 만약 미러링이 지원되지 않는 기기를 사용 중이라면 '무선 동글'을 활용할 수 있다.

유아의 놀이 속 배움과 성장

- **의사소통 > 듣기와 말하기**
  공연을 관람했던 경험을 떠올리며 공연에 필요한 것을 이야기 나누어 정했다.

- **사회관계 > 더불어 생활하기**
  친구들과 협동하여 무대를 구성하고, 공연자, 촬영감독, 관람객 등의 역할에 따라 사이좋게 놀이했다.

- **예술 경험 > 창의적으로 표현하기**
  여러 가지 악기로 간단한 리듬을 만들며 놀이했다.
  노래에 맞춰 움직임과 춤으로 자유롭게 표현하고, 노래를 부르며 놀이했다.

- **자연탐구 > 생활 속에서 탐구하기**
  미러링에 대해 궁금해 하며 직접 기능을 활용해 보았다.

5

증강현실(AR)을 활용한 디지털 놀이

: 그림들이 움직여요!

AR

26 증강현실 놀이

☑ **놀잇감**
Rakugaki AR, 스마트폰, 태블릿PC, 증강현실 그림책, AR LAND 동물 카드

☑ **What is "증강현실"**
증강현실(Augmented Reality=AR)이란 현실의 환경이나 사물에 3차원의 가상 이미지를 겹쳐서 보여주는 기술을 말합니다. 증강현실 기술은 실제로 존재하지 않더라도 마치 실제로 존재하는 것처럼 느껴지게 하고, 생동감 있는 관찰을 할 수 있어 유아들의 몰입도를 높여주기도 합니다. 스마트폰이나 태블릿PC만 있다면 유아들과 함께 손쉽게 증강현실을 체험해 볼 수 있습니다.

 01. 놀이의 시작

 증강현실 그림책 감상하기

점심 식사 후 휴식 시간에 그림책 읽기를 즐기는 유아들을 위해 증강현실 그림책을 제공했다.

유아1	신기해!
유아2	여기엔 없는데 이쪽(태블릿PC)에는 나타나!
유아3	문질러 봐봐.
유아2	여기 누르면 이렇게 소리 나!

유아들은 증강현실 그림책을 통해 책 속의 이미지를 3차원으로 감상하고, 화면을 터치하여 소리와 진동을 느끼며 새로운 방식의 독서를 경험했다.

증강현실 그림책 감상

실제 그림책 장면 　　　　　　　태블릿PC로 보는 그림책 장면

02. 놀이의 전개

증강현실 자동차 놀이

증강현실 그림책을 통해 화면 속 그림이 움직이는 것을 관찰한 유아들은 자신들이 놀이하고 있는 놀잇감도 살아 움직였으면 좋겠다는 표현을 했다.

유아1　　이건 내가 만든 자동차에요.
유아2　　멋지다.
유아1　　내 자동차도 진짜로 움직였으면 좋겠다.

교사는 그림을 스캔하여 증강현실 기술로 구현해주는 스마트폰용앱을 찾아 유아들에게 소개하고 함께 활용했다.

교사	우리가 그린 그림을 촬영하면 증강현실 그림책처럼 움직이게 해주는 거야.
유아1	우와! 내 자동차가 막 움직여!
유아2	자동차가 춤추고 있어! 웃기다.

  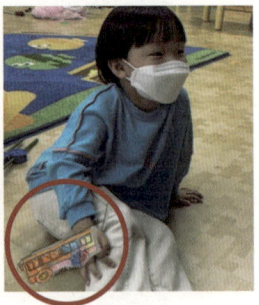

블록으로 만든 자동차   자동차 색칠하기   라쿠가키 앱으로 스캔한 유아가 색칠한 자동차

📝 내가 만든 캐릭터가 살아 움직여요!

감정과 관련된 그림책을 읽어본 후, '화'라는 감정을 자연스럽게 생각하고 조절해볼 수 있도록 '화 캐릭터'를 색칠하고 증강현실 앱으로 함께 놀이했다. 유아들은 내가 색칠한 캐릭터가 춤추듯 살아 움직이는 모습을 보고 즐거워했고, '화'라는 감정도 내가 생각하기에 따라 조절할 수 있다는 것을 알 수 있었다.

유아1	내 화 괴물이 춤춘다!
유아2	웃기게 춤추고 있어! 화가 풀렸나 봐.
유아3	간식도 줘 봐봐.
유아1	재밌어. 네 화 괴물도 움직이게 해보자.

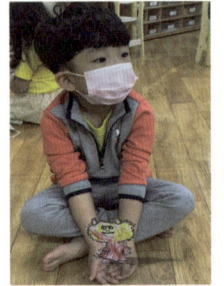 

라쿠가키 앱으로 화 캐릭터를 스캔하여 놀이하는 유아들

03. 놀이의 확장

증강현실 공룡 놀이

공룡에 대한 관심이 확장되어 공룡 놀이를 하는 유아들에게 공룡 증강현실 카드를 제공했다. 현재는 존재하지 않기에 만들어진 자료로만 관찰할 수 있었지만, 증강현실 기술을 통해 공룡을 만나며 '진짜 공룡이 있는 것 같다'고 즐거워했다.

공룡 모형으로 놀이하기

유아1	나 공룡이랑 어깨동무 했어!!
유아2	오~ 공룡 크게 보면 진짜 같아. 피부가 울퉁불퉁해.
유아3	난 공룡 타고 놀 거야.
유아4	공룡이 진짜 우리 교실에 있는 것 같아.

화면에 나타난 증강현실 공룡을 더욱 크게 볼 수 있도록 전자칠판에 미러링으로 연결하여 제공했고, 유아들은 공룡과 함께 기념사진을 찍거나 움직이는 공룡과 함께 놀이했다.

  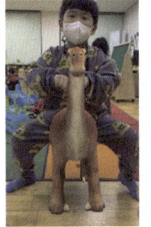 

AR 카드 스캔하기 　　　　　증강현실 기술로 나타난 공룡이랑 놀이하기

TIP 증강현실(AR) 놀이

구글 모바일앱이나 컴퓨터의 3D 그림판 기능을 활용하면 태블릿PC나 증강현실 앱이 없어도 손쉽게 증강현실 놀이를 경험해 볼 수 있습니다.

구글 모바일 증강현실 기능　　　　　3D 그림판 증강현실 기능

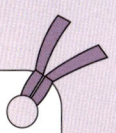

교사의 놀이 이야기

증강현실은 유아들에게 아주 새로운 것은 아니지만, 기관에서의 활용 경험은 많지 않았기에 증강현실 그림책을 제공했을 때부터 몰입하여 감상하는 모습을 볼 수 있었다. 실제로 존재하지 않더라도 화면상에서 표현되거나 움직이는 것에 큰 흥미를 느끼며 여러 가지 방법으로 놀이에 활용했는데, 실제로 우리 교실에서는 그림책 읽기에 큰 관심이 없던 유아들도 증강현실 그림책을 통해 책에 관심을 갖기도 했다.

유아들의 놀이는 유아들의 흥미에 따라 진행되며 발전되고 확장되기도 하지만, 시시때때로 사라지거나 변화하기도 한다. 증강현실 기술을 모든 놀이에 적용하여 지원해 줄 수는 없겠지만, 다양한 주제의 증강현실 앱이 많으므로 유아의 흥미 유지를 위해 교사가 사전에 적절한 콘텐츠로 선별해놓는 과정이 필요하다. 증강현실 놀이를 할 때는 미러링 기술을 활용하여 큰 화면으로 함께 볼 수 있도록 지원한다면 한 번에 많은 수의 유아가 놀이에 참여할 수 있으니 참고하면 좋을 것 같다.

유아의 놀이 속 배움과 성장

- **의사소통 > 책과 이야기 즐기기**
  증강현실 그림책에 관심을 가지고 상상하기를 즐겼다.
- **사회관계 > 나를 알고 존중하기**
  '화'라는 감정도 자연스러운 감정임을 알고, 긍정적으로 해소하는 방법을 알아보았다.
- **자연탐구 > 생활 속에서 탐구하기**
  증강현실 기술을 신기해하며 증강현실 기술을 활용하여 놀이했다.

AR

27 궁궐놀이

☑ **놀잇감**
스마트폰, Snow앱, 한복, 전통문양 도안, 채색도구

☑ **What is "Snow"**
Snow Corp.에서 제작한 얼굴인식 스티커와 다양한 효과 등으로 영상을 만들어 공유할 수 있도록 만든 스마트폰 앱(나무위키, 2022)입니다.

☑ **How to use "Snow"**

1. 구글 플레이스토어에서 Snow 앱을 설치한다.
2. 앱을 열어 사진을 찍는다.
3. 보정기능 및 스티커 기능을 사용하여 사진을 꾸민다.

01. 놀이의 시작

✏️ **10월에 있는 특별한 날들**

10월 달력을 들여다보던 유아들은 10월 3일 개천절과 10월 9일 한글날에 관심을 가졌다.

유아1	10월 3일 개천절이야.
유아2	10월 9일은?
유아1	응? 10월 9일? 한글날이지.
유아3	세종대왕이 한글을 만든 한글날!

달력을 보며 이야기 나누는 유아들

유아4	나 임금님 할 거야. 세종대왕님.
유아1	나도 할래. 나는 중전마마!
유아2	그래. 좋아!

02. 놀이의 전개

임금님과 중전마마가 되어보자

궁궐놀이를 하던 유아들은 우리나라 전통의복에 대해 이야기를 나누었다.

유아1	TV에서 보면 임금님이랑 중전마마랑 옷이 있던데.
유아2	맞아. 궁궐에는 임금님이랑 중전마마가 살잖아. 그런데 우리 옷이랑은 다르지?
유아3	맞아. 머리에 뭐도 쓰고 있잖아.
유아1	우리도 그렇게 (분장)하면 좋겠다.

유아의 놀이 장면을 관찰하던 교사는 유아들이 전통의복을 입어 보는 경험을 위해 '스노우' 앱 사용을 제안했다.

교사	얘들아, 진짜 전통 예복을 입을 수는 없지만, 사진으로 찍을 수 있어. 해볼래?
유아1	진짜요? 저 해볼래요.
유아3	선생님 저도 해볼래요.

교사는 스마트폰 앱 '스노우'를 켜고 유아들의 사진을 찍어줬다. 유아들은 표정을 다양하게 연출하며 사진 찍기를 즐겼고 자신이 찍힌 사진을 보며 마치 임금님과 중전마마가 된 것 같다며 즐거워했다.

스노우 앱으로 사진을 찍은 유아들

03. 놀이의 확장

 세종대왕이 계시는 궁궐을 만들어요.

유아들은 궁궐을 꾸미고 싶어 했다.

유아1   우리 궁궐 만들자.
유아2   어떻게 만들지?
유아3   우선 이걸(교구장) 옮겨.

유아들은 함께 힘을 합쳐 교구장을 옮겨 공간을 확보했다. 그리고 벽을 꾸밀 전통 문양을 색칠하고, 색지로 기와를 만들어 궁궐을 꾸몄다. 꾸며진 궁궐에서 유아들은 한복을 입고 놀이했다.

전통문양 꾸미기

만들어진 궁궐에서 놀이하는 유아들

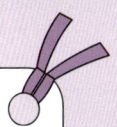

교사의 놀이 이야기

　유아들은 우리나라 전통의복, 전통음식, 전통가옥에 관심이 많았는데 마침 달력에 표시된 '한글날'에 대한 관심이 높아지면서 우리나라 옛날 사람이 되어보고 싶어 했다.

　교실에는 어린이용 한복이 구비 되어 있어 어린이들이 입고 활동하는 것을 좋아했지만 장신구 등 소품이 없어 아쉬웠다. 마침 '스노우앱'은 10월이 되어 우리나라 관련된 배경을 제공하였고 시기가 맞아 유아들이 스노우앱의 가상상황에서 옛날 의복 효과를 살려 사진을 찍을 수 있었다. 스노우앱으로 사진 찍기 놀이는 궁궐꾸미기 놀이로 확장될 수 있도록 하였다.

　스노우앱은 시기(명절, 특별한 날)등에 따라 배경을 제공하기도 하는데 아쉽게도 이 시기가 지나면 다시 그 배경을 사용할 수 없다는 단점이 있다. 유아들이 우리나라 의복에 관심이 많은 만큼 플러그드 놀이에서의 흥미와 관심이 언플러그드로 이어질 수 있도록 교실에 한복뿐만 아니라 갓, 가채, 비녀 등의 장신구도 제공하여 유아들의 임금님, 중전마마 놀이가 지속되도록 지원 하였다.

유아의 놀이 속 배움과 성장

- 의사소통 > 듣기와 말하기

　친구의 이야기를 들은 후 자신의 생각과 관련된 경험을 이야기했다.

- 사회관계 > 더불어 생활하기

　친구와 협동하여 궁궐을 만들었다.

- 사회관계 > 사회에 관심가지기

　우리나라 의복에 관심을 갖게 되면서, 우리나라 문화에 자부심을 가졌다.

- 예술경험 > 창의적으로 표현하기

　다양한 미술재료를 사용하여 궁궐을 꾸몄다.

- 자연탐구 > 생활 속에서 탐구하기

　스마트폰의 스노우 앱을 놀이에 활용했다.

6

가상현실(VR)을 활용한 디지털 놀이

: 만질 수는 없지만 볼 수는 있어요!

28 신기한 우주

 놀잇감
컴퓨터, 스마트폰, VR카드보드 또는 VR헤드셋

 What is "VR"
VR은 Virtual Reality의 약자로 가상현실을 말합니다. 가상현실은 컴퓨터 등을 사용한 인공적인 기술로 만들어 낸, 실제와 비슷하나 실제는 아닌, 어떤 특정한 환경이나 상황 혹은 그 기술 자체를 의미합니다. 이때 만들어진 가상의 환경이나 가상의 상황은 시제 공간과 시간적 체험을 하게 함으로써 현실과 가상의 경계를 자유롭게 드나들 수 있습니다.
유튜브에는 우주, 자연환경 등 VR용으로 제작된 무료 영상이 많아 유튜브 영상을 활용하여 감상하면 좋습니다.

01. 놀이의 시작

✏️ **위성지도로 우리동네를 찾아볼까?**

한동안 지도에 관심이 많았던 유아들은 구글어스와 네이버 지도가 제공하는 위성지도로 자신이 사는 동네, 유치원의 위치를 찾아보다가 점차 범위가 넓어졌다.

유아1	우리 동네 찾아보자. 우리 동네는 송현동이야.
유아2	유치원은 송림동이니까 송림동 찾아볼까?
유아3	미국도 찾아볼까? 미국도 나와?
유아4	그런데 선생님, 어떻게 우리가 사는 곳을 인터넷으로 다 볼 수 있어요?
교사	우주에는 지구 주변을 도는 인공위성이 있는데 인공위성에서 촬영한 영상으로 이렇게 위성지도를 볼 수 있단다.

위성지도로 자신들이 관심 있는 곳을 찾아보는 유아들

제2장. 디지털 놀이 실행하기 191

| 유아 | 아하! 그럼 우주에는 행성 말고 인공위성도 있네요? |

유아들은 우주에 있는 인공위성과 행성에 관심을 갖기 시작했다.

유아1	너 어느 행성 알아?
유아2	나는 목성!
유아1	나는 화성 알아.
유아3	그런데 우주에 있는 행성은 어떻게 생겼을까?
유아2	인공위성은 어떻게 날아다닐까?
유아1	우주선은 어떻게 우주로 가지?

인터넷으로 우주에 대해 조사하는 유아들

02. 놀이의 전개

 VR로 보는 신기한 태양계 행성

유아들은 우주선 사진을 살펴보며 우주선의 특징과 구조를 알아보았고, 영상으로 우주선 발사과정을 보았다. 또한 우주에 있는 것 중 태양계 행성에 관심이 높아졌다.

| 유아1 | 우주에는 수성, 금성, 지구, 화성…. 이렇게 행성이 많네. |
| 유아2 | 실제로 태양계 행성을 보면 어떨까? 너무 궁금하다. |

교사는 유아들이 태양계 행성을 실감 나게 볼 수 있도록 스마트폰과 VR 헤드셋을 지원해 줬다.

| 유아1 | (VR카드보드를 쓰고 태양계를 감상하며) 우와~! 이것 봐! 진짜 같아. |
| 유아2 | 지금 뭐가 보이는데? |

유아1 난 지금 지구 주변을 지나가고 있어!

유아들은 태양계 행성들을 VR로 보면서 진짜 우주여행을 온 것 같다고 했다.

VR로 볼 수 있는 태양계 행성 영상
*출처 : 국립청소년우주센터 유튜브((https://youtu.be/brsZjP79u58)

VR로 태양계 행성을 보는 유아들

03. 놀이의 확장

태양계 행성 만들기

유아들은 VR을 통해 본 아름다운 우주의 모습을 표현하고 싶어 했다. 교사는 유아들이 태양계 행성과 위성을 구성할 수 있도록 다양한 만들기 재료를 지원하였고, 유아들은 다양한 재료를 사용하여 행성과 위성을 표현했다.

유아1 나는 울퉁불퉁한 달을 만들 거야. 그러려면 구길 수 있는 게 필요 한데….
유아2 나는 알록달록한 목성 만들고 싶은데…. 어떤 재료로 만들까?

유아들은 다양한 재료(핸드타올, 크레파스, 사인펜, 은박지, 물 등)를 사용하여 우주의 행성과 달을 표현했다. 유아들이 만든 작품은 교실 벽에 게시하여 서로 감상하는 시간을 가졌다.

제2장. 디지털 놀이 실행하기 193

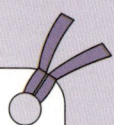

교사의 놀이 이야기

우주의 신비로운 모습을 보고 싶어 하지만 실제로 우주를 본 사람은 몇이나 될까? 우주에 관심 가진 유아들도 우주에 대해 알아갈수록 우주의 실제 모습을 보고 싶어 했다. 우주선을 타고 우주에 가서 우주를 볼 수는 없지만, VR을 통해 가상현실로 유아들이 경험할 수 있도록 지원하였다.

VR 영상을 실감 나게 보려면 VR 헤드셋이 필요하다. 교사는 유아들에게 VR 헤드셋을 제공했고, 유아들은 VR로 태양계 행성의 모습을 실감 나게 볼 수 있었다. VR 헤드셋이나 카드보드를 사용할 때 아쉬운 점은 VR 헤드셋이나 VR 카드보드에는 스마트폰을 사용해야 하는데, 스마트폰의 수가 한정적이라 VR을 볼 수 있는 유아의 수도 제한이 된다는 점이다. 이러한 불편을 해결하기 위하여 미러링으로 스마트폰과 TV 또는 전자칠판을 연결하여 유아가 보고 있는 영상을 다른 유아들도 함께 볼 수 있게 했다. 만약 TV나 전자칠판으로 입체적이고 실감 나는 영상을 보려면 3D 또는 4D 안경을 이용하면 한 번에 많은 유아들이 더욱 입체적이고 실감 나는 영상을 감상할 수 있을 것 같다.

이제 유아들은 컴퓨터로 만들어 놓은 가상의 세계에서 실제와 같은 체험으로 풍부한 경험을 할 수 있다. 만질 수 있고, 냄새까지 맡는 더 실제 같은 디지털 기술이 발달한다면 어떨까? 라는 상상도 해본다.

유아의 놀이 속 배움과 성장

- **신체운동·건강 > 안전하게 생활하기**
  VR 영상을 보기 위해 스마트폰을 사용할 때 어지럽거나 눈이 아프면 바로 교사에게 이야기할 수 있도록 사전에 약속을 정한 후, 그 규칙을 지키며 사용했다.

- **사회관계 > 사회에 관심 가지기**
  위성지도를 보며 내가 살고 있는 곳의 지리적 위치를 알아봤다.

- **예술경험 > 창의적으로 표현하기**
  우주의 모습을 다양한 재료를 활용하여 표현했다.

- **자연탐구 > 탐구 과정 즐기기**
  우주에 대해 지속적으로 호기심을 갖고 탐구했다.

29 기분이 좋아지는 놀이터

 놀잇감
구글 카드보드, 스마트폰, 상상블록, 놀이터 입장권

 What is "VR"
VR(Virtual Reality)이란 컴퓨터를 통해서 실제와 비슷한 가상의 세계에서 실제와 같은 체험을 하게 해주는 기술을 말합니다. 이 놀이에서 활용되는 카드보드는 구글이 규격을 제정한 저가형 VR 헤드 마운트입니다. 정해진 규격에 맞게 카드보드를 접고 스마트폰을 끼우면 VR체험이 가능해 집니다.

01. 놀이의 시작

 기분이 좋아지는 곳이 있어요

유아들은 '감정'과 관련된 놀이를 즐기던 중 우리 유치원에서 '즐거움'을 느낄 수 있는 공간을 선정했다.

유아1	난 바깥놀이터 가면 기분이 좋아져!
유아2	나도! 체험 놀이장도 좋아!
교사	바깥놀이터와 체험 놀이장에 가면 왜 기분이 좋을까?
유아1	신나게 뛰어놀 수 있으니까요!

유아들은 기분이 좋아지는 곳으로 선정한 장소들로 이동해서 즐겁게 놀이했다.

유아1	여기 나비가 있다!
유아2	우리 공놀이하자!
유아3	다 같이 하면 더 재미있을걸? 친구들 더 부르자.

제2장. 디지털 놀이 실행하기 195

유치원 바깥놀이터와 체험 놀이장에서 즐겁게 놀이하는 유아들

02. 놀이의 전개

✏️ '기분이 좋아지는 놀이터' 구성하기

체험 놀이장에서 놀이하던 유아들은 상상블록을 활용하여 놀이터를 구성하기 시작했다.

유아1	미끄럼틀 타기 위해 건너가는 곳이야.
유아2	이건 킥보드! 킥보드 타는 데야.
유아3	나도 같이 놀아도 돼? 재밌어 보여.
유아4	기분이 좋아지는 놀이터라고 하자!

유아들은 직접 구성한 공간을 '기분이 좋아지는 놀이터'라고 불렀고, 상상블록으로 직접 만든 놀이터에서의 놀이는 며칠간 지속되었다.

다리 건너기 놀이   킥보드 놀이

✏️ '기분이 좋아지는 놀이터' VR로 체험하기

기분이 좋아지는 놀이터는 교실에서도 연계·지속되었는데 상상블록을 구성하는 방법에 따라 시시때때로 모습이 변화하기도 했고, 놀이공원의 놀이기구들을 모방하기도 했다.

유아1	이건 회전목마야!
유아2	여기는 바이킹입니다~
유아3	진짜 놀이기구였으면 좋겠다. 진짜로 돌아가면 더 재밌을 것 같아.

자신들이 구성한 놀이터가 실제 놀이공원이었으면 좋겠다는 의견에 교사가 VR을 제공했고, 유아들은 VR 영상을 감상하며 기분이 좋아지는 놀이터에서 놀이했다.

 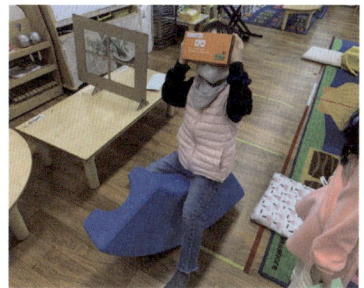

회전목마 놀이   VR 롤러코스터 놀이

유아1   오! 진짜 놀이기구 타는 것 같아!

유아2   와! 진짜 재밌다!

유아3   선생님, 이거 회전목마도 할 수 있어요?

03. 놀이의 확장

✏️ 'VR 상상 놀이터'에 친구들을 초대해요

유아들은 VR을 활용한 놀이터 놀이를 '상상 놀이터'라고 이름 붙였고, 교실을 놀이공원처럼 구성하여 친구들을 초대했다.

유아1   어서 오세요. 여기는 상상 놀이터입니다.

유아2   입장 팔찌입니다.

유아3   이거(VR) 쓰면 진짜 놀이기구 같아!

유아4   우와, 이거 진짜 신기하다.

VR 상상 놀이터 매표소

초대받은 유아들도 VR을 착용한 채 상상 놀이터의 놀이기구들을 즐겼고, '진짜 같은 놀이공원'이었다는 평가를 듣고 매우 뿌듯해했다.

키 재는 곳

VR 상상 놀이터에서 VR체험을 하는 유아들

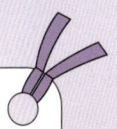

교사의 놀이 이야기

유아들은 상상블록을 활용하여 놀잇감과 놀이공간을 자유롭게 구성하여 놀이했다. 유아들의 경험에 따라 기존의 공간을 모방한 놀이터가 만들어지기도 하고, 새로운 공간이 탄생하기도 했다. 유아들은 놀이를 하면서 차츰 놀이공원을 모방한 놀이기구들을 만들었고, 자신들이 만든 것이 '진짜 놀이기구였으면 좋겠다'고 표현했다. 이러한 유아들의 표현을 듣고 처음에는 놀이공원 영상을 제공할까 고민하다가 'VR'을 떠올리게 됐다. 유아들에게 영상물을 제공하는 것이 적절할지에 대한 고민, 유아 신체 발달에 맞는 헤드기어가 있을지에 대한 걱정, 적합한 영상이 있을지에 대한 걱정 등이 밀려왔지만 "진짜 실감 나는 놀이를 지원하자"라는 생각으로 놀이공원 VR 영상과 카드보드를 제공했고, VR 상상 놀이터 놀이는 폭발적인 인기를 끌며 한참 지속되었다.

영상물을 유아들에게 제공하는 것에 대한 걱정과 우려는 늘 있다. VR 영상을 제공할 때는 선정적인 영상은 아닌지, 적절한 길이인지 등 고려해야 할 사항이 많아서 교사가 필히 시범적으로 선별하는 과정이 필요하다. 또, VR을 착용하고 놀이할 때는 VR 착용 유아의 안전을 위해 교사가 주의 깊게 살펴야 하는데, 미러링 기능으로 유아가 시청하고 있는 화면을 함께 보며 지원해주는 것이 적절하다. 가장 중요한 점은 놀이의 과정에서 VR을 제공하기 전에는 영상시청과 관련된 안전교육을 필수로 진행한다는 점이다.

유아의 놀이 속 배움과 성장

- **신체운동·건강 > 신체활동 즐기기**
  적절한 신체활동은 기분을 좋게 한다는 것을 알고 즐기며 놀이했다.

- **의사소통 > 듣기와 말하기**
  놀이공원에서의 경험을 떠올리며 상상 놀이터에서의 역할을 맡아 친구들에게 놀이기구를 소개했다.

- **예술경험 > 예술 감상하기**
  VR을 통해 다양한 영상을 감상하며 상상하기를 즐겼다.

- **자연탐구 > 생활 속에서 탐구하기**
  VR을 사용해 보며 가상이지만 실제처럼 느껴진다는 것에 관심을 가졌다.

언플러그드 놀이

: 컴퓨터 없이 놀이해요

언플러그드 놀이

③⓪ 데이터로 그리는 그림

 놀잇감
종이테이프, 방향 카드, 주사위, 장애물 카드, 게임말, 종이, 채색 도구

 What is "언플러그드"
'언플러그드'라는 말은 '언플러그드 컴퓨팅'을 줄여 부르는 말입니다. 즉 '컴퓨터의 플러그를 뽑다'라는 뜻으로 컴퓨터 없이 이루어지는 놀이를 의미합니다. 코딩로봇, 3D펜, AI 카메라 등은 모두 언플러그 놀이에 해당합니다. 교사는 유아들의 컴퓨팅적 사고력 증진과 문제 해결 경험을 지원하기 위해 AI 콘텐츠, 온라인 플랫폼 등의 플러그드놀이를 진행하다가 언플러그드놀이로 확장하여 제공할 수 있습니다.

01. 놀이의 시작

보드게임놀이 l

코딩로봇놀이를 하는 유아들은 코딩을 할 때 필요한 조건, 방향, 순차 등이 있다는 걸 알게 되었고, 코딩로봇에게 방향을 제시하는 것에 어려움을 느끼는 모습을 보고 교사는 언플러그드 놀이로 보드게임을 계획하여 진행했다.

유아1	내가 게임말을 할래!
유아2	그래, 그럼 내가 출발에서 도착까지 방향카드를 놔줄게!
유아3	나는 방향 카드를 놔줄게!
유아4	좋아! 그럼 내가 게임말을 할게!

보드게임 놀이

방향을 제시하는 유아들은 출발선에서 장애물을 피해 도착선까지 갈 수 있게 방향 카드를 제시했다.

교사	(출발 악기로 신호를 주며) 출발!
유아2	친구가 제시해준 방향으로 움직이니까 도착선 까지 왔어요.
유아4	재미있어요.

02. 놀이의 전개

 보드게임놀이 II

보드게임 놀이를 해본 유아들은 교사에게 보드게임을 할 수 있는 놀잇감을 제공해달라고 이야기했다. 이에 교사는 종이테이프로 보드게임판을 만들어 주었고, 게임말, 장애물, 방향 카드, 주사위를 제공해 주니 유아들은 게임말을 정해 보드게임 놀이를 했다.

유아1	가위, 바위, 보로 순서를 정하자!
유아2	그래~ 좋아! 가위, 바위, 보

유아들은 게임판에 장애물을 사이좋게 놓았다.

유아3	주사위를 던질게! (숫자3이 나오자) 방향 카드 3장 뽑을게! (뽑은 카드 방향을 보며) 게임 말을 움직여 볼게!
유아1	내 차례야! (숫자5가 나오고 방향 카드 5장을 뽑는다) 방향 카드 나오는 대로 이동해볼게!
유아2	이번엔 내 차례!

유아들은 보드게임 놀이를 지속했다.

유아1	어? 방향 카드대로 가면 장애물이 나오는데 어쩌지?
유아2	선생님께 물어보자!
유아1	선생님 방향 카드대로 가면 장애물이 나오는데 어떻게 해요?

교사	그럼 다음번에 다시 주사위를 던져서 나온 숫자대로 방향 카드를 뽑아볼까?
유아1	네~
유아2	그럼 내 차례! 오예! 나 거의 도착점에 도착할 것 같아!
유아1	안돼! (주사위를 던지며) 방향 카드 한 개다! 근데 똑같은 방향이야.
유아2	그럼 다시 내 차례! 야호 나는 도착! 내가 이겼다.
유아1	선생님! 다른 언플러그드 놀이도 하고 싶어요.
교사	그래? 다른 언플러그드 놀이도 계획해서 다시 알려줄게.

보드게임 놀이

03. 놀이의 확장

 데이터로 그림을 그려볼까?

보드게임을 재미있게 하던 유아들은 다른 언플러그드 놀이를 하고 싶다고 이야기했고, 교사는 '언플러그드 놀이(데이터로 그림을 그려볼까?)'를 계획하여 유아들에게 제공했다.

교사	우리는 그림을 그릴 때 생각을 해서 그리는데 컴퓨터는 어떻게 그림을 그릴까?
유아	음! 사람들이 마우스로 그림을 그려요.
교사	컴퓨터가 그림을 그리는 방법은 수많은 네모 칸을 나누고 칸에 있는 숫자의 규칙을 통해 그림을 그린다고 해! 또 컴퓨터가 이해할 수 있는 형태로 숫자나 모양으로 바꾼 것을 데이터라고 한단다. 그럼 데이터를 보고 그림을 그려볼까?
유아들	네~

유아들은 데이터를 보며 그림을 그려본다.

유아1	내가 데이터를 만들어 볼게! 내가 만든 데이터로 그림을 그려봐!
유아2	알겠어!

유아들은 자신만의 데이터를 만들어 그림을 그리며 놀이를 지속했다.

 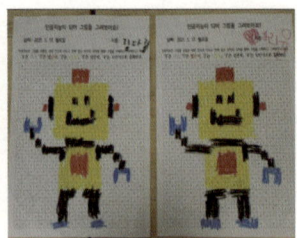 

데이터로 그림그리기   데이터로 만든 그림   유아들이 만든 데이터 그림

교사의 놀이 이야기

코딩 로봇 놀이를 하던 유아들이 방향, 순차 등을 이해하기 어렵고 헷갈린다고 이야기하였다. 이에 교사는 유아들에게 보드게임 방식으로 방향과 순차를 이해할 수 있도록 놀이 활동을 계획하여 진행하였고, 자유놀이 시간에 종이테이프, 게임말, 방향 카드, 주사위 등을 제공하였더니 유아들 스스로 보드게임을 하면서 방향과 순차를 익혔다. 또한 컴퓨터에 다양한 데이터가 있다는 걸 알게 된 유아들은 '컴퓨터 없이 스스로 데이터를 만드는 언플러그드 놀이'를 통해 데이터가 무엇인지 자연스럽게 알게 되었고, 자신만의 데이터를 만들며 놀이를 지속했다.

언플러그드 놀이로 진행될 수 있는 다양한 활동들이 있다. 방향과 순차 등을 알아보는 언플러그드 놀이로 보드게임뿐만 아니라 DDR, 화살표를 따라가기 등 다양한 놀이로 지원을 할 수 있다. 또 다른 언플러그드 놀이로는 컴퓨터 되어보기, 데이터 만들어 보기 등을 제공해 줄 수 있다. 언플러그드 놀이를 계획할 때는 유아의 흥미를 고려하여 수준과 발달에 맞게 계획하여 지원하는 것이 좋다.

유아의 놀이 속 배움과 성장

- **의사소통 > 듣기와 말하기**
  언플러그드 놀이에 대해 이해하고, 마우스 및 데이터 등 상황에 적절한 단어를 사용하여 말했다.
  진행되는 놀이 상황에 따라 자신의 생각을 친구에게 정확히 말하며 놀이했다.

- **사회관계 > 더불어 생활하기**
  친구와 함께 사이좋게 놀이했다.

- **자연탐구 > 탐구과정 즐기기**
  다른 언플러그드 놀이에 대해 궁금증을 가지며, 데이터 그림 놀이에 즐겁게 참여했다. 언플러그드에 대해 지속적으로 호기심을 가지며 자신만의 데이터 그림을 그리면서 놀이했다.

- **자연탐구 > 생활 속에서 탐구하기**
  물체의 위치와 방향을 알고 방향 제시 카드에 따라 게임말을 움직이며 놀이했다.

언플러그드 놀이

㉛ 알고리즘이 뭐예요?

 놀잇감
블록봇, 도화지, 연필, 채색도구

 What is "알고리즘"
어떤 문제를 해결하기 위해 필요한 절차, 방법, 명령어들을 모아놓은 것이라고 할 수 있습니다. 같은 문제를 해결하려고 하더라도 알고리즘을 어떻게 구성하는지에 따라 오래 걸리거나 오류가 발생할 수 있으므로 효율적이고, 명확하게 만드는 것이 중요합니다.

01. 놀이의 시작

블록봇 놀이

교사는 유아들에게 코딩로봇인 블록봇을 제공하며 사용하는 방법을 소개하였고, 유아들은 블록봇을 이용한 놀이를 했다.

유아1	나는 로봇을 만들어 볼 거야!
유아2	그래, 그럼 우리 같이 만들어 보자. (만든 후) 그런데 왜 안 움직이는 거지?
유아3	선생님께서 배터리블록과 블루투스블록을 같이 연결해야 한다고 하셨어!
교사	배터리블록과 블루투스블록, 모터블록을 다시 한번 연결해볼까?
유아2	네. (연결이 된 후) 내가 만든 로봇 블록이 움직여!

블록봇 연결하는 방법에 따라 연결하여 놀이하기

유아들은 자유롭게 블록봇으로 만들고 싶은 로봇, 공룡 등을 만들어 블루투스 리모컨으로 조종하며 놀이하다가 "조종할 수 있는 리모컨이 없을 땐 어떻게 로봇을 움직일 수 있을까?"라는 궁금증을 가졌다.

유아1	나는 공룡악어로봇을 만들었어.
유아2	움직여봐!
유아1	내가 오른쪽으로 움직여 볼게!
유아3	그래, 그런데 만약 이 조종하는 리모컨이 없으면 어떻게 움직일 수 있을까?
유아4	안 움직이겠지.
유아1	근데 리모컨이 없어도 움직이는 로봇이 있잖아.
유아2	선생님께 물어보자.

직접 만든 블록봇으로 놀이하기

TIP 블록봇 놀이하는 방법은?

배터리블록, 블루투스블록, 모터블록을 연결하여 로봇을 만든 후 블루투스 리모컨과 연결하여 놀이하는 블록입니다.

1. 배터리블록(빨간색), 블루투스블록(노란색)을 연결하여 전원을 켠다.
2. 블루투스블록(노란색)에 모터블록을 연결한다.
3. 다양한 블록으로 조립하여 완성한 후 블루투스 리모컨과 연결한다.

02. 놀이의 전개

알고리즘 만들기

유아들은 리모컨이 없어도 로봇이 움직일 수 있을지에 대해 궁금해했고, 교사는 이를 놀이 지원활동으로 계획했다. 유아들이 가장 쉽게 생각할 수 있는 순서가 무엇일지 생각하다가 유치원에 등원한 후 해야 할 일을 알고리즘으로 만들었다.

유아1	우리가 등원하면 제일 먼저 하는 게 뭐지?
유아2	가방에서 물통이랑 출석 카드를 꺼내지!
유아1	맞다! 다음으로 체온 체크를 하잖아.
유아3	체온 체크 전에 물통은 바구니에 먼저 정리하잖아.
유아1	그럼 천천히 순서대로 적어 보자.
유아2	그래. 좋아.

유아들이 완성한 등원 알고리즘을 교사에게 보여준다.

교사	우와! 정말 잘 만들었다. 근데 여기에 약이 있거나 선생님께 내야 하는 종이가 있을 때 어떻게 하면 좋을까?
유아1	그럼 약이 있을 경우를 추가하면 돼요.
교사	그럼 추가해서 만들어 볼까?
유아2	네!

등원하는 과정 적어보기

유아들이 만든 등원 알고리즘

03. 놀이의 확장

 우리가 만든 등원 알고리즘

유아들이 만든 등원 알고리즘을 교실 벽면에 게시를 해두자 유아들은 등원할 때마다 알고리즘을 보며 절차에 따라 정리를 하고 놀이를 했다.

유아1	우리가 만든 등원 알고리즘이 여기에 붙어 있네!
유아2	와~! 우리가 만든 알고리즘 순서를 보며 정리해볼까?
유아3	좋아!

유아들은 등원하는 친구들에게 등원 알고리즘을 가리키며 정리하라고 말했다.

유아들이 알고리즘을 자유롭게 만들 수 있도록 종이를 제공하니 양치질, 점심식사 등 다양한 알고리즘을 만들어 놀이했다.

 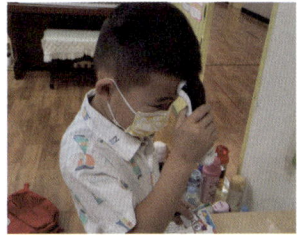 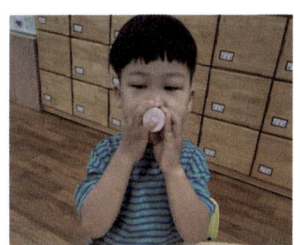

출석 카드 숫자 적기   체온 체크하기   오전 간식 마시기

유아들이 만든 '등원 알고리즘'으로 놀이하기

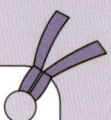

교사의 놀이 이야기

움직이는 로봇을 좋아하는 만5세 유아들에게 블록봇을 제공해 주자 유아들은 놀이 방법에 맞게 연결하여 로봇, 공룡을 만들며 신나게 놀이했다. 유아들은 자신이 만들고 싶은 디자인으로 만들어 놀이하다가 "조종하는 리모컨이 없다면 로봇이 어떻게 움직일까?"에 대해 궁금증을 가지게 되었다. 이에 교사는 "리모컨이 없어도 움직이는 로봇, 즉 알고리즘(명령)으로 움직이게 하는 방법"을 놀이지원활동으로 계획하여 지원했다. 알고리즘 자체가 어렵지 않을까, 걱정이 되었지만 만5세 유아들에게 알고리즘 예시(통학버스 탑승 방법, 의자 정리 방법 등)를 설명하니 "순서네요"라고 대답하며 맥락을 이해하는 모습을 보였다. 유아들이 '등원 알고리즘'을 만들 때 교사가 언어적 지원(만약 가방 안에 약이 있거나 쪽지가 있을 때는 어떻게 해야 할까? 등)을 해주었다. 유아들은 자연스럽게 의논하고, 순서를 추가하며 알고리즘을 만들어 냈다.

유아들과 알고리즘에 대해 알아볼 때는 '순서가 있는 일상적인 생활'에 대한 내용을 사례로 이야기하는 것이 좋고, 유아들이 알고리즘 놀이에 익숙해진다면 앞으로 하고 싶은 놀이를 계획할 때 알고리즘을 설정하는 방법으로 계획하는 것도 좋다.

유아의 놀이 속 배움과 성장

- 의사소통 > 듣기와 말하기
  블록봇과 알고리즘에 대해 궁금한 것을 친구들과 자유롭게 이야기 나누었다.

- 의사소통 > 읽기와 쓰기에 관심 가지기
  생각하는 것(등원하는 방법)을 쓰기로 표현했다.

- 사회관계 > 더불어 생활하기
  알고리즘에 따라 실행했다.

- 자연탐구 > 탐구과정 즐기기
  블록봇과 알고리즘에 대해 알아보았다.

- 자연탐구 > 생활 속에서 탐구하기
  블록봇을 이용해서 놀이를 했다.
  우리의 일상생활을 순서화하여 알고리즘에 따라 생활했다.

언플러그드 놀이

㉜ 인공지능이 되어보자

☑ **놀잇감**
전자칠판, Auto draw, 인공지능로봇 판넬, 색연필, 그림 도안, 종이

☑ **What is "인공지능"**
인공지능이란 인간의 지능이 가지는 학습, 추리, 적응, 논증 등의 기능을 갖춘 컴퓨터 시스템을 전문가 시스템, 자연 언어의 이해, 음성 번역, 로봇 공학, 인공 시각, 문제 해결, 학습과 지식 획득, 인지 과학 등에 응용하여 사용하는 것을 말합니다.(출처 : 네이버 국어사전)

01. 놀이의 시작

 오토드로우 놀이하기

유아들이 오토드로우를 이용하여 그림을 그리며 인공지능에 대한 이야기를 나눴다.

유아1	선생님 여기 거미랑 거미줄 그렸어요.
교사	멋있는데?
유아1	여기 거미를 그렸는데 인공지능이 거미줄도 같이 찾아준 거예요.
교사	그랬구나. 신기하다.
유아2	인공지능은 어떻게 다 찾을 수 있어요?

오토드로우 거미 그리기

02. 놀이의 전개

 언플러그드 오토드로우 놀이

유아들이 인공지능에 관심을 보여 인공지능이 어떻게 학습하게 되는지 궁금해했다. 한 유아가 인공지능이 되어 유아들이 즐겨 놀이하던 오토드로우 놀이를 진행했다.

제2장. 디지털 놀이 실행하기

유아1   나는 인공지능이야. 나에게 그림을 그려달라고 해봐.

유아2   인공지능아, 그림을 그려줘.

(종이에 작은 하트를 그려서 인공지능에게 전달한다.)

유아1   잠깐만 기다려. 여기 있습니다.

(인공지능이 하트에 날개를 달아서 전달한다.)

유아2   우와, 예쁜 하트가 나왔네.

유아1   다른 사람도 오세요.

인공지능 되어보기

유아들은 인공지능이 되어 친구들이 그린 그림을 더욱 섬세하게 바꿔주었다.

  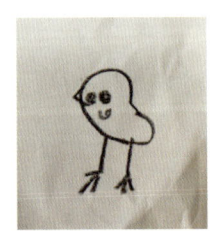 

인공지능이 되어 그려준 그림

03. 놀이의 확장

인공지능 놀이

인공지능 오토드로우 놀이를 하던 유아들은 또 다른 언플러그드 놀이를 하고 싶어 했다.

유아1	선생님 인공지능 놀이를 할 때 또 다른 것도 해보고 싶어요.
교사	어떤 것을 하고 싶니?
유아1	날씨를 알려주는 인공지능이 되어보고 싶어요.
교사	재미있겠다.
유아1	안녕, 나는 날씨를 알려주는 인공지능이야.
유아2	인공지능아, 오늘의 날씨 알려 줘.
유아1	오늘의 날씨는 흐림입니다.

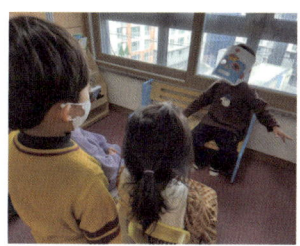  

인공지능 놀이 모습

교사의 놀이 이야기

'오토드로우'가 '머신러닝'을 기반으로 진행된다는 것을 유아들이 이해하기에 조금 어려울 수 있지만 유아들은 어른들이 생각하는 것보다 단순하게 인공지능의 개념을 받아들였고, 자신들이 이해한 내용으로 놀이를 시작하였다. 인공지능이 스스로 학습하고 지식을 얻는 과정이 사람이 학습하고 지식을 얻는 과정과 비슷하다고 받아들였고 자신들이 이해한 대로 인공지능 놀이를 이어나갔다. 물론 미래형 교육과정이 유아들에게 인공지능의 개념을 가르치는 것은 아니다. 인공지능 개념이 포함된 놀이를 경험하고 그 과정이 유아들의 배움으로 연결되는 것이다. 그러나 유아는 '왜'라는 호기심으로 세상을 알아가는 존재이므로 호기심을 탐구하는 과정에서 다양한 사회적 지식, 물리적 지식을 습득하게 된다. AI(인공지능)가 어떻게 사람처럼 생각하고 판단하고 정보를 주는지 너무도 궁금한 것이 많은 우리 아이들은 놀이를 하며 궁금한 것을 하나하나 채워가기 시작했다.

보통 인공지능 놀이를 할 때 플러그드 놀이를 통해 인공지능을 이해하는 경우가 많지만 언플러그드 놀이를 통해서도 인공지능에 대한 이해를 높일 수 있다. 유아들이 관심과 흥미가 유지된다면 플러그드와 언플러그드를 넘나들며 다른 방법, 다른 경로, 다른 속도로 경험하며 세상을 알아가고 이해하게 될 것이다.

유아의 놀이 속 배움과 성장

- 의사소통 > 듣기와 말하기
  내가 만약 인공지능이라면 말하고 싶은 것을 표현했다.

- 예술경험 > 창의적으로 표현하기
  인공지능이 되어 친구들에게 인공지능이 생각한 그림들을 그려주었다.

- 자연탐구 > 탐구과정 즐기기
  인공지능에 대해 호기심을 가졌다.

온라인플랫폼을 활용한 디지털 놀이

: 따로 또 같이 놀아요

온라인플랫폼

33 나는야, 개미 박사님

☑ **놀잇감**
ZOOM, 개미굴 세트, 개인용 화이트보드판, 보드마카, 보드마카지우개

☑ **What is "ZOOM"**
ZOOM은 인터넷 회의를 위한 애플리케이션으로 시작된 서비스로 영상통화와 비슷합니다. 화면을 통해서 상대방을 얼굴을 보며 통화할 수도 있고, 화면공유와 채팅 기능이 있어 회의나 세미나, 강의, 연수 등에서도 많이 활용되는 프로그램입니다. ZOOM은 가입 여부와 상관없이 어느 곳에서든 스마트폰이나 컴퓨터로 접속할 수 있습니다.

01. 놀이의 시작

✏️ **개미를 발견했어요**

유아들은 바깥놀이터에서 놀이하던 중 우연히 노린재, 공벌레를 발견했다. 또 다른 곤충이 있는지 살펴보던 유아들은 땅속을 드나드는 개미를 보며 개미에 호기심을 가졌다.

유아1	야, 이리 와 봐, 여기 개미들이 다닌다.
유아2	진짜네? 개미들이 땅속에서 나오고 있어.
유아3	개미굴인가 봐.
유아2	개미 다리 많다.
유아3	개미 다리 6개나 있어.
유아1	개미 몸을 자세히 보니 동글동글 해.

개미를 발견한 유아들

유아들은 바깥놀이터에서 개미굴을 찾으며 개미에 대한 호기심이 생겼고, 개미의 생김새, 종류 등에 대해서도 관심이 높아졌다. 유아들은 교실로 돌아와서 블록으로 개미의 모습을 표현해 보기도 하였고, 교사가 제공해 주는 자료를 활용하여 개미 놀이를 했다.

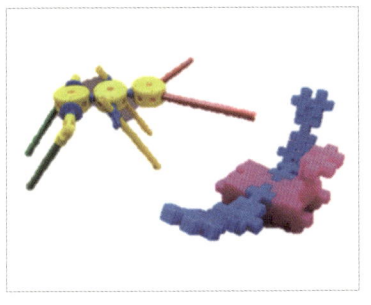
유아들이 블록으로 만든 일개미와 수개미

개미 역할놀이를 하는 모습

02. 놀이의 전개

 개미집은 어떻게 생겼을까?

바깥놀이를 나갈 때마다 유아들은 개미를 찾기 바빴다. 유아들은 개미가 기어가는 모습을 자세히 관찰하기도 했고, 개미가 땅 속을 드나드는 것을 신기해했다.

유아1	개미가 왜 자꾸 땅속으로 들어가는 걸까?
유아2	땅속에 집이 있나 봐.
유아3	땅속에 집을 어떻게 만들지?

유아들의 궁금증을 해결하기 위해 교사는 '개미굴 만들기 키트'를 지원했다. 교실에 개미가 생기고 나서 유아들은 개미에 대해 더욱 관심이 높아졌다. 그러나 개미는 쉽사리 굴을 파지 않았고, 개미를 관찰하고 싶은 유아가 많아지면서 개미를 서로 보겠다며 큰소리를 내거나 책상을 쿵쿵 두드리자 개미의 움직임이 빨라졌다.

유아들이 관찰하는 개미들

유아1   개미들이 왜 이렇게 빠르게 움직이지?

유아2   개미들이 스트레스를 받았나?

유아3   선생님이랑 개미에 대해서 알아봤을 때, 개미는 불안하면 굴 안 판다고 했잖아.

유아들은 개미가 안정감을 느껴야 굴을 파기 시작한다는 것을 알고 개미를 관찰할 때 지켜야 할 규칙을 정했다.

유아들은 개미를 관찰하면서 개미의 생김새뿐만 아니라 여왕개미와 여왕개미를 지키는 개미, 굴을 파는 개미 등 개미들의 역할이 나누어져 있다는 것을 알게 되었다.

유아들이 알게 된 개미의 특징들

 03. 놀이의 확장

 향기반 개미 골든벨 퀴즈 대회

유아들의 개미에 대한 관심은 같은 연령 다른 반에게도 옮겨졌고, 서로 알게 된 개미에 대한 지식을 누가 더 많이 아나 견주고 싶어 했다.

유아1	선생님, 우리 이제 개미 박사님 된 것 같아요.
교사	그래? 정말 대단한데?
유아1	그런데 풀향기반에서도 개미에 대해 알아보고 있대요.
유아2	아마 우리가 더 잘 알걸?
유아3	맞아. 우리가 개미에 대해 더 잘 알지.
유아4	풀향기반이랑 대결해 볼까? 누가 개미에 대해 더 잘 아는지!
유아5	그런데 어떻게 만나?
유아1	재능마당처럼 화면으로 만나면 되지!

그리하여 '향기반 개미 골든벨 퀴즈 대회'가 열렸다. 코로나 때문에 함께 모일 수 없었던 각 반의 유아들은 온라인 플랫폼인 ZOOM을 통해 비대면으로 만나 참여했다. 이후 유아들은 개미들이 굴 안에 갇혀 있는 것을 안타까워하고, 개미들을 모두 유치원 바깥놀이터에 놓아주었다.

ZOOM을 통해 다른반과 만나는 모습 　　우리반 최후의 2인 　　'개미 박사상'을 수여받은 어린이들

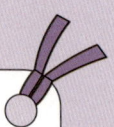

교사의 놀이 이야기

　예고 없이 찾아온 코로나19는 유치원에도 많은 변화를 만들었다. 유아들의 놀이 및 활동공간에 제약이 생겼고, 다른 반에서 지내는 친구나 형님, 동생들과 대면으로 만나는 것 또한 어려워졌다. 코로나19 이전 유치원에서는 미니올림픽을 개최하여 다른 반 친구들과 경기도 하고, 함께 모여 공연을 보는 등 다양한 활동을 즐겼는데 대면으로 했던 놀이, 활동, 행사를 할 수 없었다.

　그렇지만 함께 모일 수 있는 방법은 있다. 바로 ZOOM 화상회의 프로그램이 있기 때문이다. 디지털 매체를 활용한 활동의 좋은 점은 공간이 달라도 함께 만날 수 있다는 것이다. 오프라인 행사의 복잡함과 불편함이 없는 온라인 만남은 간소하고, 단순하다.

　만 4세반 세 학급이 함께 개최한 '개미 골든벨'은 한 공간에서 함께 모이지 못하는 아쉬움도 있었지만 'ZOOM'이라는 온라인 플랫폼을 활용하여 다른 반 친구들과 함께 화면으로 만나는 즐거운 행사였다.

　*ZOOM의 경우 기본 인원과 시간이 초과하면 유료로 이용해야 하지만, '네이버웨일'은 인원과 시간에 상관없이 무료 사용이 가능하다.

유아의 놀이 속 배움과 성장

- **의사소통 > 읽기와 쓰기에 관심 가지기**
  '개미'와 관련된 퀴즈를 듣고 정답을 이야기 했다.
- **사회관계 > 더불어 생활하기**
  개미를 관찰할 때 지켜야 할 약속을 정하고 약속을 지키며 개미를 관찰했다.
- **자연탐구 > 탐구과정 즐기기**
  개미에 대해 관심을 갖고 궁금한 것을 해결하기 위한 과정에 참여했다.
- **자연탐구 > 생활속에서 탐구하기**
  ZOOM이라는 온라인플랫폼을 통해 다른 반 친구들과 만나는 경험을 했다.
- **자연탐구 > 자연과 더불어 살기**
  '개미'를 관찰하는 것에 그치지 않고 개미를 자연으로 돌려보냈다.

온라인플랫폼

34 숲속반 온라인 음악회

 놀잇감
ZOOM, 스마트폰, 삼각대, 마이크, 놀이 사진

 What is "ZOOM"
ZOOM은 인터넷 회의를 위한 애플리케이션으로 시작된 서비스로 영상통화와 비슷합니다. 화면을 통해서 상대방의 얼굴을 보며 통화할 수도 있고, 화면공유와 채팅 기능이 있어 회의나 세미나, 강의, 연수 등에서도 많이 활용되는 프로그램입니다. ZOOM은 가입 여부와 상관없이 어느 곳에서든 스마트폰이나 컴퓨터로 접속할 수 있습니다.

01. 놀이의 시작

종이컵 놀이

교실에 많은 종이컵이 제공된 이후 유아들은 종이컵을 활용하여 다양한 놀이를 했다.

유아1	선생님 이거 보세요! 뱀 같지요!
유아2	하늘에서 종이컵이 내린다!!
유아3	나는 종이컵 코끼리야~
유아4	선생님 키만큼 종이컵 쌓을 거야!

종이컵으로 만든 코끼리 코

유아들은 종이컵이라는 한 가지 소재만으로도 창의적인 여러 놀이를 했다. 서로의 놀이를 보며 따라 해보기도 하고, 재미있는 놀이는 친구에게 소개하기도 하며 종이컵 놀이는 며칠간 지속되었다.

종이컵을 활용한 다양한 놀이들

02. 놀이의 전개

✏️ '종이컵 놀이' 노래 개사하기

유아들은 〈종이컵 놀이〉 노래를 감상한 후 우리가 놀이한 내용으로 개사하였고, 새롭게 만든 노래를 다른 반 친구들에게도 들려주고 싶어 했다.

유아1	사슴반이랑 다람쥐반 친구들한테도 알려주고 싶어요.
유아2	우리가 바꾼 노래라고 알려줬으면 좋겠어요!
교사	코로나19가 심한 상황이라 우리가 모두 함께 모이기는 조금 어려울 것 같은데.. 어떻게 하면 좋을까?
유아3	재능마당처럼 텔레비전으로 만나면 되잖아요.
교사	아~ 좋은 생각이다. 재능마당처럼 ZOOM을 통해서 온라인에서 모여서 노래를 들려줄 수 있겠다.

유아들이 개사한
'종이컵 놀이' 가사판

유아들의 의견에 따라 숲속반 친구들에게 함께 음악회를 열자고 제안하였고, ZOOM을 통해 모이게 됐다.

*우리 유치원에서는 월 1회 '재능마당'을 진행하고 있다. 각 학급은 ZOOM을 통해 온라인으로 참여하고 있기 때문에 유아들은 실시간 화상 미팅에 익숙하게 참여한다.

숲속반 온라인 음악회

유아1   〈종이컵 놀이〉 노래할 거니까 종이컵 놀이 어떻게 했는지도 소개하고 싶어요.
유아2   재미있었던 거 알려주자!

'숲속반 온라인 음악회'를 앞두고 '종이컵 놀이'도 소개하고 싶다고 하여 노래를 불러주기 전 유아들의 다양한 종이컵 놀이를 소개하기도 했다.

온라인 음악회에 　　　놀이 사례 공유하기 　　　실제 온라인 만남이
참여하고 있는 유아들　　　　　　　　　　　　　진행 중인 ZOOM화면 캡쳐본

03. 놀이의 확장

온라인 퀴즈 놀이

숲속반 온라인 음악회 이후, 다른 반 친구들에게 공유하고 싶은 것이 생기거나 함께 놀이하고 싶을 때 유아들은 종종 ZOOM을 틀어달라고 이야기하며 온라인에서의 모임

에 자연스럽게 참여했다.

유아1   선생님! 제가 그린 거 다른 반 친구들 보여줄래요.
유아2   그림 퀴즈 놀이하면 재미있겠다.
유아3   ZOOM으로 틀어주세요!

ZOOM을 통해 다른 학급과 그림 퀴즈 놀이를 하고 있는 유아들

> **TIP ZOOM을 통한 음악회, 어떻게 하지?**
>
> ZOOM에서 '소리 공유' 기능을 통해 음악을 틀어 놓고 노래를 부르게 된다면 시간 차이 때문에 돌림 노래처럼 들리게 되어 올바른 음악감상이 어렵습니다. 반주에 맞춰 함께 노래를 부르거나 들려주어야 할 때는 마이크에 반주 소리가 함께 들어갈 수 있도록 하는 것이 좋습니다.

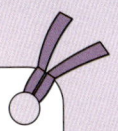

교사의 놀이 이야기

　ZOOM이나 네이버 웨일온을 통한 온라인 실시간 비대면 화상회의는 코로나19 발생 이후 원격수업 때 처음 사용하게 되었다. 유아들 역시 원격수업에서 처음으로 비대면 활동을 경험했는데, 교사와 유아들 모두 생소하여 어려워했었던 것 같다. 등원 수업이 시작된 이후에는 전체 원아들이 함께 참여하는 월 1회의 모임에서만 온라인 실시간 비대면 화상회의를 경험할 수 있었다. 월 1회라는 횟수가 매우 적은 것 같지만, 이것 역시 누적되다 보니 유아들은 비대면 온라인 모임을 익숙하고 자연스러운 것으로 생각하기 시작했고, 앞의 놀이 사례처럼 다른 학급과의 대면이 어려운 경우에 활용할 수 있게 되었다.

　학급의 전체 원아가 모두 함께 온라인 화상회의에 참여할 때는 개별 유아들 간의 소통이 어렵다는 단점이 있긴 하지만 각 학급의 놀이 사례를 소개하거나 함께 퀴즈 놀이를 하는 등의 유형에는 다 같이 참여해도 크게 무리가 없다. 자유 놀이 중 ZOOM을 활용하여 다른 학급 친구들과의 온라인 화상회의를 연결해주면 서로 다른 공간에 있더라도 소통하고 함께 놀이하는 것이 가능해진다. 개별 유아들, 소그룹 유아들 간의 온라인 화상회의를 할 때는 마이크를 준비하여 연결해주면 보다 더 명확한 소통을 도울 수 있다.

유아의 놀이 속 배움과 성장

- 신체운동·건강 > 신체활동 즐기기
  　종이컵을 활용한 신체 놀이(높이 쌓기, 모양 구성하기 등)를 즐기며 참여했다.
- 의사소통 > 듣기와 말하기
  　종이컵을 활용하여 놀이한 내용을 다른 학급 친구들에게 소개했다.
- 예술경험 > 창의적으로 표현하기
  　종이컵을 활용하여 놀이한 내용으로 노랫말을 개사했다.

온라인플랫폼

35 초등학교가 궁금해요

☑ **놀잇감**
전자칠판, AI 카메라, ZOOM, 궁금목록지, 투표용지, 투표상자

☑ **What is "ZOOM"**
ZOOM은 인터넷 회의를 위한 애플리케이션으로 시작된 서비스로 영상통화와 비슷합니다. 화면을 통해서 상대방의 얼굴을 보며 통화할 수도 있고, 화면공유와 채팅 기능이 있어 회의나 세미나, 강의, 연수 등에서도 많이 활용되는 프로그램입니다. ZOOM은 가입 여부와 상관없이 어느 곳에서든 스마트폰이나 컴퓨터로 접속할 수 있습니다.

01. 놀이의 시작

✏️ 초등학교 놀이 l

유아들은 초등학교에 가기 전 초등학교 놀이를 하고 싶다고 했다. 이에 교사는 초등학교 교실처럼 책상 배열을 바꿔 환경을 구성했다.

초등학교 놀이

유아1	우와! 교실이 정말 초등학교처럼 바뀌었어!
유아2	그러게, 정말 초등학생 형님이 된 것 같아!
유아1	우리 자리에 앉아서 그림 그리자!
유아2	좋아!

유아들은 바뀐 책상 배열에서 재미있게 초등학교 놀이를 하다가 선생님과 초등학생의 역할을 정하여 선생님 놀이를 했다.

유아1	나는 초등학생할래.
유아2	나는 선생님 역할을 할게!
유아3	그래! 그럼 나는 초등학생.

226 알수록 재미있는 교실 속 디지털 놀이

유아2	자! 여러분 오늘은 글자를 배워볼거예요! 선생님이 칠판에 쓰는 글자를 잘 보세요!
유아1, 3, 4	네!
유아2	이 글자는 무슨 글자일까요?
유아1	'사랑해'예요.

선생님 놀이

유아들은 선생님과 초등학생 역할을 정하여 놀이하다가 초등학교에서는 어떤 것들을 배우고 어떻게 생활하는지 궁금해했다.

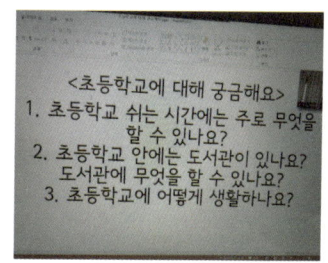

초등학교에 대해 궁금해요 목록표

유아1	근데 초등학교에 가면 어떻게 생활하게 될까? 궁금해!
유아2	맞아! 우리 선생님께 여쭤보자!

02. 놀이의 전개

✏️ ZOOM으로 초등학생 형님 만나기

유아들과 함께 초등학교 생활과 관련하여 궁금한 것들에 대해 이야기를 나눈 후 궁금한 것들을 목록표로 만들어 보았다. 교사는 졸업생에게 부탁하여 유아들과 함께 만든 궁금 목록표를 전달하였고, 유아들은 졸업생 형님과 온라인 플랫폼 ZOOM을 통해 비대면으로 만나 초등학교 생활에 대해 소통하는 시간을 가졌다.

교사	유치원을 졸업한 형님이 오늘 우리가 초등학교 생활과 관련하여 궁금했던 것을 알려주기로 했어!
유아들	정말요?
교사	그럼! 지금 코로나 때문에 유치원에 직접 방문 하는 것이 어려워 온라인 ZOOM으로

	만나기로 했어!
유아1	우와! 그럼 우리가 만든 궁금 목록표를 보고 알려주는 거예요?
교사	맞아! 자 이제 ZOOM 접속해볼게!
유아들	네!

ZOOM을 통해 졸업생과 만나는 모습

유아들과 졸업생이 온라인 플랫폼 ZOOM을 통해 비대면으로 소통을 시작했다.

졸업생	안녕? 내가 지금부터 초등학교 생활에 대해 알려줄게!
유아들	응! 고마워!
유아1	우와! 초등학교에는 많은 시설들이 있네! 우리가 다 이용할 수 있는 거야?
졸업생	그럼, 전부 쓸 수 있지!
유아2	학교에서는 장난감으로 놀이를 할 수 있어?
졸업생	아니! 쉬는 시간에 내 자리에 앉아서 친구들과 이야기를 할 수 있는데 장난감은 따로 없어!
유아들	그렇구나!

유아들은 초등학교 생활에 관련해 궁금한 것들을 졸업생에게 질문을 하여 궁금증을 해결했다.

유아들	우리가 궁금했던 초등학교 생활에 관련해서 알려줘서 고마워!

졸업생이 만든 영상보기

학교생활에 대해 질문하기

03. 놀이의 확장

초등학교 놀이 II

졸업생을 온라인 플랫폼인 ZOOM을 통해 비대면으로 만나고 난 후 유아들은 초등학교 생활에서 경험할 수 있는 다양한 이야기를 회상하며 초등학교 놀이를 지속했다.

유아1	어제 졸업생 형이 초등학교 생활에 대해 이야기해 준 거 기억나?
유아2	당연히 기억 나지!
유아1	그럼 우리 반장이랑 부반장 놀이 어때?
유아2	반장, 부반장은 투표로 정한다고 했잖아!
유아3	맞아! 투표로 정한다고 했어! 그럼 우리 선생님께 반장놀이하고 싶다고 이야기 해보자!
유아1, 2	그래! 좋아

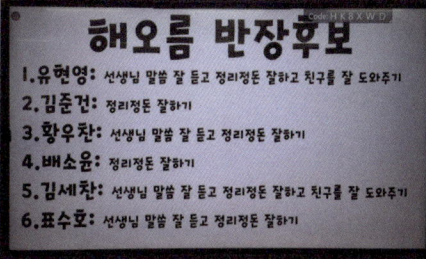

반장놀이

교사의 놀이 이야기

만5세 2학기 후반부가 되면 초등학교 진학에 대하여 유아들의 관심이 모아지고 자연스럽게 초등학교놀이가 전개된다. 교사가 교실 환경을 초등학교 교실처럼 바꿔주자 유아들의 초등학교 놀이에 대한 관심이 더욱 높아졌다. 놀이하면서 유아들이 초등학교에 대한 궁금증을 나타내었고 이에 교사는 유아들과 함께 초등학교에 대해 궁금한 사항을 목록으로 만들어 보았다.

교사는 우리 유치원을 졸업한 초등학생을 ZOOM(비대면)으로 초대하여 초등학교 진학을 앞둔 동생들의 궁금한 사항에 대해 이야기 나눌 수 있도록 기회를 제공하였다. 초등학생 선배와 유아들과의 비대면 만남이 성사되어 유아들이 궁금한 사항을 졸업생에게 물어보면서 궁금증을 해결했다. 또한 졸업생이 준비한 영상을 보면서 초등학교 생활에 대해 더 자세히 알게 되었다.

초등학생 형님과의 ZOOM(비대면) 만남 이후 유아들은 초등학교에서 하는 반장 놀이, 짝꿍 정하기 등을 하며 더욱 초등학교 놀이를 확장해 나갔다. 유아들과 초등학생의 만남이 유아들의 초등학교 놀이에 많은 도움이 되었음은 너무도 당연한 이야기이다. 유치원 졸업생이나 유아들의 형제 중에 초등학교에 재학 중인 학생에게 부탁을 한다면 진학을 앞둔 유아들이 초등학교에 대한 이해를 높이는 데 도움이 될 것이다.

유아의 놀이 속 배움과 성장

- 의사소통 > 듣기와 말하기
  졸업생 형님의 이야기를 듣고 초등학교 생활에 대해 알 수 있었다.

- 의사소통 > 읽기와 쓰기에 관심 가지기
  글자 쓰기에 관심을 갖고 글자 쓰기를 즐겼다.

- 사회관계 > 나를 알고 존중하기
  초등학생이 되었을 때 내가 스스로 할 수 있는 것에 대해 생각해 보았다.

- 사회관계 > 더불어 생활하기
  초등학교에서 지켜야 할 약속이 있음을 알게 되었다.

> 온라인플랫폼

36 우리가 만드는 디지털 놀이자료

☑ **놀잇감**
미리캔버스, 태블릿PC, 전자칠판, 프린터

☑ **What is "미리캔버스"**
미리캔버스란 다양한 템플릿과 디자인 요소, 폰트를 활용해 프레젠테이션 자료, 로고, 배너, 카드 뉴스, 썸네일, 안내문 등 여러 가지 자료를 손쉽게 만들 수 있는 디자인 플랫폼을 말합니다.

01. 놀이의 시작

 노랫말 개사하기

교사가 계절의 변화에 따라 가을에 불렀던 '예쁜 가을아, 안녕' 노랫말 판을 정리하려 하자 몇몇 유아들이 노랫말 판을 정리하지 말고 계속 부르자고 했다.

유아1	선생님! 〈예쁜 가을아, 안녕〉이 노래 너무 좋으니까 계속 부르고 싶어요.
유아2	맞아요. 정리하지 말아 주세요.
유아3	정리하지 말고 〈예쁜 가을아, 안녕〉으로 바꿔서 불러요!

유아들은 기존의 노래를 겨울철 내용에 맞게 노랫말을 바꿔부르자고 제안했다. 원하는 유아들과 함께 모여서 노랫말을 개사했다. 교사는 유아들이 개사한 내용으로 노랫말 판을 바꾸기 위해 '미리캔버스' 인터넷 창을 띄웠다.

유아1	이거 어떻게 하는 거예요?
유아2	〈예쁜 가을아, 안녕〉도 이렇게 만들었어요?
유아3	겨울이니까 눈사람 그림 붙이면 좋겠어요.
교사	음, 그럼 선생님이 노랫말을 바꿀 테니, 그림을 붙여 꾸미는 건 너희가 직접 해볼래?

교사가 스티커를 붙이는 방법을 알려주자 유아들은 금세 조작 방법을 익혀 원하는 그림 스티커를 찾아 붙이며 새로운 노랫말 판을 완성했다.

  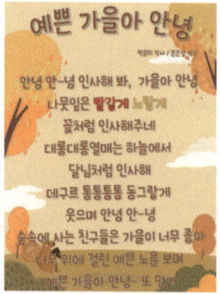 

미리캔버스를 활용하여 노랫말 판 꾸미기　　　기존 노랫말 판　　　수정한 노랫말 판

02. 놀이의 전개

붕어빵 가게 놀이

유아들은 겨울철 음식과 관련된 놀이로 붕어빵 가게 놀이를 했다.

유아1	따끈따끈한 붕어빵 드세요!
유아2	붕어빵 세 개 주세요.
유아3	네, 3,000원입니다. 어떤 맛으로 드릴까요?

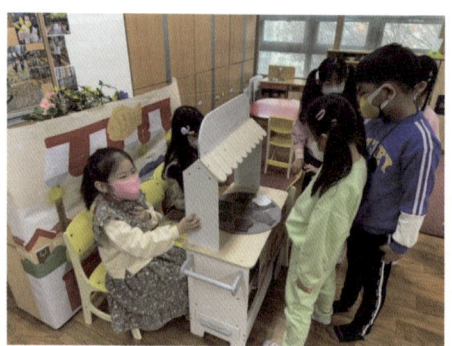 

붕어빵 가게 놀이

유아2   초코 맛이요.

유아1   여기 있습니다. 감사합니다.

붕어빵을 사 먹어 본 경험을 토대로 붕어빵 가게 놀이가 활발하게 이루어졌고, 교실 한편에 마련된 붕어빵 가게는 문전성시를 이루게 됐다.

유아1   선생님! 다른 반 친구들도 초대해서 붕어빵 가게 놀이하면 안 돼요?

유아2   겨울 음식 가게 놀이하면 재밌을 것 같아요!

교사   그럼 다른 반을 초대해서 겨울 음식 가게 놀이를 하려면 어떤 것이 필요한지 같이 생각하고 준비해 보자.

붕어빵 가게 간판에 붙은 '맛집' 표시

유아들은 점점 더 인기가 많아지는 붕어빵 판매 놀이에 즐거워하며 배달놀이까지 시작했고, 다른 반 친구들과 동생들도 초대하고 싶어 했다. 이에 겨울 음식 장터 놀이 준비를 하게 됐다.

03. 놀이의 확장

겨울 음식 장터 놀이 준비-미리캔버스로 장터 간판과 쿠폰 만들기

유아1   음식을 사 먹으려면 쿠폰이 필요해요!

유아2   간판도 있어야 돼! 간판이 있어야 찾아오지.

교사   그럼 다른 친구들이 가게를 구성하는 동안 쿠폰과 간판을 만드는 어린이들은 선생님이랑 같이 컴퓨터로 디자인해보자.

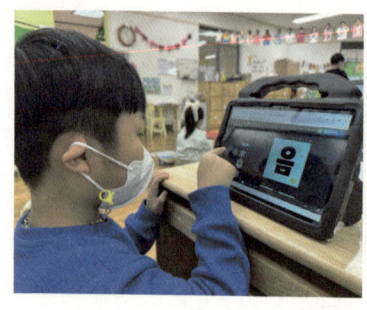 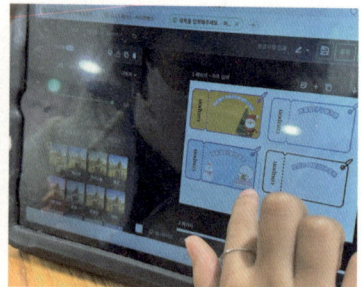

여러 음식 가게를 구성하는 사이, 쿠폰과 간판 만들기 역할을 맡은 유아들이 교사의 제안에 따라 미리캔버스를 활용하여 쿠폰과 간판을 디자인했다.

유아1   오? 선생님 이거 글씨는 어떻게 바꿔요?
유아2   두 번 누르면 바꿀 수 있어!
유아1   오 쉽다.
유아2   호빵도 파니까 호빵 그림도 붙이자!
유아3   음료수 쿠폰에는 주스 그림도 붙이고 싶어.

유아들은 미리캔버스를 통해 겨울 음식 장터의 간판과 쿠폰을 손쉽게 만들었고, 교사는 유아들이 제작한 자료를 인쇄하여 제공해 주어 음식 장터 놀이가 시작됐다.

유아들이 직접 디자인한 간판과 쿠폰

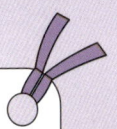

교사의 놀이 이야기

　미리캔버스는 디자인 플랫폼인 만큼 다양한 템플릿과 여러 가지 스티커, 사진을 저작권 걱정 없이 사용할 수 있어서 개인적으로 놀이자료와 활동자료뿐만 아니라 다양한 분야에서 적극적으로 활용하고 있다. 유아들과 함께 노랫말을 개사했을 때도 즉석에서 노랫말 판을 제공하고 싶어서 미리캔버스를 활용해 수정하는 모습을 보여주었다. 이때, '해보고 싶다'는 유아의 말은 '어? 유아들도 충분히 할 수 있겠다'라는 생각으로 발전했다. 처음에는 꾸미기 스티커를 붙여보도록 조작 방법을 알려주었더니 금세 적응하여 원하는 스티커를 찾아 붙이는 모습을 보고 '역시'라는 생각이 들었다. 워낙 디지털 기기 사용에 익숙하다 보니 미리캔버스의 기초적 조작도 쉽게 해내는 모습이었다.

　이후로도 유아들이 입장권 등을 실물 재료를 활용하여 만드는 것이 아니라 디지털 디자인으로 만들어 보았는데 '손쉽고, 간편하게'라는 디지털 활용의 좋은 점을 유아들 스스로 느낄 수 있었던 것 같다.

　조작이 간편한 플랫폼이라면 유아들도 충분히 활용 가능하다는 것을 느낄 수 있었고, 놀이자료 제작 시 유아들과 함께 만들어가는 것도 좋을 것 같다. 미리캔버스의 경우 큰 화면에서 제공해야 유아들이 활용하기에 수월하므로 태블릿PC나 터치가 가능한 노트북을 사용하는 것이 좋을 것이다.

유아의 놀이 속 배움과 성장

- 의사소통 > 듣기와 말하기
  음식을 사고파는 데 필요한 어휘를 적절하게 사용하며 놀이했다.
- 예술경험 > 창의적으로 표현하기
  미리캔버스를 통해 가게 간판과 쿠폰을 창의적으로 디자인했다.
  가게에서 음식을 먹어본 경험을 떠올리며 음식점 놀이를 했다.
- 자연탐구 > 생활 속에서 탐구하기
  미리캔버스라는 디자인 플랫폼을 활용하여 놀이했다.

9

기타

: 이렇게도 놀이할 수 있어요

기타-3D펜

37 가방 고리 만들기

☑ **놀잇감**
3D펜, 필라멘트, 드로잉패드, 빵끈

☑ **What is "3D펜"**
3D펜은 저온으로 필라멘트를 녹여 입체적인 작품을 만들 수 있는 기기입니다. 3D펜을 충전한 뒤 충전이 완료되면 펜 뒤에 필라멘트를 꽂아서 사용합니다. 3D펜 그림 도안 위에 드로잉패드를 올린 후 그림을 따라 그려 입체 작품을 완성할 수 있습니다.

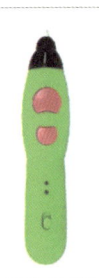

01. 놀이의 시작

✏️ **3D펜 탐색하기**

교사가 유아들에게 3D펜을 제시한 후 사용법을 알려주고 사용법을 익힌 유아들이 스스로 다양한 작품들을 만들며 놀이를 했다.

교사	선생님이 3D펜을 가지고 왔어.
유아	그게 뭐에요?
교사	3D펜으로 다양한 입체작품을 만들 수 있단다.
유아	무엇을 만들 수 있는데요?
교사	선생님이 3D펜 그림 도안을 가지고 왔거든. 원하는 그림 위에 드로잉패드를 올려놓고 따라서 그리면 돼.
유아	선생님 그러면 여기 있는 꽃을 만들어 볼게요.

3D펜 작품 만드는 모습

제2장. 디지털 놀이 실행하기　237

02. 놀이의 전개

🖉 3D펜 작품 만들기

유아들은 3D펜 사용법을 익힌 후 다양한 작품들을 만들었다. 한 유아가 본인이 만든 작품을 가져가고 싶어 하여 교사가 유아들이 만든 작품에 빵끈으로 고리를 만들어 가방에 걸어주었다.

유아1	선생님 꽃 만드는 거 색깔도 여러 가지로 할 수 있어요?
교사	그럼, 다른 색깔의 필라멘트로 바꿔서 끼우면 돼.
유아2	선생님 완성되면 집에 가져가도 돼요?
교사	당연하지. 선생님이 완성된 3D펜을 가방에 달아줄게.
유아3	선생님 저도 가방에 달아서 가져갈게요.
교사	그래, 좋아.

3D펜으로 만든 가방고리

유아들은 3D펜으로 친구들에게 줄 선물도 만들었다.

유아	선생님 저는 공룡을 만들었어요.
교사	멋진 작품을 만들었네.
유아	선생님. 이거는 친구한테 선물해줄 거예요.
교사	친구가 좋아하겠는데.
유아	3D펜 너무 재미있어요.

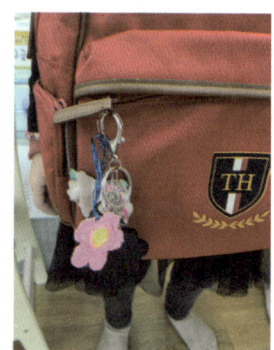

3D펜 가방고리 달고 있는 모습

03. 놀이의 확장

3D펜 입체 작품 전시회

유아들은 3D펜으로 평면 작품을 만들다가 입체작품에 관심을 갖기 시작하면서 다양한 작품들을 만들었다.

유아   선생님 이걸로 움직이는 작품을 만들 수도 있어요.
교사   어떻게 움직이게 만들 수 있어?
유아   여기 안에다가 길게 끼워서 만들면 돼요.
교사   만드는 것이 어렵지 않니?
유아   어렵지만 재미있어요.
교사   그래. 만들다가 선생님의 도움이 필요하면 얘기해 줘.

3D펜으로 입체 작품 만들기   3D펜 입체 작품 전시회

유아들은 자신이 만든 입체작품을 다른 친구들에게도 보여주고 싶어 했고, 복도에 작품을 전시하였다.

유아   선생님 제가 만든 작품을 다른 반 친구들에게도 보여주고 싶어요.
교사   어떻게 보여주면 좋을까?
유아   복도에서 전시회 하면 어때요?
교사   오, 좋은 생각이야! 그럼 먼저 각자 만든 것들을 선생님한테 보여줘. 어디에 둘 지 정하자.

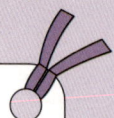

교사의 놀이 이야기

　3D펜을 처음 제시해주었을 때, 유아들은 색연필로 색칠하는 것처럼 평면 위주의 작품을 주로 만들어 놀이했는데, 3D펜 사용하는 방법이 익숙해지면서 입체작품 만드는 방법에도 관심을 가지고 만들기를 시도하였다. 평면에서 입체로 표현하는 과정에서 어려움도 있었지만 교사의 도움과 유아의 노력으로 입체작품들을 하나씩 완성해 나갔다. 3D펜은 유아들이 지속적으로 흥미를 나타내는 놀이 중 하나이므로 다양한 입체 도안을 제시해준다면 4계절 내내 재미있는 놀이를 이어 나갈 수 있을 것이다. 3D펜에 색깔심(필라멘트)을 끼우고 빼는 과정에서 고장 나기 쉬우므로 유아들에게 사용하는 방법을 구체적으로 상세하게 설명해주면 좋겠다.

　미래사회를 대표하는 테크놀로지 중의 하나인 메이커스페이스를 유아 수준에서 경험하기에 적절한 놀이가 바로 3D펜 놀이이다. 2D프린터가 활자나 그림을 인쇄하듯이, 입력한 도면을 바탕으로 3차원의 입체 물품을 만들어내는 3D프린터의 원리를 적용한 것이 바로 3D펜이다. 상상이 곧 현실이 되어가고 있는 미래사회, 그리고 그 미래사회를 이끌어갈 유아들…. 마음껏 상상하고 마음껏 경험하고 표현할 수 있도록 지원하고자 한다.

유아의 놀이 속 배움과 성장

- 신체운동·건강 > 안전하게 생활하기
　3D펜의 올바른 사용법을 알고 안전하게 사용했다.

- 예술경험 > 창의적으로 표현하기
　3D펜으로 다양한 작품을 창의적으로 만들었다.

- 예술경험 > 예술 감상하기
　다른 친구들의 3D펜 작품을 감상하며 존중했다.

- 자연탐구 > 탐구과정 즐기기
　3D펜의 필라멘트가 열에 의해 변화되는 과정을 관찰했다.

기타-3D펜

38 내 손 만들기

☑ **놀잇감**
3D펜, 드로잉패드, 필라멘트, 색연필, 도화지 등

☑ **What is "3D펜"**
3D펜은 저온으로 필라멘트를 녹여 입체적인 작품을 만들 수 있는 기기입니다. 3D펜을 충전한 뒤 충전이 완료되면 펜 뒤에 필라멘트를 꽂아서 사용합니다. 3D펜 그림 도안 위에 드로잉패드를 올린 후 그림을 따라 그려 입체 작품을 완성할 수 있습니다.

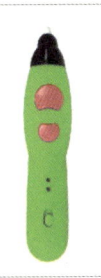

01. 놀이의 시작

✏️ **3D펜 탐색하기**

교실에 있는 3D펜으로 나비 도안을 따라 그리던 한 유아가 작품이 입체로 만들어지는 과정을 궁금해 했다.

유아	선생님 3D펜으로 아무거나 만들 수 있어요?
교사	만들고 싶은 것들은 다 만들 수 있지. 무엇이 만들고 싶니?
유아	저는 나비를 만들어 볼래요.
교사	책에 있는 나비 도안을 따라서 한번 그려볼래?
유아	그런데 이 나비는 어떻게 진짜 나비처럼 만들 수 있어요?
교사	지금 그린 것들을 3D펜으로 이어 붙이면 입체로 된 나비가 된단다.

3D펜 나비 만들기

02. 놀이의 전개

3D펜으로 손 만들기

3D펜을 이용하여 작품을 만드는 것에 익숙해질 때쯤 한 유아가 손을 만들고 싶다고 이야기했다. 유아들은 색연필로 종이 위에 손 모양을 따라 그린 뒤 3D펜으로 손을 입체적으로 완성했다.

유아1	이거봐. 3D펜으로 손을 그렸어.
유아2	이거 누구 손이야?
유아1	누구 손인지 맞춰봐.
유아2	누구 손인지 직접 찾아봐야겠다.

손을 직접 대보면서 누구 손인지 찾아본다.

3D펜으로 손 따라 그리기

유아2	이거 XX 손 아니야?
유아1	맞았어.

유아들은 3D펜으로 만든 손을 친구 손 위에 대면서 주인 찾기 놀이를 했다.

 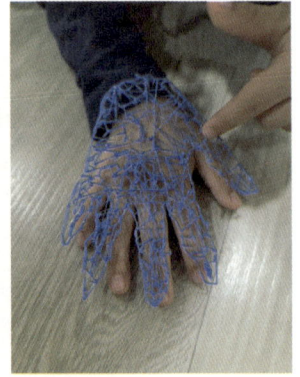

3D펜으로 손을 만들고 실제 손과 비교하기

| 교사 | 얘들아, 그럼 우리 손을 더 많이 만들어서 누구 손인지 맞춰 보기 해볼까? |
| 유아 | 좋아요. |

03. 놀이의 확장

 누구의 손일까?

교사는 누구의 손인지 찾기 위해 전자칠판에 미러링으로 화면을 띄워 어떤 손을 고르는지 함께 볼 수 있도록 했다.

교사	얘들아, 우리가 만든 손을 한번 모아볼까?
유아1	손이 비슷하게 생겼어.
교사	그럼 앞에 나와서 누구의 손인 것 같은지 한번 자세히 관찰해볼까?
유아2	선생님 이 손은 엄청 커요.
유아1	우리 반에서 제일 손이 큰 사람 누구지?
유아2	△△ 손이잖아.
유아1	그럼 이 손은 ○○ 손?
교사	○○ 손이 맞는지 확인해볼까?

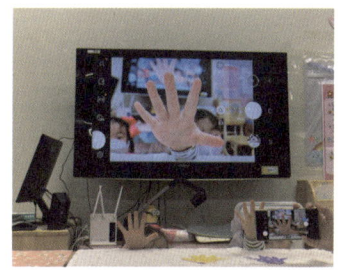 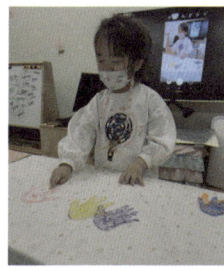 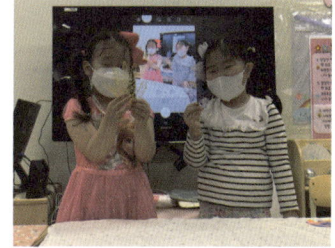

누구의 손인지 찾아보기

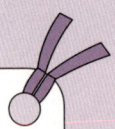

교사의 놀이 이야기

3D펜을 처음 유아들에게 제공하였을 때, 유아들은 다른 미술재료로 구성하기 힘든 입체작품을 만들 수 있다는 것에 큰 호기심과 관심을 표현하였다. 한 유아가 자신의 '손'을 만들어 보고 싶다고 이야기하였을 때, 3D펜 도안북에도 없는 '사람의 손'을 어떻게 표현해야 할지, 아니 표현할 수 있을지 고민하였다. 그런데 어린이가 직접 종이를 가져와 '자신의 손'을 따라 그려 도안을 만들고 그 도안 위에 3D펜으로 그림을 그리는 걸 보면서, 괜한 걱정이었음을 깨달았다. 교사로서 유아의 도전을 격려하고 지원하고자 다짐하지만, 결과물의 성패를 항상 의식하며 고민하는 교사 자신을 되돌아보면서, 유아보다 교사의 용기가 부족했음을 고백한다. 유아의 흥미와 상상력이 곧 도안이 되고 그 도안이 바탕이 되어 입체물이 만들어지는 과정을 경험하면서, 유아의 상상력과 생각에 귀 기울이고 존중한다면 유아들은 도안에 없는 다양한 입체 작품들을 구성해 나갈 수 있음을 더욱더 확신하게 되었다.

확장놀이로 유아들이 각자 만들어 완성된 입체 손 모양을 미러링으로 연결하여 화면에 띄우고 어린이들과 함께 보며 맞추어 보는 '누구의 손일까' 게임을 하였는데, 비슷한 손 모양이라 '누구의 손일까' 맞추는 것이 쉽지 않았다. 교사가 미리 완성된 작품 뒤에 작게 이름을 써주거나, 유아 개인 손의 특징이 더 잘 드러나도록 유아들이 작업할 때 도움을 주면 좋을 듯하다.

유아의 놀이 속 배움과 성장

- **의사소통 > 듣기와 말하기**
  3D펜으로 만들고 싶은 것을 말로 표현했다.

- **사회관계 > 더불어 생활하기**
  3D펜으로 만든 손 찾아주기 게임에 참여했다.

- **예술경험 > 창의적으로 표현하기**
  3D펜을 이용하여 다양한 입체작품을 만들었다.

- **자연탐구 > 생활 속에서 탐구하기**
  3D펜의 필라멘트가 열에 의해 변화되는 과정을 관찰했다.

기타-3D펜

39 로봇 전시회

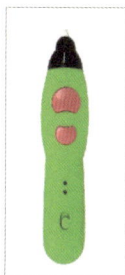

☑ **놀잇감**
3D펜, 필라멘트, 도화지, 채색도구, 레인보우 블록

☑ **What is "3D펜"**
3D펜은 저온으로 필라멘트를 녹여 입체적인 작품을 만들 수 있는 기기입니다. 3D펜을 충전한 뒤 충전이 완료되면 펜 뒤에 필라멘트를 꽂아서 사용합니다. 3D펜 그림 도안 위에 드로잉패드를 올린 후 그림을 따라 그려 입체 작품을 완성할 수 있습니다.

01. 놀이의 시작

로봇놀이

유아들은 로봇 놀이에 흥미를 보이며 놀이했다. 레인보우블록으로 로봇을 만들거나 나만의 로봇을 그림으로 표상했다.

유아1	(레인보우블록으로 로봇을 만든 뒤) 나는 엄청 큰 손이 달린 로봇을 만들었어!
유아2	나는 레인보우 색깔을 가진 로봇을 만들었지!
유아3	자! 내 공격을 받아라!

레인보우 블록으로 로봇만들어 놀이하기

블록으로 놀이하다가, 자신이 원하는 로봇을 그리기 시작했다.

유아1   나는 손에 자가 달린 로봇을 만들고 싶어!
유아2   나는 온몸에 방패가 달린 로봇을 가지고 싶어!
유아1   그럼 우리가 그린 로봇을 오려서 놀이하자!

교사는 유아들이 그림으로 표상한 것을 가위로 오려 놀이하는 모습을 보고 3D펜을 제공했다.

만들고 싶은 로봇 그림으로 표상하기

02. 놀이의 전개

3D펜놀이

유아들은 3D펜으로 로봇을 만들었다.

유아1	와~ 엄청 신기해! 딱딱한 색깔심(필라멘트)이 말랑말랑해져서 나와!
유아2	나는 안경 로봇을 만들어서 놀이할래!
유아1	나는 손이 큰 로봇을 만들어 볼래!
유아1	만든 로봇을 손에 올려놓으니까 서 있어!
유아2	로봇이 바닥에도 서 있을까?
유아1	어~ 쓰러진다. 로봇이 서 있으면 좋은데, 서 있게 하려면 어떻게 하면 좋을까?
유아3	3D펜으로 받침대를 만들어서 붙여주자!
유아1	좋아~ 받침대를 만들어보자!

유아들은 놀이하면서 불편한 점(로봇이 서 있지 못하고 자꾸 넘어지는 것)을 해결하며 놀이했다.

유아1	받침대를 만드니깐 정말 잘 서 있네.
유아2	그러게! 우리가 만든 로봇에 받침대를 만들어 붙이자!
유아1	(받침대를 다 만들고) 우리가 만든 입체로봇을 전시하자!

유아들은 로봇을 만들어 교실에 전시했다.

3D펜으로 로봇만들기 　　　만든 로봇으로 놀이하기 　　　유아들이 만든 로봇

03. 놀이의 확장

 로봇전시회

유아들은 3D펜으로 로봇을 만들어 놀이하다가 만든 로봇을 동생들, 친구들을 초대하여 보여주고 싶다고 하여 로봇전시회를 열었다.

유아1	선생님 우리가 만든 로봇을 동생들이나 친구들을 초대해서 보여주고 싶어요.
교사	그래? 그럼 동생들과 친구들을 초대할까?
유아1	좋아요.
유아2	친구와 동생들도 3D펜으로 로봇을 만들어 보게 해주고 싶어요.
유아3	맞아요. 우리가 만든 로봇을 만들어 보라고 하고 싶어요.

교사	그래~ 만약 동생들이 만드는 게 어려우면 어떻게 하면 좋을까?
유아	3D펜으로 미리 로봇 기본 틀을 만들어 주면 좋을 것 같아요.
교사	좋은 생각이다!

유아들은 동생들을 위해 로봇 기본 틀을 만들었고, 동생반을 초대하여 유아들이 만든 로봇을 소개하고, 3D펜으로 로봇 만드는 걸 도와주며 놀이했다.

로봇 기본 틀 만들기 　　　동생들에게 만든 로봇 소개하기 　　　동생과 함께 로봇만들기

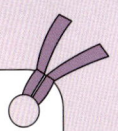

교사의 놀이 이야기

로봇은 유아들에게 가장 인기 있는 놀이 소재 중의 하나이다. 평소에 유아들은 블록이나 재활용품을 활용하여 로봇만들기 놀이를 즐겨한다. 3D펜 사용 방법을 습득한 유아들은 자신이 만들고 싶은 로봇을 자유롭게 만들며 놀이를 했다. 만5세 유아들의 경우 3D펜 조작이 익숙해지면 자유롭게 원하는 것을 만들며 놀이할 수 있고, 정교하게 작업할 수 있게 된다. 만4세 유아들에게는 3D펜 놀이를 할 수 있도록 기본 모양이나 틀을 제공해서 그 틀에 맞게 그리며 놀이를 할 수 있도록 지원하면 좋다.

유아들이 3D펜 놀이 과정에서 색깔심(필라멘트)을 사용하고 정리하는 방법이 익숙하지 않아 3D펜 입구가 막히는 경우가 종종 있다. 3D펜 놀이를 하기 전 사전에 유아들과 약속(색깔심 넣을 때, 사용할 때, 정리할 때)을 미리 정해놓고 약속을 지키며 사용하도록 지도하면 좋을 것 같다. 또한 3D펜을 장시간 지속적으로 사용하면 3D펜의 열로 색깔심(필라멘트)이 금세 녹아 유아들이 정교하게 작업하는데 어려움이 있을 수 있다. 시간을 정해놓고 사용하면 유아들이 3D펜 만들기를 좀 더 세밀하게 작업할 수 있을 것이다.

유아의 놀이 속 배움과 성장

- **신체운동·건강 > 안전하게 생활하기**
  3D펜의 올바른 사용법을 알고 안전하게 사용했다.

- **의사소통 > 듣기와 말하기**
  자신이 좋아하는 로봇을 친구들에게 소개했다.

- **사회관계 > 더불어 생활하기**
  3D펜으로 만든 로봇으로 친구와 함께 놀이했다.
  3D펜 사용이 서툰 동생들의 로봇 만들기를 도왔다.

- **예술경험 > 창의적으로 표현하기**
  자신이 생각하는 로봇을 그림으로 그렸다.
  3D펜으로 나만의 로봇을 만들었다.

- **자연탐구 > 생활 속에서 탐구하기**
  3D펜의 필라멘트가 열에 의해 변화되는 과정을 관찰했다.

기타-디지털 현미경

㊵ 디지털 현미경으로 관찰해요

☑ **놀잇감**
디지털 현미경, 나뭇잎, 흙 등의 자연물

☑ **What is "디지털 현미경"**
디지털 현미경은 컴퓨터 모니터에 연결하여 실시간으로 볼 수 있는 현미경입니다. 디지털 현미경은 접안렌즈가 아닌 디지털 카메라를 사용하는 것입니다. 디지털 현미경은 기존 광학 현미경보다 조작이 쉽고 현미경으로 관찰한 이미지를 컴퓨터 저장장치에 저장하여 계속 볼 수 있습니다. 스마트폰 겸용 현미경은 스마트폰에도 연결되어 이동에도 편리합니다.

☑ **How to "디지털 현미경"**
<디지털 현미경을 활용하여 놀이하는 방법>
1. 사용 전 디지털 현미경 프로그램을 설치한다.
　1) 컴퓨터의 경우
　　디지털 현미경 사용설명서에 있는 주소창에 접속하여 프로그램을 내려받은 후 설치한다.
　2) 스마트폰의 경우
　　플레이스토어에서 '카메라파이2' 어플을 설치한다. (*아이폰은 호환 불가)
2. 디지털 현미경을 거치대에 연결한다.
3. 관찰하고자 하는 물체를 현미경 아래 놓고 현미경의 초점을 조절하며 관찰한다.

  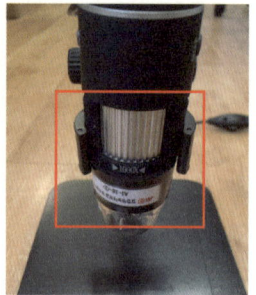

01. 놀이의 시작

✏️ **가을풍경을 만나러 가요**

유아들은 유치원에 등원하며 바닥에 떨어진 낙엽들을 하나, 둘 가지고 오기 시작했다.

유아1	선생님 저 오늘 낙엽 주웠어요.
교사	그랬구나. 나뭇잎이 멋지게 물들었구나.
유아1	선생님 오면서 보니까 밖에 나뭇잎이 많이 떨어져 있었어요. 우리도 낙엽 보러 가요.

유치원 근처로 낙엽을 보러간 유아들

유아의 제안에 유치원 주변에 떨어진 나뭇잎들을 보러 나갔다.

02. 놀이의 전개

나뭇잎을 자세히 볼까?

유아들은 제각기 자신이 마음에 드는 낙엽을 주워 교실로 돌아왔다.

유아1	나뭇잎이 좀 바삭바삭한 느낌이야.
유아2	(은행잎을 주워 온 후) 은행잎은 약간 부채 같아. 길게 길게 쭉쭉 있어.
교사	은행잎의 잎맥이 길게 나타나 있는 걸 말하는구나.
유아2	자세히 보고 싶어요.

 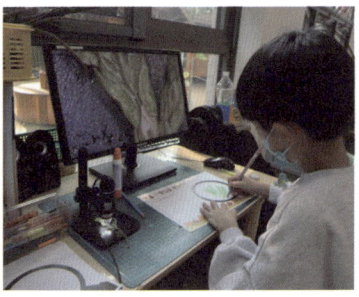

유아들에게 디지털 현미경을 소개하는 교사의 모습   디지털 현미경으로 나뭇잎을 관찰하는 유아

제2장. 디지털 놀이 실행하기

나뭇잎을 자세히 관찰하고 싶어 하는 유아들에게 교사는 디지털 현미경을 소개했다. 디지털 현미경을 사용하는 방법과 사용할 때 주의해야 하는 방법에 대해 알게 된 유아들은 자신이 주워 온 나뭇잎을 디지털 현미경으로 자세히 관찰했다.

03. 놀이의 확장

어디서든 자세히 볼 수 있어요

디지털 현미경으로 나뭇잎을 관찰한 유아들은 밖에서 주운 자연물을 바로 관찰하고 싶어 했다. 교사는 태블릿PC에 디지털 현미경을 연결하여 유아들과 함께 바깥놀이터로 나갔다.

유아 선생님, 저는 이 바닥에 있는 흙이 궁금해요.
교사 그럼, 흙을 디지털 현미경 아래에 놓고 관찰해보자.
유아 우와! 선생님 작은 알갱이들이 크게 보여요.

유아들은 이후에도 디지털 현미경으로 자신이 원하는 자연물을 관찰했고, 바깥놀이터에 나갈 때도 디지털 현미경과 태블릿PC를 챙겨서 원하는 것을 즉시 관찰하기도 하였다. 유아들은 자신이 관찰한 것을 그림으로 그리며 기록하기도 했다.

디지털 현미경으로 흙을 관찰하는 유아

유아들이 관찰한 꽃의 모습

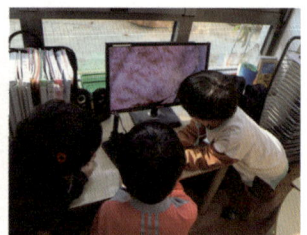
디지털 현미경으로 자연물을 관찰하는 유아

교사의 놀이 이야기

가을이 되면 유아들은 나뭇잎에 대해 관심이 많아진다. 각기 다른 나뭇잎의 모양과 색을 관찰하기도 하고, 나뭇잎을 잎맥의 결을 따라 찢어보기도 하고 마른 나뭇잎은 구기며 작은 조각을 내기도 한다. 생긴 모양도 색깔도 다른 나뭇잎들을 더 자세히 보고 싶어하는 유아들에게 디지털 현미경은 너무나 매력적인 스마트 놀잇감이다.

예전에 현미경을 사용하려면 고가의 기계이기 때문에 조심스럽기도 하지만 초점 맞추는 것이 어렵기도 하고 렌즈를 통해 관찰하는 사람만 볼 수 있다는 단점이 있는 반면, 디지털 현미경은 유아들이 관찰하는 것을 스마트폰, 태블릿PC, 컴퓨터의 모니터, 전자칠판에 연결해서 큰 화면으로도 볼 수 있었고, 화면을 통해 다른 사람과 함께 관찰장면을 볼 수 있었다. 그리고 디지털 현미경은 크기도 작고 가벼워 이동이 편리해 어디서든지 유아들이 관찰하고 싶은 것을 관찰할 수 있다는 장점이 있다. 모든 것이 궁금한 호기심 덩어리인 우리 아이들에게 꽤 유용한 놀잇감이 될 것 같다.

유아의 놀이 속 배움과 성장

- 의사소통 > 듣기와 말하기

  나뭇잎과 관련된 생각과 지식을 친구들과 함께 이야기 나누었다.

- 사회관계 > 나를 알고 존중하기

  자신이 관찰하고 싶은 자연물을 찾아 디지털 현미경으로 관찰하고 스스로 기록했다.

- 예술경험 > 아름다움 찾아보기

  가을 풍경의 아름다움을 느꼈다.

- 자연탐구 > 탐구과정 즐기기

  주변에서 볼 수 있는 자연물에 호기심을 갖고 탐구하는 과정에 참여했다.

- 자연탐구 > 생활속에서 탐구하기

  디지털 현미경을 사용하여 나뭇잎, 돌멩이 등을 자세히 관찰했다.

기타-PPT활용

❹ 영화관 놀이 (키오스크)

☑ **놀잇감**
전자칠판, 영화티켓, 계산기 놀잇감, 매점 차림표, 과자

☑ **What is "키오스크"**
키오스크란 터치스크린 방식의 무인 정보 전달 시스템을 말합니다. 키오스크를 활용하여 예약, 경로 안내, 결제 등의 기능을 간편하게 이용할 수 있습니다.

01. 놀이의 시작

✏️ **영화관 놀이 준비하기**

여름방학을 앞두고 여름캠프 활동을 진행했다. 여름캠프는 유아들이 직접 투표하여 하고 싶은 놀이를 선정했고, 그중 교실에서 함께 하는 놀이인 영화관 놀이를 유아들과 함께 준비했다.

유아1	자리 고르는 게 필요해.
유아2	칠판에 그림으로 그릴까?
유아3	그러면 나는 팝콘 파는 데 만들게.
유아4	티켓 사는 곳도 필요한데?

영화관 좌석

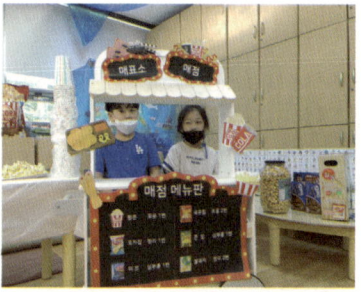
영화관 매표소 및 매점 구성하기

유아들은 영화관에 가보았던 경험을 회상하며 영화관을 구성했다. 영화관 좌석을 선택할 수 있도록 칠판에 좌석 선택표를 그리기도 했고, 간식류를 판매하기 위한 매점도 구성했다. 이 과정에서 유아들의 요청에 따라 메뉴판을 인쇄하여 제공했다.

02. 놀이의 전개

🖍 티켓 구매와 팝콘 구매

영화관 구성이 끝난 후, 영화관 놀이를 시작했다. 유아들은 함께 구성한 공간에서 영화관 티켓을 구매하고, 티켓에 적혀있는 좌석 번호에 따라 입장했다. 또 뷔페 형식으로 차려진 영화관 매점에서는 먹고 싶은 간식을 자유롭게 담아 영화관람을 준비했다.

유아1	티켓, 여기 있습니다.
유아2	어? 나는 3번이네. 나는 13번에 앉고 싶었는데….
유아3	우와, 과자다!
유아4	먹고 싶은 만큼 컵에 담아가시면 됩니다.

매표소에서 티켓 구매하기

매점에서 간식 구매하기

영화관 놀이 평가하기

영화관람이 끝난 후, 영화관 놀이에 대해 평가하는 시간을 가졌다.

교사	오늘 영화관 놀이 어땠니? 어떤 점이 가장 좋았는지, 또 아쉬웠던 점은 무엇인지 함께 이야기해보자.
유아1	제가 앉고 싶은 자리에 앉아서 보고 싶어요.
유아2	맞아! 영화관 가면 자리 마음대로 고를 수 있어요.
유아3	엄마 핸드폰으로 티켓도 살 수 있어요!
유아2	나도 해봤어! 기계에다가 누르면 티켓이 저절로 나와요.
유아4	더 진짜 영화관처럼 놀이하고 싶어요!

유아들은 영화관에서의 실제 경험을 떠올리며 '키오스크' 방식을 도입하여 더욱 실감 나는 영화관 놀이를 하고 싶어 했다. 이에 영화관 키오스크에서는 어떻게 티켓을 구매할 수 있는지 함께 알아보고, 다음번 영화관 놀이에서는 키오스크에서 티켓을 구매하는 방법으로 놀이하기로 했다.

키오스크 활용하여 영화 티켓 구매하기

03. 놀이의 확장

영화관 키오스크 놀이

두 번째 영화관 놀이를 할 때에는 유아들과 이야기 나눈 대로 키오스크 방식을 도입

했다. PPT를 활용해 만든 키오스크 화면을 전자칠판에 띄워주었고, 유아들은 키오스크 화면을 터치해가며 원하는 자리를 선택해 실제 영화관처럼 티켓을 구매했다.

유아1	오! 진짜 영화관 같다.
유아2	내가 앉고 싶은 자리를 선택할 수 있네.
유아3	우와! 이렇게 하니까 진짜 영화관 같아요.
유아4	나는 이거 어떻게 하는지 모르겠어.
유아2	내가 알려줄게!

키오스크를 활용해 본 경험이 있는 유아들은 잘 모르는 친구들에게 스스로 방법을 알려주기도 했다. 똑같은 영화관 놀이이지만 티켓 구매 방식만 실제의 키오스크처럼 변경해 주니 더욱 실감나고 풍부한 놀이가 되었다.

> **TIP** **PPT를 활용하여 키오스크 만들기**
>
> 키오스크는 터치스크린이기 때문에 화면을 터치하여 작동하는 전자칠판이나 태블릿PC가 필요합니다. 키오스크의 화면은 PPT 기능 중 지정된 개체를 클릭해서 애니메이션을 재생하게 하는 '트리거' 기능과 '하이퍼링크'를 활용하여 제작할 수 있습니다.

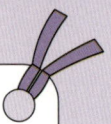

교사의 놀이 이야기

　역할놀이는 유아들이 1년 내내 가장 즐기는 놀이이며, 유아들의 실생활 속에서의 경험이 가장 많이 반영되는 놀이 중 하나이다. 이번 영화관 놀이는 기존의 다른 놀이와 같이 유아들과 함께 필요한 것에 대해 이야기를 나눈 후 매표소와 매점, 자리 배치표 등을 함께 구성했다. 티켓 구매, 팝콘 구매, 영화관람까지 즐겁게 마친 후 놀이 평가를 했을 때 '키오스크' 이야기를 하는 유아들을 보고 깜짝 놀랄 수밖에 없었다. 역할놀이 중 결제를 할 때 지폐 놀잇감 대신 카드 놀잇감이 주를 이루게 된 것과 같은 맥락으로 '사회적 변화에 따라 구매 방법에서도 변화가 생겨야겠구나' 라는 생각이 처음 들었던 것 같다.

　실제로 우리의 일상생활 중 많은 부분에서 키오스크를 통한 결제가 이루어지고 있다. 특히 유아들은 대면 결제보다 키오스크 결제가 더 익숙할 것 같고, 이에 따라 역할놀이도 가능하다면 키오스크 형태의 놀이를 함께 제공하는 것도 좋을 것이다. 우리 반에서는 영화관 키오스크 놀이 이후 아이스크림 가게 놀이, 겨울 매점 놀이 등 다양한 놀이에서도 키오스크를 활용하고 있다.

유아의 놀이 속 배움과 성장

- 의사소통 > 듣기와 말하기
  영화관에서의 키오스크 기기 활용 경험을 적절하게 이야기했다.
- 사회관계 > 더불어 생활하기
  영화관람을 하기 위해 정해진 약속과 규칙을 실천했다.
- 자연탐구 > 생활 속에서 탐구하기
  스마트 기기(키오스크) 경험내용을 회상하며 놀이에 적용했다.

기타-VLLO앱 활용

42 나는야 영상제작자

☑ 놀잇감
VLLO 앱, 태블릿PC, 크로마키 초록색 천, 삼각대, 도화지, 채색도구

☑ What is "VLLO"
'VLLO'는 영상 제작 및 손쉬운 편집이 가능한 모바일 앱입니다. 간단하고 직관적인 UI로 사용이 쉬우며 무료 음악과 폰트를 제공하고 배경 제거, 모자이크, 크로마키 등의 복잡한 효과도 제공하고 있어 영상을 제작할 때 유용하게 활용할 수 있습니다.

01. 놀이의 시작

✏️ '바다의 날' 캠페인

유아들은 '바다의 날'을 맞이하여 함께 알아본 내용(바다를 지키고 보호해야 하는 이유와 방법)을 다른 사람들에게 알리고 싶어 했고, 직접 그린 바다 보호 포스터와 '바다야 사랑해' 노래와 율동을 선보이며 원내 교직원과 유아들을 대상으로 캠페인 활동을 진행했다.

유아1	선생님, 우리 유치원 말고 다른 사람들한테도 캠페인 하고 싶어요!
유아2	코로나 때문에 사람 많은 데 가면 안 돼.
교사	사람들을 직접 만나지 않고도 사람들에게 바다에 대한 내용을 알려줄 수 있는 방법으로 뭐가 있을까?

캠페인 활동

유아3	유튜브!
유아1	우리가 유튜브 어떻게 만들어?
유아2	우리 캠페인 하는 거 핸드폰으로 찍으면 되잖아.

02. 놀이의 전개

캠페인 영상 촬영하기

캠페인 영상을 촬영하여 더 많은 사람들에게 바다 보호 내용을 알리자는 유아들의 의견에 따라 캠페인 영상을 제작하기로 했다. 유아들은 캠페인 영상을 어떻게 만들 것인지 협의하고 역할을 정했다.

유아1	〈바다야 사랑해〉 노래에 춤추는 건 진짜 바다에서 찍고 싶다.
유아2	선생님한테 배경으로 바다 사진 넣어달라고 하자.
유아3	초록 색깔 배경에서 찍으면 할 수 있을걸?
교사	크로마키 기법을 말하는 거지? 선생님이 준비해 줄게.
유아4	포스터도 소개하고 싶어요.
유아1	그럼 포스터 소개할 때도 바다 사진 넣자.
유아2	촬영하는 사람도 있어야 해.

유아들이 그린 바다 보호 포스터

유아들은 가상 배경 놀이를 했을 때를 회상하며 크로마키 기법을 떠올렸고 유아들의 요청에 따라 크로마키 천을 준비해 주었다. 유아들은 함께 의논하여 정한 역할에 따라 친구들의 모습을 직접 촬영하거나 영상 속 등장인물이 되어 율동을 했다.

유아1	내가 '시작!' 하면 노래 틀어줘.
유아2	알겠어.
유아1	노래 나오면 춤추면 돼. ○○이 안 나올 것 같아. 왼쪽으로 조금 더 와.

영상 촬영하기

크로마키 기법을 활용하여 촬영하는 동안 유아들은 크로마키 기법에 대해 궁금해했다.

유아1	선생님, 초록색에서 찍으면 어떻게 돼요?
교사	크로마키 기법을 사용하면 초록색 배경 대신 원하는 사진이나 영상을 배경으로 넣어줄 수 있어.
유아2	우리 아이돌 놀이했을 때처럼요?
교사	맞아. 그때도 크로마키 기법을 사용했었어.
유아1	초록색 말고 다른 색은 안 돼요?
교사	초록색 말고 다른 색으로도 할 수 있지만, 우리 피부색과 정반대되는 색깔이기 때문에 주로 초록색을 많이 사용한다고 해.

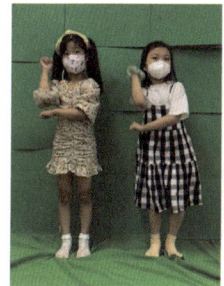 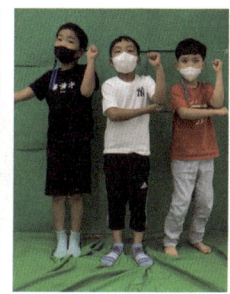 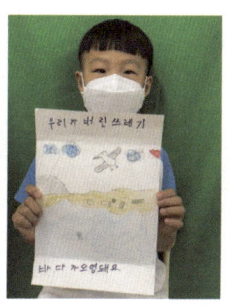 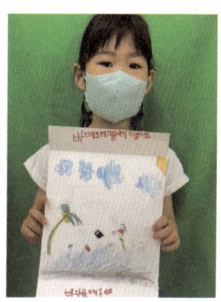

크로마키 기법으로 촬영하기

03. 놀이의 확장

✏️ 영상 편집하기

블로를 활용해서 이어 붙인 영상을 보여주자 몇몇 유아들이 편집 과정에 관심을 보였다.

유아	이게 끝이에요? 이제 어떻게 해요?
교사	이 영상이 어떤 영상인지 소개하는 글도 넣고, 자막으로 노랫말도 넣어야지. 또 뭘 하면 좋을까?
유아	예쁘게 꾸미는 것도 하면 좋을 것 같아요.
유아2	어떻게 하는 건지 보고 싶어요.
유아3	저도 해볼래요.

영상 편집을 궁금해 하는 유아들에게 편집 과정을 보여주었고, 해보고 싶다는 유아들이 시도해볼 수 있도록 태블릿PC로 제공해 주었다. 사용법이 익숙해지자 교사의 도움 없이도 꾸미기 효과를 넣는 등의 편집을 수월하게 해냈다.

완성된 영상은 QR코드로 생성하여 가정에 공유하였고, 유아들은 직접 만든 영상에 애착을 갖고 적극적으로 홍보했다.

영상 편집하기

유아들이 제작과정에 참여한 '바다를 보호해요' 캠페인 영상

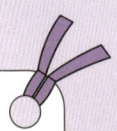

교사의 놀이 이야기

　유아들이 놀이하는 과정이나 의미 있는 장면들을 종종 영상으로 촬영하곤 하는데 유아들과 함께 감상하기도 하고 가정으로 공유하기도 했다. 유아들에게도 영상을 활용하는 교육활동이 익숙해졌는지 캠페인 활동을 하는데 영상을 촬영하자는(정확하게 말하자면 유튜브를 활용하자는) 아이디어를 유아들이 제안했다. 유아들이 제안한 아이디어인 만큼 촬영 과정도 유아들이 의논하여 정해볼 수 있도록 하였고, 그 과정에서 크로마키를 활용하고 싶다는 의견이 나와 깜짝 놀라기도 했다.

　유아들이 촬영한 영상을 이어 붙인 후에 크로마키 촬영의 배경으로 어떤 사진을 넣을 것인지 유아들과 의논하는 과정에서 '꾸미는 것을 해보고 싶다'는 유아들이 있었다. 과정이 어렵지 않기에 유아들도 충분히 할 수 있겠다는 생각이 들었고, 처음으로 영상 편집 과정에서 유아들이 직접 참여하는 경험을 하게 됐다. 유아들 스스로 영상을 꾸미고 편집하니 더욱 즐거워하였고 '왜 이제까지 유아들이 스스로 해보는 걸 생각하지 못했을까?' 하는 아쉬움도 있었다. 교육과정의 여러 영역에서 영상을 활용하는 경우가 많은데, 영상 편집에도 유아들이 참여할 수 있도록 하면 더욱 의미 있는 과정이 될 것이다.

유아의 놀이 속 배움과 성장

- 신체운동·건강 > 안전하게 생활하기
  　영상을 편집하는 과정에서 태블릿PC를 활용하였고, 스마트 기기를 활용할 때의 올바른 방법을 지키며 사용했다.

- 사회관계 > 더불어 생활하기
  　영상을 촬영·편집하며 서로 모르는 부분을 알려주고, 도와주며 놀이했다.

- 자연탐구 > 자연과 더불어 살기
  　바다의 날에 대해 알아보고, 바다를 보호하는 캠페인 활동에 참여했다.

- 자연탐구 > 생활 속에서 탐구하기
  　태블릿PC와 VLLO앱을 활용하여 영상 편집 과정에 참여했다.

디지털로 소통하기
(가정 연계 활동)

가정연계활동

❶ Classting으로 소통하기

1. Classting이란?

클래스팅(Class+meeting)은 각 학급에서 이루어지는 활동이나 자료 등을 공유하고 소통하도록 만든 커뮤니티입니다. 교사가 학부모에게 클래스팅 가입코드를 공유하면 가입할 수 있고, 공지사항, 놀이 사진, 영상 등을 업로드하여 가정과 소통을 할 수 있는 서비스입니다.

2. Classting을 사용해 볼까요?

 클래스팅 설치하기 및 가입하기

1. 플레이스토어 또는 앱스토어에서 클래스팅을 검색하여 설치합니다.
2. 회원가입을 합니다.

클래스팅 클래스 만들어 가정과 공유하기

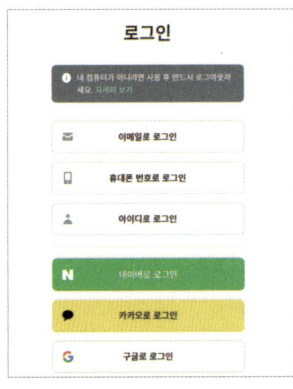
1. 클래스팅에 로그인합니다.

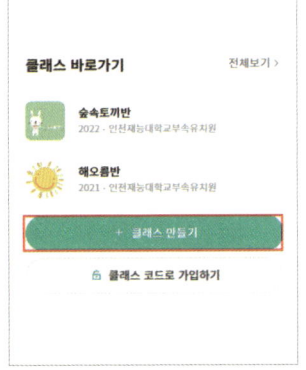
2. '+클래스 만들기'를 클릭합니다.

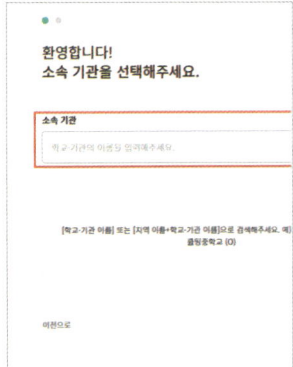
3. '소속기관'을 선택하여 입력합니다.

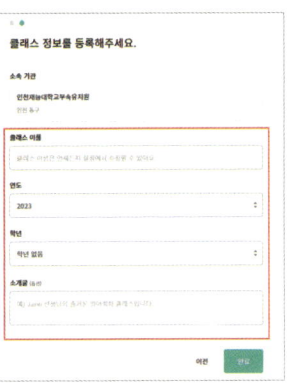
4. '클래스 정보'를 등록합니다.

5. 해당하는 학급 클래스를 클릭합니다.

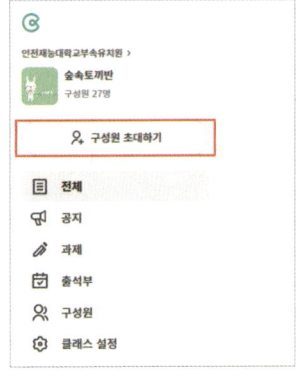
6. '구성원 초대하기'를 클릭합니다.

7. 클래스 코드를 가정으로 공유합니다.

✏️ 사진 또는 영상 업로드 하기

1. 사진 또는 영상을 업로드하고 싶은 게시판으로 들어가 글쓰기 아이콘을 클릭합니다.

2. 제목, 내용, 사진 또는 영상을 업로드 합니다.

3. Classting 활용의 실제 사례

✏️ 맛있는 오이를 수확해요

유아들과 계절 원외 체험장소에서 오이를 수확하였고, 수확한 오이를 가정으로 배부한 뒤 가정에서 오이를 이용하여 놀이하거나 요리한 것을 클래스팅으로 공유했어요. 유치원에서는 가정에서 공유한 사진 또는 내용(오이를 먹어본 소감, 마시지 해본 소감 등)을 친구들에게 소개해보는 시간을 가졌어요.

가정에서 업로드 해준 사진 자료 및 내용

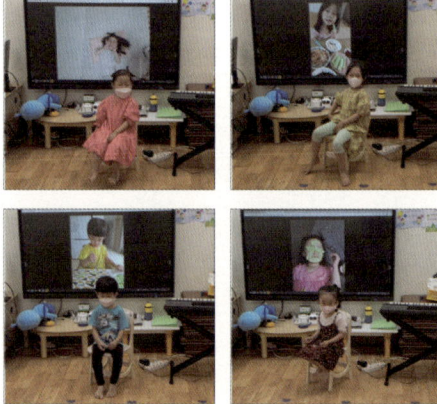

가정에서 공유한 부분 친구들에게 소개하기

지구 구하기 프로젝트

만5세 유아들은 환경기념일 및 지속가능 발전교육으로 '지구 구하기' 미션을 실천했어요. 3월 22일 '세계 물의 날'을 맞이하여 물의 날이 지정된 이유, 물의 소중함과 물을 절약할 수 있는 방법에 대해 이야기를 나누어 보고, 가정에서 물을 절약하는 방법을 실천하여 클래스팅을 통해 공유했어요.

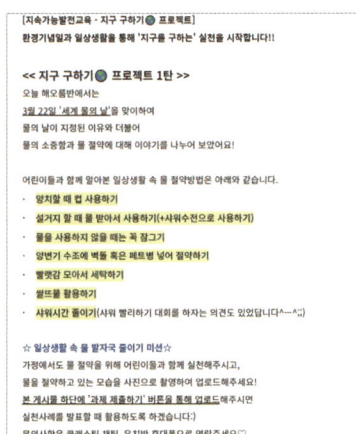 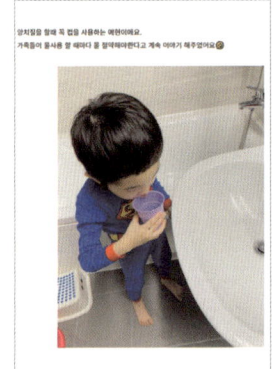 

가정에서 실천한 사진 공유하기

클래스톡으로 학부모와 소통해요

클래스팅의 기능 중 하나인 클래스톡으로 학부모와 소통했어요.

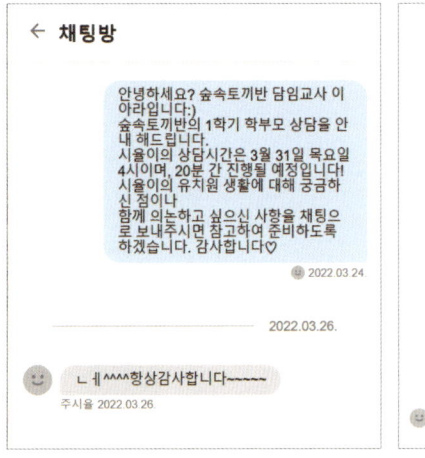 

클래스톡으로 가정과 소통하기

가정연계활동

❷ YouTube로 소통하기

1. YouTube

YouTube는 장르나 주제를 불문하고 많은 정보를 간편하게 업로드하고 감상할 수 있는 동영상 공유 서비스입니다. 원하는 정보를 얻기 위해 포털 사이트를 활용하던 때와 달리 최근에는 유튜브를 통해 정보를 얻기도 합니다.

2. YouTube를 활용해 볼까요?

✏️ YouTube 로그인하기 및 동영상 업로드 하기

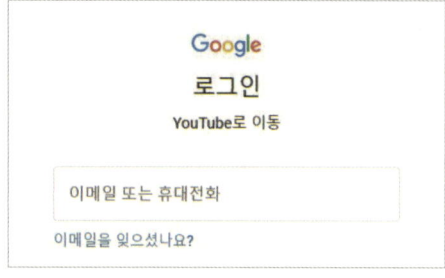

1. 유치원 계정을 생성하여 YouTube에 로그인합니다.

2. YouTube 화면 좌측 상단의 아이콘을 클릭합니다.

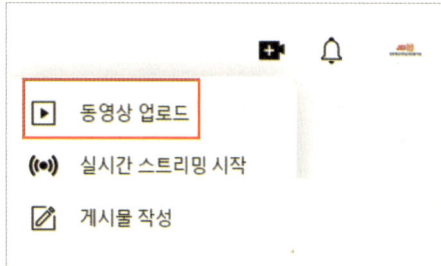

3. '동영상 업로드'를 클릭합니다.

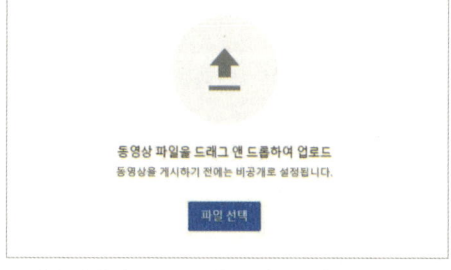

4. 파일 선택 버튼을 클릭하고, 업로드 할 동영상을 선택합니다.

✏️ YouTube 로그인하기 및 동영상 업로드 하기

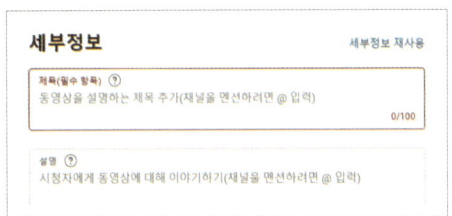

5. 동영상의 제목과 설명할 내용을 입력합니다.

6. 동영상 미리보기 화면에 표시될 장면(썸네일)을 선택합니다.

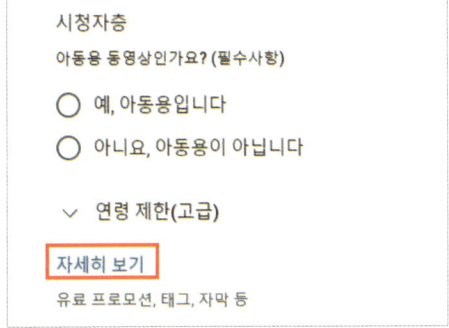

7. 시청자층을 선택한 후, 자세히 보기를 클릭하여 라이선스 유형, 댓글 허용 여부, 태그 등을 작성합니다.

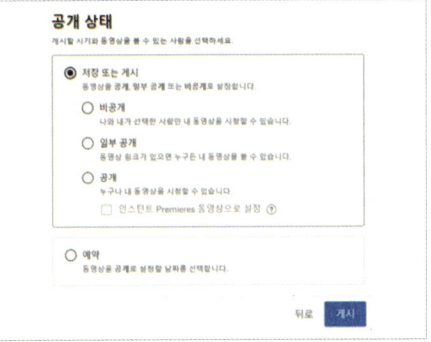

8. 공개 상태(비공개/일부 공개/공개/예약)를 설정하고 오른쪽 하단의 '게시'를 클릭하면 업로드 됩니다.

 3. YouTube 활용의 실제 사례

　　교육기관 소개 영상, 온라인 입학설명회, 교육 포럼, 온라인 수업자료 등을 YouTube에 업로드하여 활용해 보세요.

가정연계활동

❸ SNS로 소통하기

1. SNS

SNS(Social Network Service)는 온라인상에서 사용자들 간의 사회관계망을 형성해 주는 서비스입니다. 개인 사용자가 글, 사진, 영상 등의 콘텐츠를 자유롭게 생성하고 이를 바탕으로 소통하며 관계망을 형성할 수 있습니다. 교육기관에서도 SNS 계정을 생성하여 육아 정보, 부모연수 정보, 교육기관 일정 및 행사 등의 내용을 안내하여 소통하는 추세입니다.

2. SNS를 활용하여 소통해 볼까요?

✏️ 인스타그램 설치하기 및 가입하기

  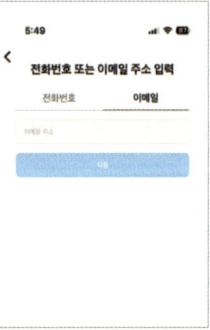

1. '플레이스토어' 또는 '앱스토어'에서 '인스타그램'을 검색해서 설치합니다.
2. 인스타그램 앱을 실행한 후에 '새 계정 만들기'를 눌러 회원가입을 합니다.

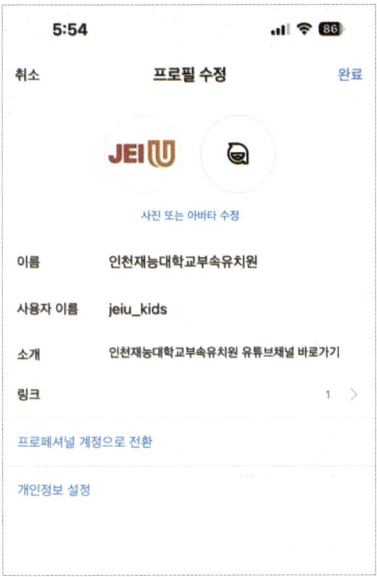

3. 화면 하단 오른쪽의 동그라미를 누른 후, 프로필 편집을 선택합니다.

4. 프로필 이미지를 설정하고, 사용자 이름과 소개 글을 작성합니다.

✏️ 인스타그램에 게시물 올리기

1. 화면 상단의 플러스 버튼을 누릅니다.

2. '게시' 버튼을 선택합니다.

 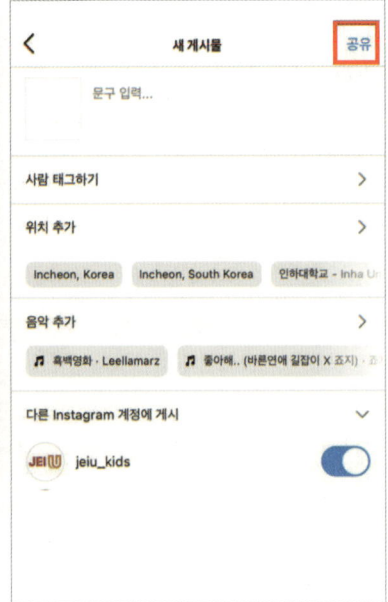

3. 하단의 이미지, 영상 중에서 업로드하고 싶은 것을 선택합니다.(최대 10장까지 선택가능)

4. '문구 입력' 부분에 게시물과 함께 업로드 될 내용글을 작성하고 '공유' 버튼을 누릅니다.

3. Instagram 활용의 실제 사례

 기관 SNS에 육아 정보, 부모연수 정보, 행사 및 일정 등의 내용을 안내하고, '좋아요' 기능과 댓글을 통해 학부모님과 소통하고 있어요. 기관 SNS를 미리 홍보하여 팔로우 할 수 있도록 안내한다면 기관에서 업로드하는 게시물들에 대한 실시간 알림을 받을 수 있어 활용하기에 좋아요.

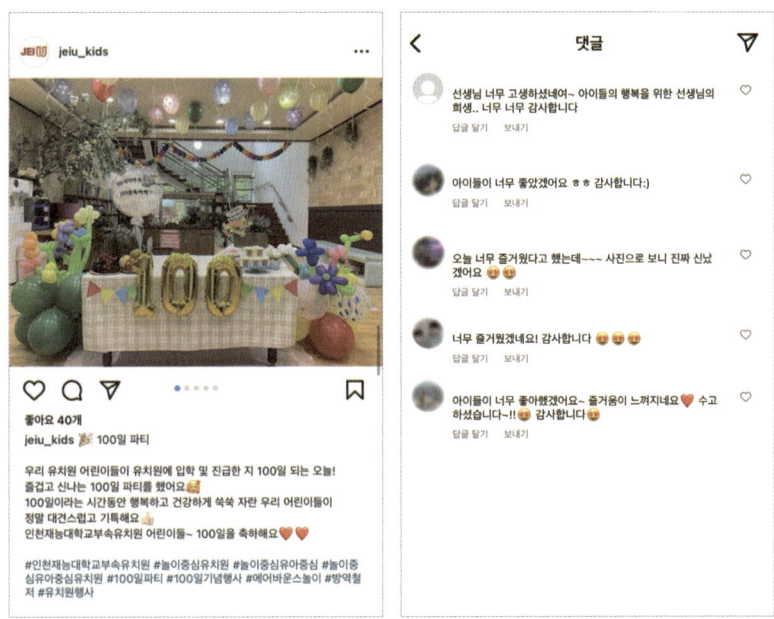

행사 안내글 및 댓글 소통

학부모 맞춤형 연수 안내

가정연계활동

❹ QR코드로 소통하기

1. QR코드

QR코드는 'Quick Respone'의 약자로써 일정한 정보를 담고 있는 2차원 바코드입니다. 홈페이지주소(URL), 사진, 영상 등을 QR코드에 담아 공유할 수 있습니다. 스마트폰으로 QR코드를 스캔한다면 어디서든지 확인할 수 있습니다.

2. QR코드를 활용해 볼까요?

 QR코드 생성하기

 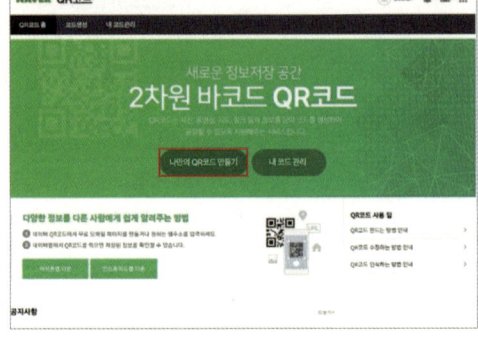

1. 검색창에 QR코드를 검색하여 '네이버 QR코드'로 접속합니다.
2. '나만의 QR코드 만들기'를 클릭합니다.

3. QR코드 기본정보를 입력한 후 다음 단계를 클릭합니다.

4. 순서 변경을 클릭합니다.

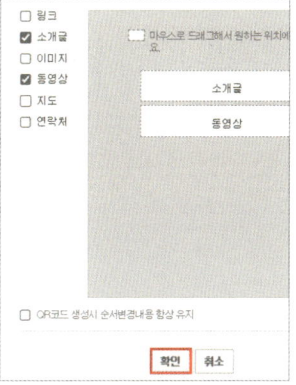
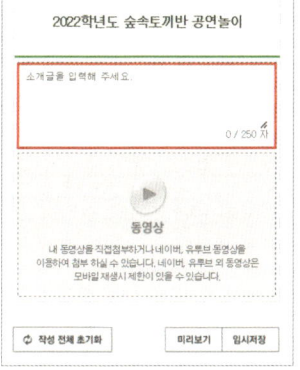

5. 필요한 요소를 체크하여 확인을 클릭합니다.

6. 소개글을 작성합니다.

7. 동영상을 클릭하여 업로드하고 싶은 영상을 첨부합니다.

8. 영상의 대표 이미지를 선택한 후 완료를 클릭합니다.

9. 작성완료를 클릭합니다.

10. 생성된 코드를 저장하여 공유합니다.

3. QR코드 활용의 실제 사례

유아들의 놀이 결과물 및 영상 등 공유해요

유아들과 놀이를 하면서 함께 만든 놀이 결과물(전자책, 그림 등) 또는 영상(유치원 소개영상, 공연영상 등)을 QR코드를 생성한 뒤 놀이이야기에 QR코드를 첨부하여 가정과 공유할 수 있어요.

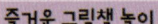

유아들이 만든 전자그림책 QR코드로 공유하기

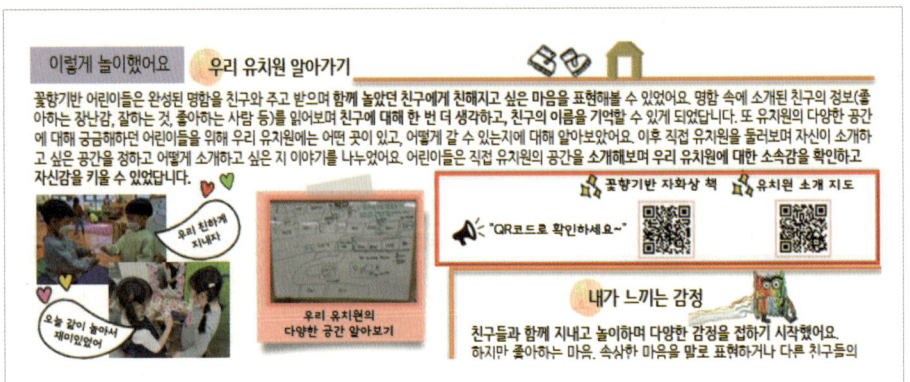

유치원 소개 영상 QR코드로 공유하기

제4장
디지털 놀이 활용법

온라인 / 모바일

❶ AI for Oceans

1. AI for Oceans란?

AI for Oceans는 code.org에서 개발한 바다 환경을 위한 AI 온라인콘텐츠입니다. 머신러닝의 기본원리를 익혀 해양환경과 관련된 주제를 바탕으로 인공지능 머신러닝의 개념을 쉽고 재미있게 익힐 수 있습니다. AI for Oceans는 학습한 데이터에 따라 결과 값이 달라지고 이로 인해 제대로 선별되지 않는 편향된 데이터의 문제점들도 나타나는데 인공지능이 우리 사회에 주는 영향과 더불어 윤리적인 문제들까지 함께 다루며 사회적인 문제점에 대해서도 고민해 볼 수 있는 내용들로 프로그램이 구성 되어 있습니다.

2. AI for Oceans를 사용해 볼까요?

1. 구글 검색창에서 'AI for Oceans'를 검색합니다.

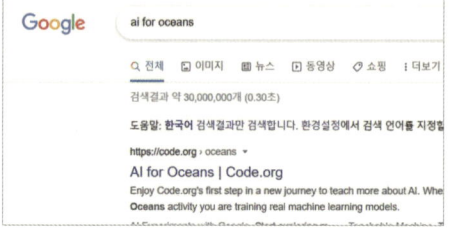

2. 'AI for Oceans | Code.org'를 클릭합니다.

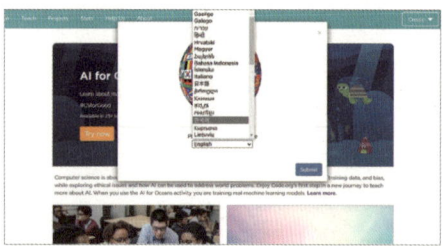

3. 한국어로 설정합니다.

4. 시작과 동시에 'AI for Oceans' 사용 방법 영상을 확인할 수 있습니다.

5. 깨끗한 바다를 만들기 위한 물고기와 물고기가 아닌 것을 구별하도록 인공지능에게 학습을 시킵니다.

6. 물고기가 나왔을 때 '물고기 버튼', 물고기가 아닌 것이 나왔을 때는 '물고기 아님' 버튼을 클릭합니다.

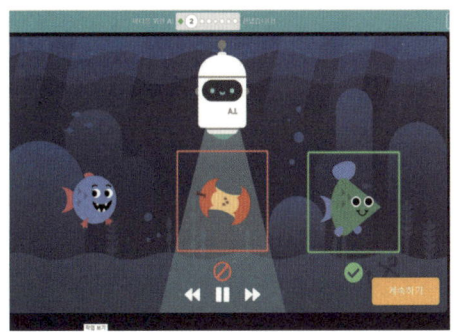

7. '계속하기' 버튼을 누르면 인공지능이 학습한 것을 분류합니다.

8. 위에 체크 버튼을 통해 인공지능이 분류한 내용을 확인 할 수 있습니다. 학습을 많이 할수록 더 정확하게 분류됩니다.

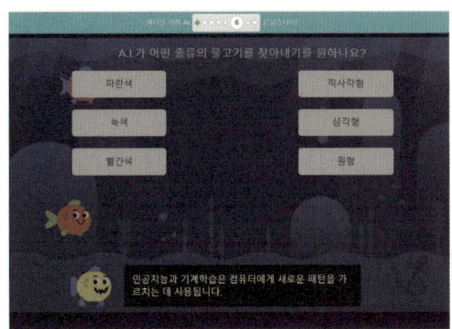

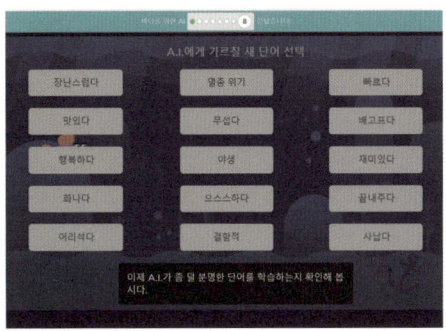

9. 단어나 모양 등의 객관적인 것 외에도 주관적인 단어를 이용하여 학습을 할 수 있습니다.
   이 때 데이터의 편향성 및 윤리 문제에 대한 내용들도 함께 나옵니다.

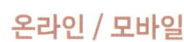

온라인 / 모바일

❷ AI Duet

1. AI Duet란?

AI Duet은 머신러닝과 신경망을 기반으로 AI와 듀엣 연주를 할 수 있는 온라인콘텐츠입니다. 음악가 겸 컴퓨터 과학자인 요탐맨(Yotam Mann)이 개발하였고 누구나 오픈소스에 접근하여 자신만의 연주를 할 수 있도록 만들어졌습니다. AI Duet은 사람이 음을 연주하면 그것이 신경망으로 이동하여 머신러닝이 반응하는 구조로 연주가 이루어집니다. 입력된 소리와 수많은 데이터를 근거로 하여 새로운 것을 연주하면서 반응합니다.

2. AI Duet을 사용해 볼까요?

1. 구글 검색창에서 'AI Duet'을 검색합니다.

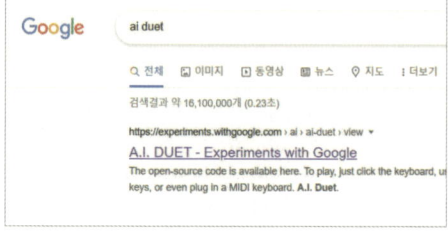

2. 상단에 나오는 'A.I. DUET - Experiments with Google'을 클릭합니다.

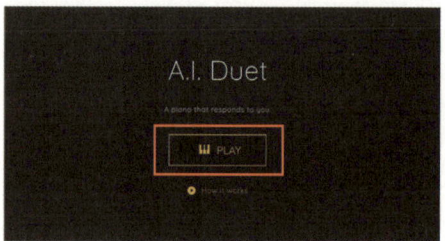

3. 'PLAY'를 클릭합니다.

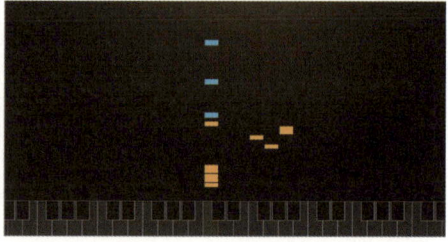

4. 피아노 건반이 나오면 마우스 또는 키보드를 이용하여 눌러줍니다.

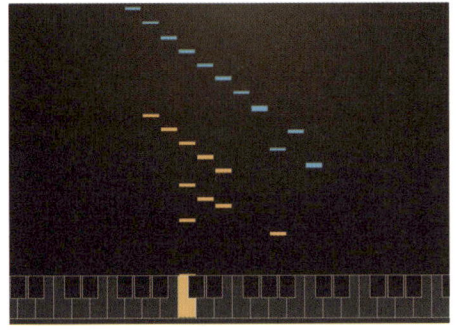 

5. 내가 연주 한 것을 기반으로 AI가 함께 연주해 줍니다.　　6. 길게 눌러서 연주할 수 있습니다.

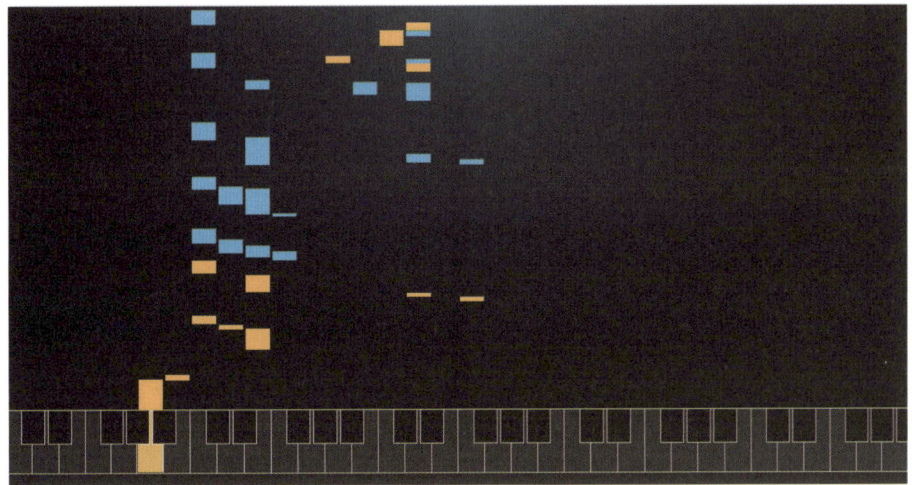

7. 키보드를 이용하여 양손 연주할 수 있습니다.

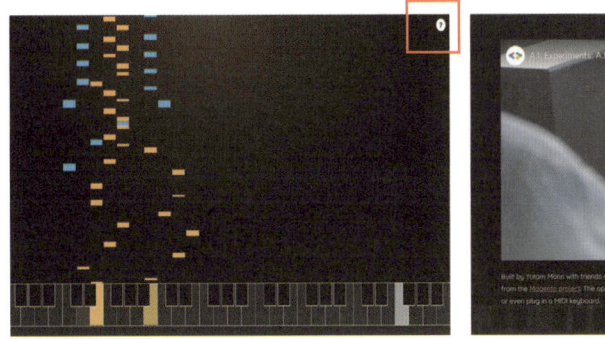 

8. 우측 상단에 물음표를 클릭하면 사용방법 및 콘텐츠 설명을 확인할 수 있습니다.

부록. 디지털 놀이 활용법　283

온라인 / 모바일

❸ Google Earth

1. Google Earth란?

　구글어스는 세계에서 가장 정교한 지구본으로 세계 각지의 도시와 협곡 등을 직접 구경할 수 있는 온라인콘텐츠입니다. 전 지구의 위성 이미지와 전 세계 수백 개 도시의 3D 빌딩 및 지형을 구경할 수 있습니다. 내 집이나 원하는 위치를 확대한 후 스트리트 뷰에서 360도 보기로 확인 할 수도 있습니다. 모든 기기에서 이용이 가능하고 구글어스를 통해서 가상 현장학습을 하고 서로 확인한 내용들을 공유하기도 하며 세상을 여행 할 수 있는 온라인콘텐츠입니다.

2. Google Earth를 사용해 볼까요?

1. 구글 검색창에서 '구글어스'를 검색합니다.

2. '구글어스'를 클릭합니다.

3. 구글어스 사용방법 설명을 확인할 수 있습니다.

4. 마우스 휠 움직여 확대/축소할 수 있습니다.

5. 우측 하단에 3D버튼을 눌러 확인할 수 있고, 사람버튼을 눌러 스트리트 뷰로 확인할 수도 있습니다.

6. 검색을 통해서 세계 여러 나라를 확인할 수 있습니다.   7. 간단한 설명 화면도 확인할 수 있습니다.

부록. 디지털 놀이 활용법   285

온라인 / 모바일

④ Scroobly

1. Scroobly란?

스크루블리는 직접 만든 캐릭터가 카메라에 인식한 나의 움직임에 반응하여 함께 움직이는 머신러닝 기술을 이용한 온라인콘텐츠입니다. 스크루블리는 카메라가 장착된 기기에서 사용할 수 있습니다.

2. Scroobly를 사용해 볼까요?

1. 구글 검색창에서 영어로 'Scroobly'를 검색합니다.

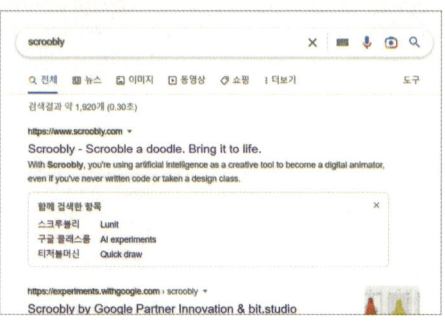

2. 첫 번째 상단 'Scroobly - Scrooble a doodle. Bring it to life.'를 클릭합니다.

3. '시작' 버튼을 눌러줍니다.

4. 사용 방법을 확인 한 뒤 '다음' 버튼을 눌러줍니다.

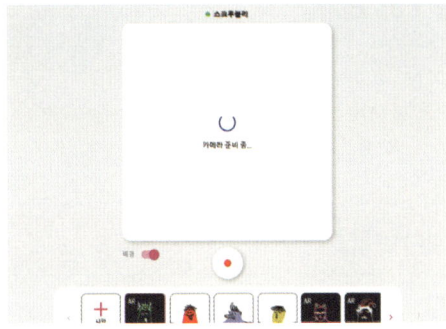
5. 카메라에 자신의 모습이 비치는지 확인합니다.

6. 여러 가지 캐릭터 중 마음에 드는 캐릭터를 선택합니다.

7. 빨간 버튼을 눌러 영상을 만들 수 있고 만들어진 영상을 간단하게 편집하여 저장할 수도 있습니다.

8. 직접 캐릭터를 만들 수 있습니다.

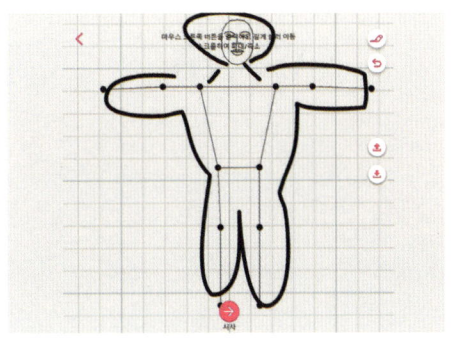
9. 그림그리기 버튼을 이용하여 꾸며줄 수도 있습니다.

부록. 디지털 놀이 활용법　287

온라인 / 모바일

❺ Auto draw

1. Auto draw란?

오토드로우는 인공지능 기술이 적용된 웹 드로잉 툴로 그림을 그리면 컴퓨터가 모양을 추측하여 다양한 도안을 제시해줍니다. 사용자는 인공지능이 추천해준 그림들 중 하나를 선택하여 그림을 꾸며줄 수 있고 공유할 수도 있습니다. 오토드로우는 스마트폰, 태블릿, 노트북, 데스크톱 등 어디에서나 작동되며 그림을 그리기 어려운 사람들에게 도움을 주기도 하는 콘텐츠입니다.

2. Auto draw를 사용해 볼까요?

1. 구글 검색창에서 '오토드로우'를 검색합니다.

2. 오토드로우 첫화면에서 '빠른 사용 방법' 버튼을 누르면 오토드로우의 다양한 기능과 사용방법을 확인 할 수 있습니다.

3. 초록색 '그리기 시작' 버튼을 클릭합니다.

4. 화면이 나오면 그림을 그릴 수 있습니다.

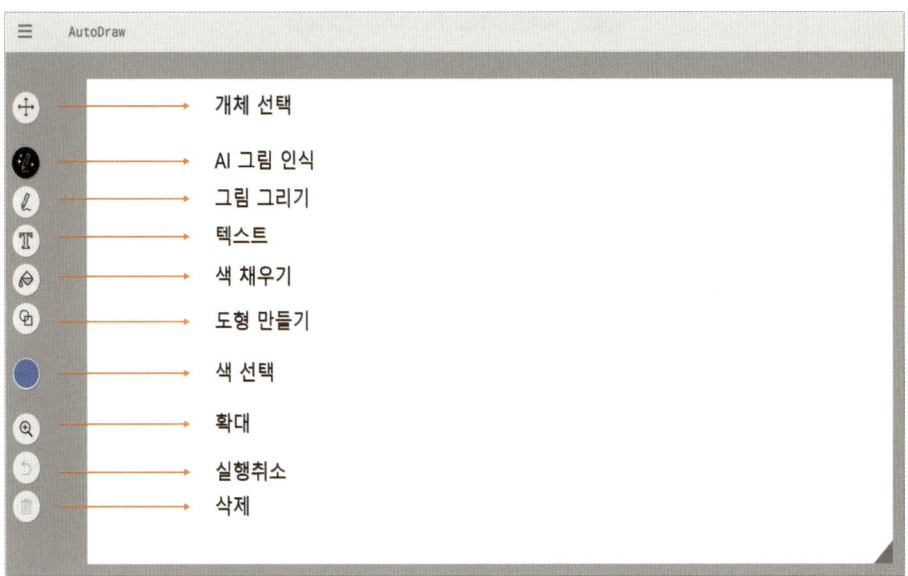

5. 그림을 그릴 수 있는 다양한 기능들이 있습니다.

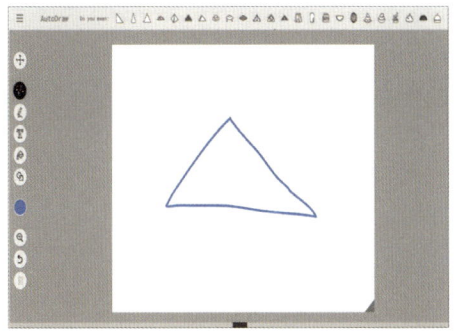

6. 모양을 그리면 인공지능이 상단에 모양과 비슷한 그림들을 제시합니다.

7. 인공지능이 제시한 그림 중 하나를 선택합니다.

8. 선택한 그림을 다양한 기능들을 이용하여 예쁘게 꾸며줍니다.

9. 완성된 작품을 저장하여 공유할 수 있습니다.

온라인 / 모바일

❻ Quick draw

1. Quick draw란?

    퀵드로우는 주어진 제시어를 듣고 20초의 제한 시간 안에 그림을 그리면 학습된 인공지능이 이를 인식하고 제시어를 맞추는 게임입니다. 이 게임에 참여하는 동안 사람들은 다양한 스케치를 남기게 되고 이는 딥러닝 모델을 학습시키기 위한 데이터 세트로 활용됩니다. 이미 10억 개가 넘는 데이터 세트를 확보하였으며 지금도 꾸준히 데이터를 모아 정확성을 높여가고 있습니다. (출처 : AI 플레이 그라운드)

2. Quick draw를 사용해 볼까요?

1. 구글 검색창에서 '퀵드로우'를 검색합니다.

2. '시작하기'를 클릭합니다.

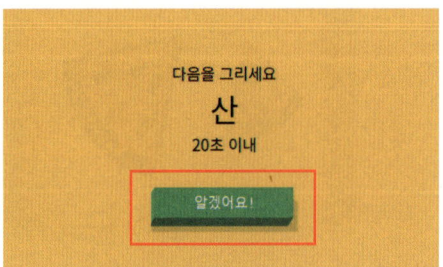
3. 제시어를 확인한 후 '알겠어요!'를 클릭합니다.

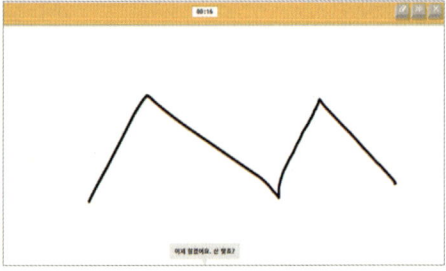
4. 그림을 그리면 컴퓨터가 답을 추측합니다.

5. 6문제가 끝나면 최종 결과를 확인합니다.

6. 그림을 클릭합니다.

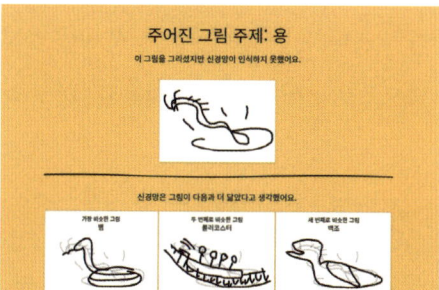

7. 신경망이 학습한 그림을 확인할 수 있습니다.

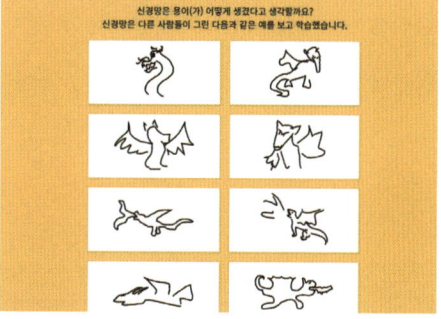

8. 첫 페이지에서 '세계 최대의 낙서 데이터 세트'를 클릭하면 사진과 같은 도면을 확인 할 수 있습니다.

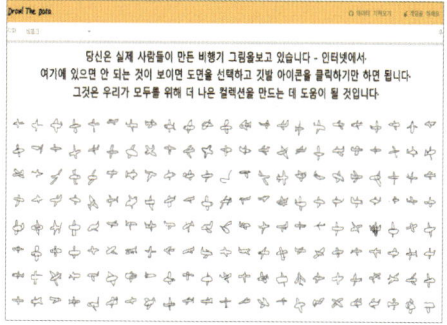

9. 도면을 클릭하여 부적절한 것으로 신고를 하면 머신러닝의 정확성을 높일 수 있습니다.

부록. 디지털 놀이 활용법

온라인 / 모바일

❼ Akinator

1. Akinator란?

Akinator는 프랑스 IT 회사 Elokence.com에서 개발한 온라인콘텐츠입니다. 실제 인물이나 소설, 만화 캐릭터 등을 떠올리면 아키네이터가 누군지 추측하고 사용자가 생각한 답변을 찾기 위해 여러 가지 질문들을 하며 답을 맞춥니다. 단, 유아들 발달 특성에 맞지 않는 선정적이고 부적절한 질문이 포함될 수 있으므로 유아들과 함께 사용할 때는 '청소년 모드'를 활성화하여 사용해야 합니다.

2. Akinator를 사용해 볼까요?

1. 구글 검색창에서 '아키네이터'를 검색합니다.

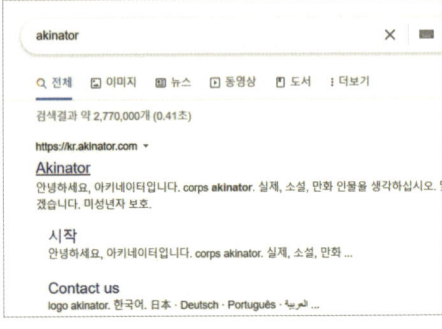
2. '아키네이터'를 클릭합니다.

3. 청소년 모드로 활성화하여 인물을 떠올린 후 '시작'을 클릭합니다.

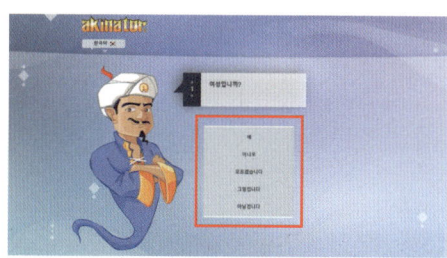 

4. 질문에 맞는 답변을 클릭합니다.

5. 질문이 헷갈리는 경우 '모르겠습니다, 아닐겁니다' 답변을 클릭하여 진행합니다.

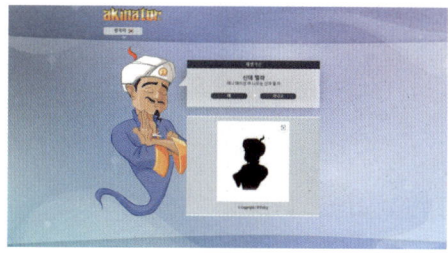 

6. 정답이 맞으면 '예' 틀리면 '아니오'를 클릭합니다.

7. 재시작을 눌러 또다른 문제를 낼 수도 있고 맞춘 답을 공유할 수도 있습니다.

온라인/모바일

8 VLLO

1. VLLO란?

블로는 비교적 사용하기 쉬운 동영상 편집 어플로 자막, 음악, 보정, 필터, 크로마키, 모자이크 등 다양한 기능들을 사용합니다. 블로는 모바일로 쉽게 사용할 수 있고 수시로 편집할 수 있습니다.

2. VLLO를 사용해 볼까요?

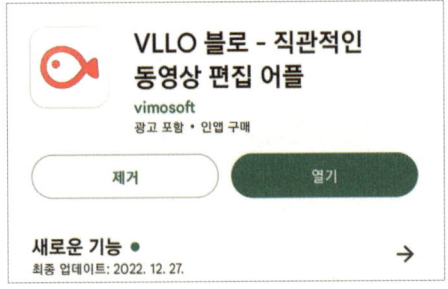

1. 플레이스토어 또는 앱스토어에서 'VLLO'를 검색합니다.

2. 'VLLO' 어플을 설치합니다.

3. 새 프로젝트를 눌러 사진 또는 영상을 선택합니다.

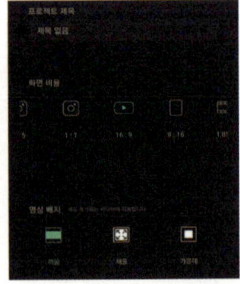

4. 기본 화면 비율과 영상 배치를 선택하여 프로젝트를 생성합니다.

5. 오디오, 그래픽, 글자, 효과 등 다양한 작업을 할 수 있습니다.

6. 작업이 끝나면 추출하기 버튼을 눌러 영상을 저장합니다.

온라인 / 모바일

9 Padlet

1. Padlet이란?

패들렛은 익명의 사람들과 의사소통하고 콘텐츠를 만들어 공유할 수 있는 무료 온라인 플랫폼입니다. 패들렛은 온라인상에 작업공간을 만들어 사람들의 의견을 자유롭게 게시물의 형태로 올릴 수 있고, 사진, 비디오 등 여러 형식의 파일을 주고받을 수 있습니다. 링크만 있으면 아무런 설치 없이 스마트폰으로도 이용이 가능하고 주제를 정하면 주제에 맞춰 여러 의견을 자유롭게 주고받을 수 있습니다.

2. Padlet을 사용해 볼까요?

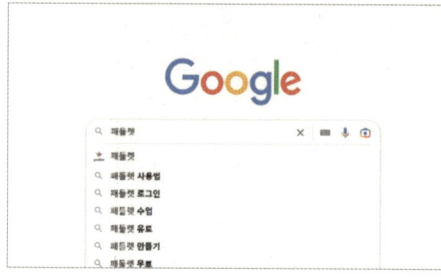
1. 구글 검색창에서 '패들렛'을 검색합니다.

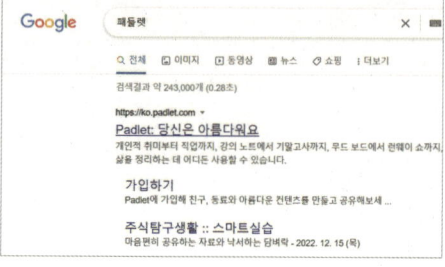
2. 첫 번째 상단 '패들렛'을 클릭합니다.

3. 로그인하여 들어갑니다.

4. 오른쪽 하단에 플러스 버튼을 눌러줍니다.

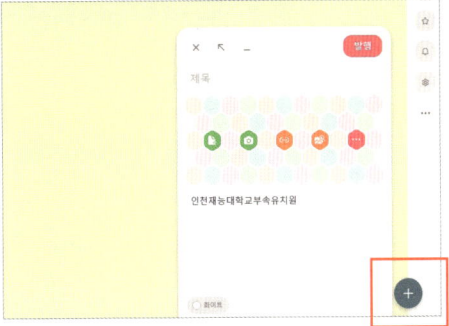

5. 오른쪽 설정 버튼을 눌러 배경을 꾸며 줄 수 있습니다.
6. 우측 하단 플러스 버튼을 눌러 메모를 발행할 수 있습니다.

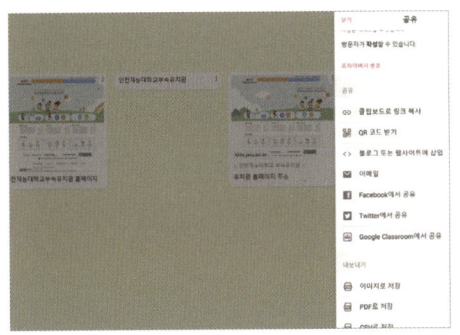

7. 그림을 넣을 수 있고 오른쪽 공유 버튼을 눌러 QR코드를 만들 수도 있습니다.

8. 설정에서 댓글 쓰기 창을 활성화하여 함께 의견을 공유할 수 있습니다.

온라인/모바일

Google Arts & Culture

1. Google Arts & Culture란?

아트앤컬쳐는 구글에서 만든 것으로 AI기술, 증강현실 등을 활용하여 세계의 수많은 예술작품을 온라인으로 감상할 수 있는 프로그램입니다. 구글 아트 앤 컬쳐에서는 카테고리별로 전 세계 5개의 패션 박물관, 8개의 현대미술갤러리, 5개의 고전 박물관, 5개의 자연사 박물관, 7개의 과학박물관을 둘러보며 작품을 감상할 수 있습니다. 또한 고화질의 작품을 확대하여 보기, 나와 닮은 초상화 찾아보기, 예술작품 배치하기, 예술작품 검색하기, 필터 사용하여 사진 찍기 등의 활동을 할 수 있습니다.

2. Google Arts & Culture를 사용해 볼까요?

1. 플레이스토어에서 '아트앤컬쳐'를 검색합니다. 2. 앱을 설치한 후 앱을 엽니다.

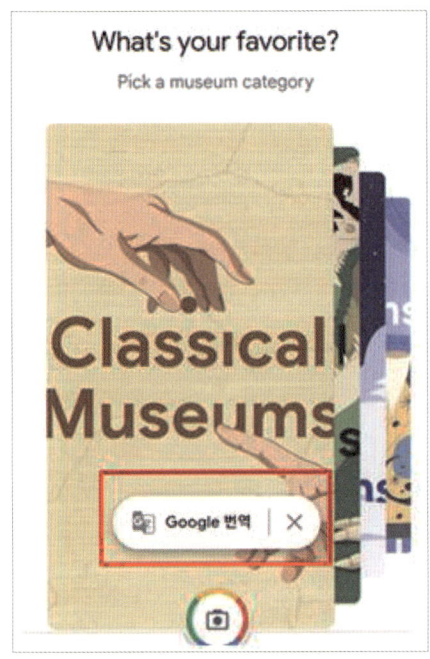

3. 'Google 번역'을 클릭하면 한국어로 된 설명이 나옵니다.

4. 페이지를 넘기며 원하는 카테고리를 찾아 놀이합니다.

5. 원하는 작가의 작품을 감상할 수 있습니다.

6. 나와 닮은 예술작품 찾아보기의 예입니다.

온라인 / 모바일

⓫ Book Creator

1. Book Creator란?

북크리에이터는 온라인으로 책을 만들 수 있는 구글의 프로그램입니다. 유료로 이용해야 하는 기능도 있지만 무료(1개의 라이브러리로 40개의 책 완성 가능)로도 완성도 높은 책을 만들 수 있습니다.

북크리에이터에 가입한 후 템플릿을 이용해 신문, 포토북, 소설, 학급 문집 등 다양한 종류의 책을 제작할 수 있습니다. 또한 온라인에서 다른 사람들과 협업하여 책을 만들 수 있고, PDF로 출력도 가능합니다.

2. Book Creator를 사용해 볼까요?

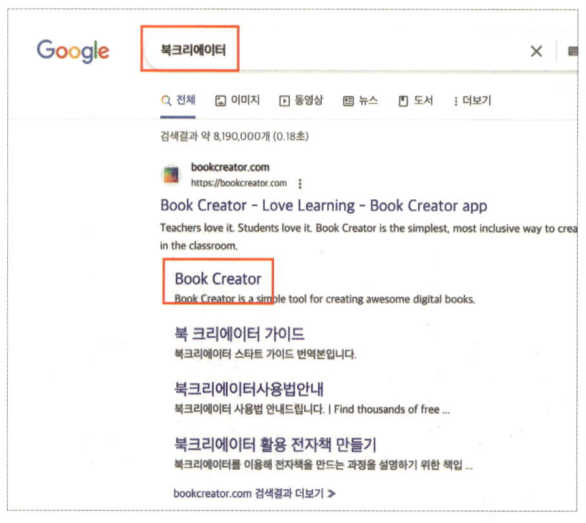 

1. 크롬에서 '북크리에이터'를 검색하여 설치합니다. 스마트폰 앱을 사용하는 경우, 플레이스토어에서 앱을 검색한 후 설치합니다.
2. 구글에서 교사용으로 로그인 합니다.

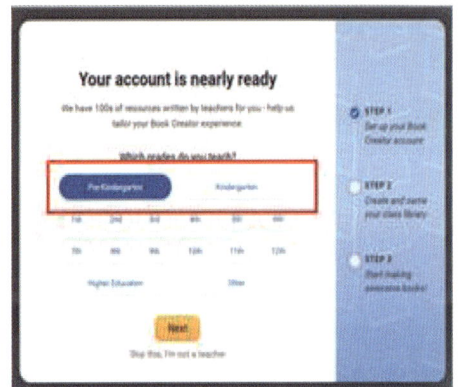 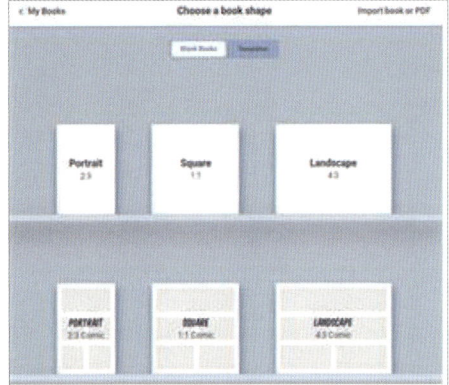

3. Blank books(틀만 제공)와 Template 중 하나를 선택합니다.

4. Blank books(틀만 제공)을 사용하여 책을 만들어 봅니다.

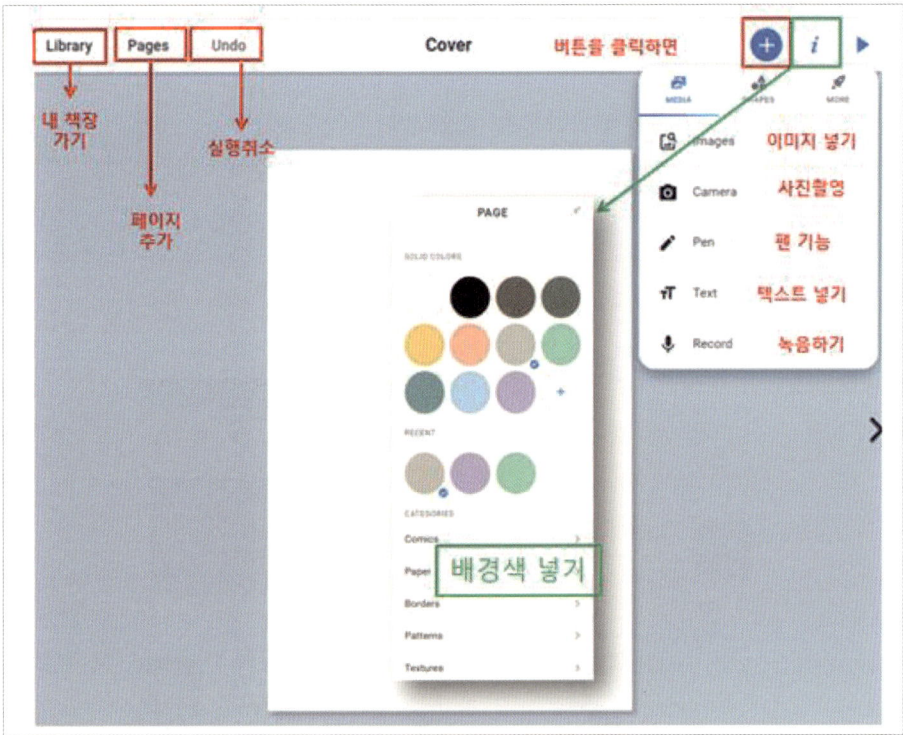

5. 북크리에이터의 다양한 기능을 사용하여 책을 만들어 봅니다.
   - 펜으로 그림을 그릴 때, 오토드로우 기능이 있어 완성된 그림을 선택할 수 있습니다.
   - 페이지를 추가할 때는, 화면의 오른쪽 중앙 +버튼을 누르면 페이지가 추가됩니다.
   - 책이 완성된 후에는 프린트 할 수도 있고, 온라인으로 공유할 수도 있습니다.

온라인/모바일

BookTraps

1. BookTraps란?

북트랩스는 어린이들이 모바일 단말기로 원하는 캐릭터를 선택하거나 만들어 이야기를 꾸미거나 그림책을 만들 수 있는 Google Play앱 입니다. 북트랩스에서는 캐릭터뿐만 아니라 그리기 도구 5종을 활용하여 그림을 그릴 수 있으며, 직접 타이핑하여 글을 넣을 수 있습니다.

제작한 그림책은 북트랩스 서비스를 이용해 온라인으로 다른 사람과 공유할 수도 있고, 출력하여 작은 책으로도 제작할 수도 있습니다.

2. BookTraps를 사용해 볼까요?

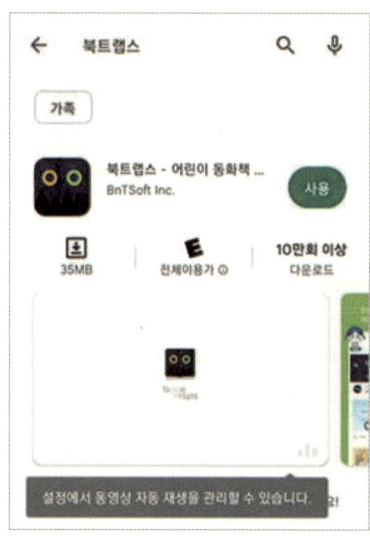

1. 플레이스토어에서 '북트랩스'를 검색한 후 앱을 설치합니다.

2. '+' 버튼을 누르면 새 페이지가 생성됩니다.

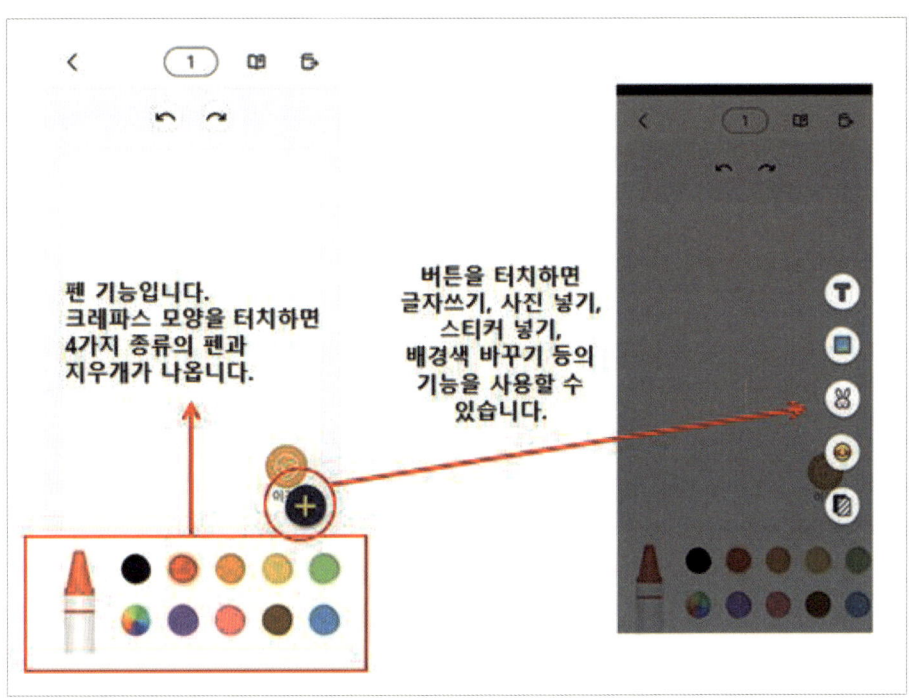

3. 북트랩스의 다양한 기능을 사용하여 책을 만들 수 있습니다.

부록. 디지털 놀이 활용법

온라인/모바일

SNOW

1. SNOW란?

Snow Corp.에서 얼굴인식 스티커와 다양한 효과 등으로 영상을 만들어 공유할 수 있도록 만든 스마트폰 앱(나무위키, 2022)입니다.

스마트폰에 스노우 앱을 설치하고 사진을 찍으면 다양한 배경을 합성할 수도 있고, 얼굴이나 머리모양을 바꾸어볼 수도 있습니다. 또한 전문 스튜디오에서 찍은 사진처럼 색감 조정도 간단하게 할 수 있습니다.

2. SNOW App을 사용해 볼까요?

1. 플레이스토어에서 '스노우'를 검색하여 설치합니다.

2. 사진을 찍습니다.

3. 원하는 기능으로 사진을 바꿔 봅니다.

4. 메이크업, 스티커 등 다양한 기능을 활용할 수 있습니다.

부록. 디지털 놀이 활용법

온라인/모바일

⑭ 네이버 스마트렌즈

1. 네이버 스마트렌즈란?

    네이버 스마트렌즈는 스마트폰으로 사진을 촬영하거나 가지고 있는 이미지로 정보를 검색하는 서비스로 별도의 앱이 있지 않습니다. 기본 인터넷 브라우저에서 네이버 주소를 입력하고 들어가면 바로 활용할 수 있습니다. 또한 네이버앱 검색창 하단의 카메라 아이콘을 눌러 바로 촬영하거나 이미 촬영한 이미지나 저장된 이미지를 업로드 하면 동일하거나 유사한 이미지로 보이는 정보를 찾아주기도 합니다. 스마트렌즈로는 이미지, 바코드, QR코드 검색뿐만 아니라 한국어, 영어, 일어, 중국어 등의 문자 인식 및 번역 기능까지도 사용할 수 있습니다.

2. 스마트렌즈를 사용해 볼까요?

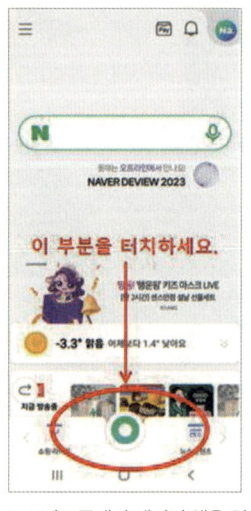

1. 스마트폰에서 네이버 앱을 엽니다.   2. 렌즈를 터치합니다.

3. 알아보고 싶은 식물을 사진으로 찍습니다. (식물이 아니여도 괜찮습니다)

4. 스마트렌즈가 식물의 이름과 유사 이미지를 알려줍니다.

5. 번역기능을 원하는 경우, 문자인식을 선택한 후 사진을 찍습니다.

6. 외국어를 한글로 번역해 줍니다.

온라인 / 모바일

15 Jamboard

1. Jamboard란?

잼보드(Jamboard)는 구글이 개발한 인터랙티브 화이트보드 시스템으로 인터넷이 되는 컴퓨터나 태블릿PC, 스마트폰으로 구글 드라이브로 연동하여 여러 사람들이 동시에 접속하여 쉽게 사용할 수 있습니다. 또한 화상회의를 하면서 잼보드를 사용하여 자신이 쓴 글씨나 그린 그림, 도표 등을 자유롭게 공유할 수 있고, 특정 주제에 대한 생각을 자유롭게 나누거나 아이디어를 모으고, 분류할 수도 있습니다. 유아들은 화이트보드판 대신 자유롭게 그림을 그리거나 글씨를 쓸 수도 있으며, 자신이 쓰거나 그린 것을 다른 사람과 공유할 수도 있습니다. 또한 친구와 다른 기기를 사용하면서도 하나의 화면을 공유하여 공동 작업을 할 수도 있습니다.

2. Jamboard를 사용해 볼까요?

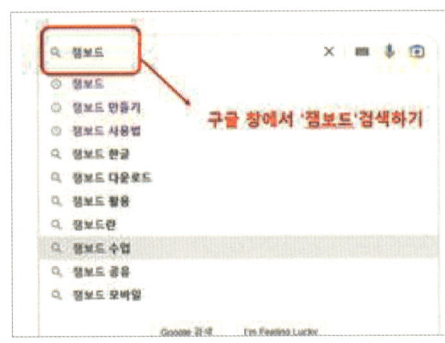

1. 구글 검색창에서 '잼보드'를 검색합니다.

2. '시작하기'를 클릭합니다.

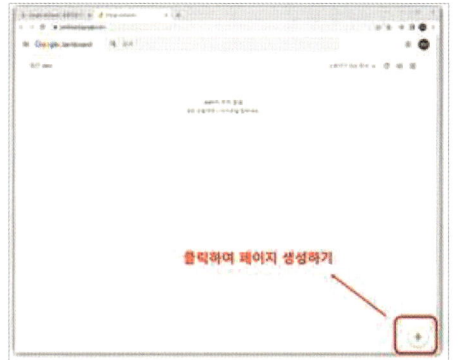
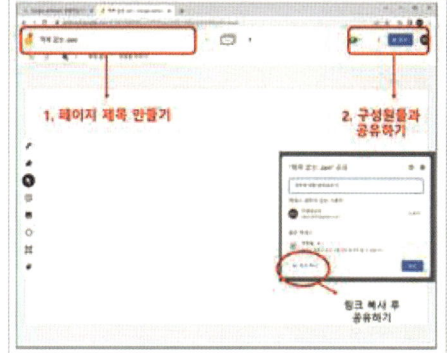

3. ⊕모양을 클릭하여 페이지를 만듭니다.   4. 페이지 제목을 만들고 구성원과 공유할 수 있습니다.

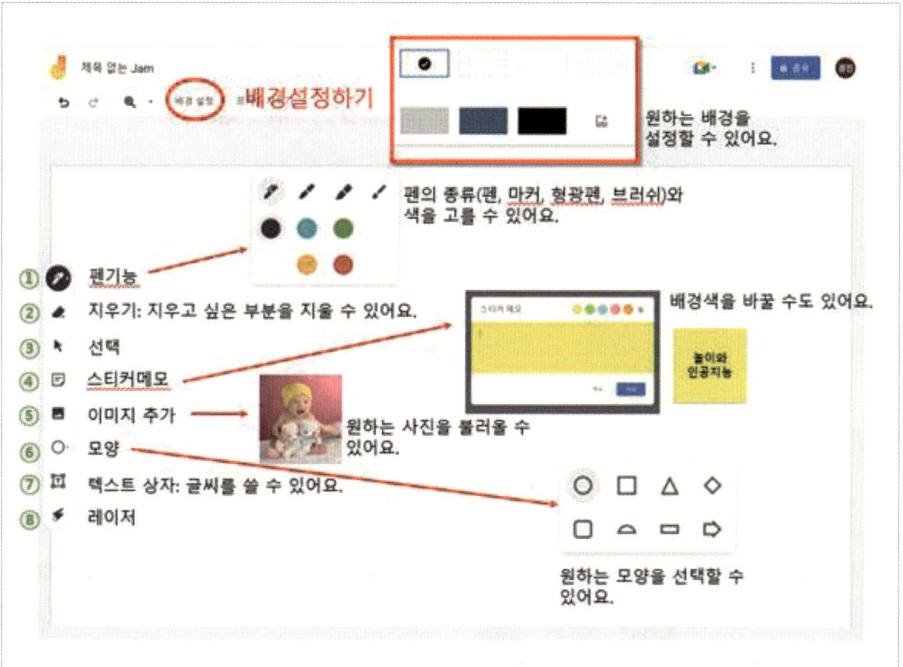

5. 잼보드의 다양한 기능입니다.

온라인 / 모바일

16 디지털 현미경

1. 디지털 현미경이란?

디지털 현미경은 접안렌즈가 아닌 디지털카메라를 사용하는 현미경입니다. 디지털 현미경은 스마트폰이나 태블릿PC, 컴퓨터 모니터에 연결하여 결과를 실시간으로 볼 수 있습니다. 디지털 현미경의 작동원리는 광학계와 디지털카메라를 사용하여 캡쳐된 이미지를 컴퓨터 모니터에 출력하는 것으로 디지털 현미경은 미세 제조 부품에서 대형 전자장치에 이르기까지 다양한 물체를 검사하고 분석할 수 있는 효율적인 도구입니다.

디지털 현미경은 구입한 업체에서 제공하는 CD나 인터넷주소로 접속하여 프로그램을 설치한 후 사용할 수도 있지만 별도의 프로그램을 다운로드하지 않고 사용할 수 있습니다.

2. 디지털 현미경을 사용해 볼까요?

 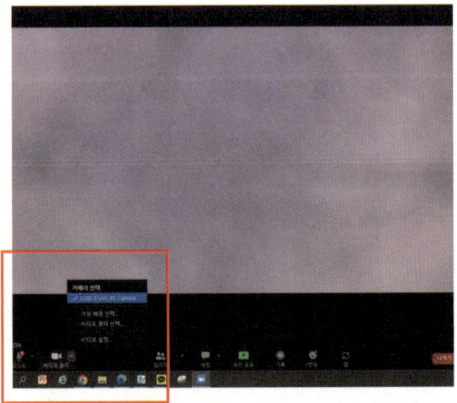

1. 디지털 현미경 USB를 컴퓨터 또는 태블릿PC, 스마트폰에 연결합니다.
2. 카메라를 실행한 후, 설정을 디지털 현미경으로 바꿉니다.

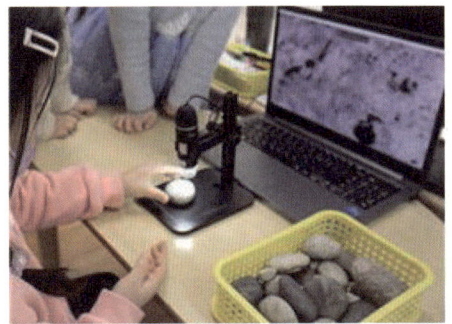

3. 관찰하고자 하는 물체를 디지털 현미경에 올려둡니다.

4. 디지털 현미경의 조절기를 조정하여 초점을 맞춥니다.

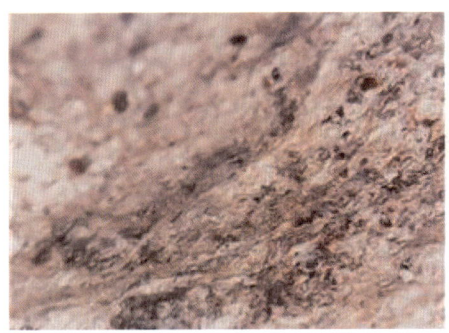

5. 관찰하고자 하는 물체를 관찰합니다.

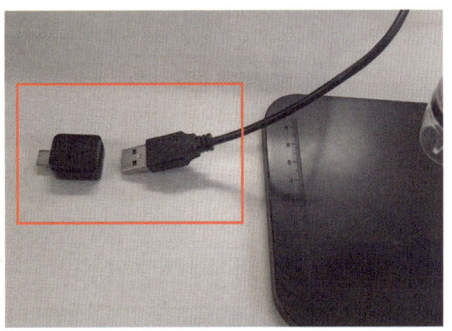

* 스마트폰이나 태블릿PC를 사용할 때에는 현미경과 기기를 연결할 젠더가 필요합니다.

- PC에는 USB로 연결하면 디지털 현미경을 바로 사용할 수 있습니다.
- 스마트폰이나 태블릿PC는 '카메라파이2' 앱을 설치하여 사용할 수 있습니다.
  *아이폰에서는 앱설치가 안됩니다.

온라인 / 모바일

Mentimeter

1. Mentimeter란?

멘티미터는 설문조사에 실시간으로 참여하고 통계를 확인할 수 있는 프로그램으로 수업이나 활동 중에 의견을 나누거나 토론, 퀴즈 등을 낼 때 활용할 수 있습니다.

멘티미터는 별도의 앱 없이 브라우저(https://www.mentimeter.com/)를 통해 진행자가 설문을 만들고, 참가자에게 접속 코드를 주면 참가자들의 응답을 실시간으로 확인할 수 있습니다.

2. Mentimeter를 사용해 볼까요?

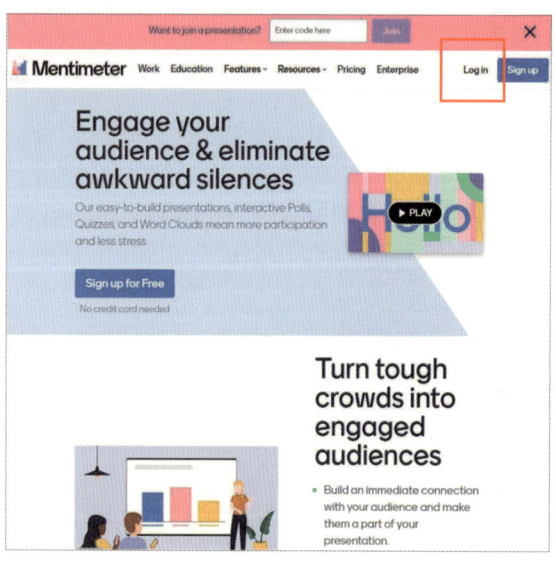 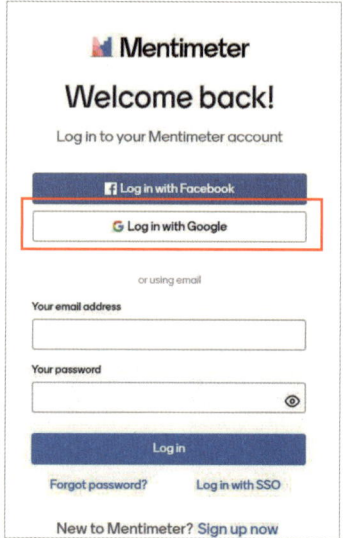

1. 링크(https://www.mentimeter.com)에 접속한 후 우측상단의 'Log in'을 클릭합니다.
2. 구글 계정이 있다면 별도의 회원 가입 없이 로그인하여 이용할 수 있습니다.

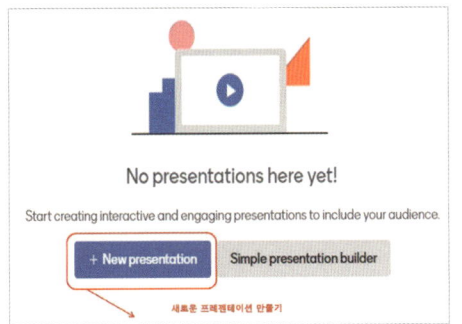

3. 새로운 프레젠테이션을 만듭니다.
   * 무료버전에서는 한 프레젠테이션 당 2페이지까지만 생성할 수 있습니다.

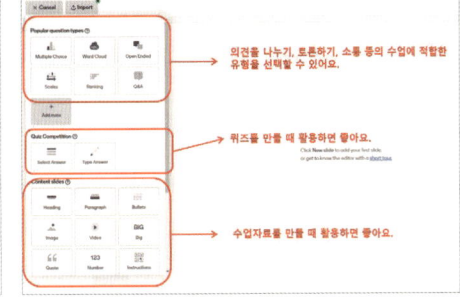

4. 원하는 슬라이드 유형을 선택합니다.

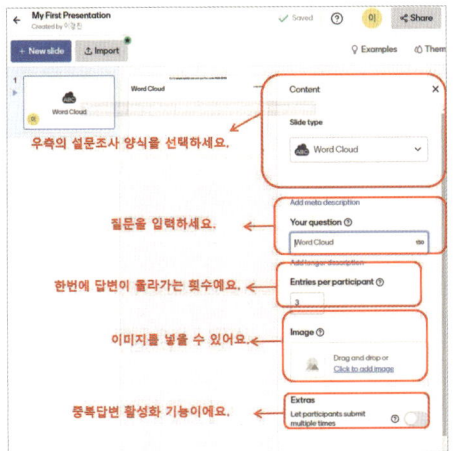

5. 질문을 입력하고, 한 사람당 답변할 수 있는 수를 정합니다.

6. 링크를 공유합니다. 링크는 인터넷주소나 QR코드로 공유할 수 있습니다.

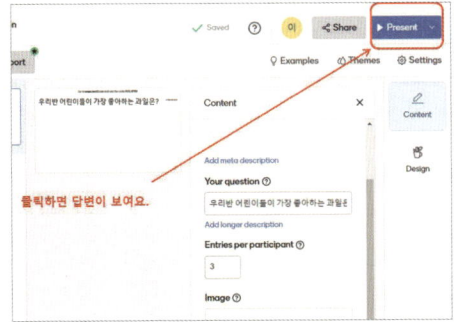

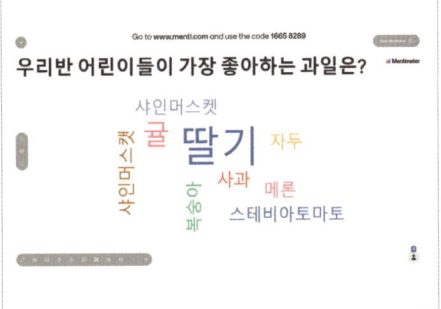

7. 프레젠테이션 버튼을 클릭하면 완성된 화면을 볼 수 있습니다.

| 추천사

『알수록 재미있는 교실 속 디지털 놀이』는 놀이를 통해 디지털을 유아교육과정 속에 녹여내는 방법을 알려 주는 읽을수록 재미있는 책이다. 이 책은 유치원 현장 전문가들이 실제로 수행한 다년간의 경험을 바탕으로 이론과 실제를 담았고, 초보자들도 쉽게 이해할 수 있도록 기술되어 있다. 생성형 인공지능이 우리의 삶을 파고든 지금의 디지털 대전환 시기에 영유아 단계 AI, SW 교육과정 운영에 관심이 많은 교직원, 학부모, 전문가들에게 길잡이가 되어줄 귀중한 책이다. 책에 있는 사례들을 현장에 알맞게 재구성하면서 교육과정을 운영해 보기를 권한다.

_박창현(육아정책연구소 연구위원)

• • •

디지털 대전환 시대를 맞이하여 지금과는 다른 방식의 교육 필요하다고는 생각했지만, 놀이 중심 교육과정에 미래교육을 어떻게 접목할 수 있을지 고민이 많았다. 이 책은 미래사회에 필요한 역량을 유아의 놀이와 연결 지어 설명하고 있으며, 무엇보다 디지털 매체를 활용한 다양한 놀이 사례들 덕분에 실제 교육과정 운영에 큰 도움이 된다. 교실에 단순히 디지털 매체를 제공하는 것이 아니라 이를 토대로 어떻게 놀이를 확장 시킬 수 있을지 배우고 싶다면 이 책을 추천한다.

_정혜원(인천 아이웰유치원 교사)

• • •

유아들의 디지털 놀이? 막연하게 디지털 게임을 생각하며 책을 열었는데, 그 안에는 생각지도 못했던 다양한 것들이 한가득 담겨있었다. 유아들의 호기심, 상상력, 수많은 대화, 그리고 그들이 만들어가는 '재미난 놀이'가 그것이다. '똑똑한 스마트 기기'를 활용하여 '똑똑하게 놀이'하는 미래사회의 주인공들을 만나는 흥미롭고 즐거운 경험이었다.

_이승구(강원대학교 관광경영학과 교수)

• 교육과실천이 펴낸 책들 •

놀이중심 교육과정
정나라, 정유진 지음

유아의 놀이를 지원해줄 수 있는 연간, 월간, 주간교육계획 수록! 실제 사례로 살펴보는 놀이중심 교육과정의 의미와 궁금증에 대한 해답, 놀이 속 교사의 역할과 기록을 담았다.

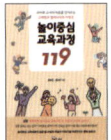

놀이중심 교육과정 119
정유진, 정나라 지음

현장에서 유아들과 함께 생활하는 두 선생님의 생생한 경험이 담긴 일화를 수록함으로써 놀이에 대한 이론과 실제를 함께 다룬다. 또한 유아와 교사의 관점만이 아니라 학부모의 입장에서 유아·놀이중심 교육과정에 대한 이해를 돕도록 생생한 사례들을 담고 있다.

놀이로 풀어보는 유치원 학급운영
정유진, 정나라 지음

'황금의 5주' 3월을 위한 놀이 중심 학급운영. 유치원 일 년 학급운영의 기초가 되는 기본생활습관 지도를 위한 다양한 활동과 팁, 친밀감을 높이는 관계형성놀이 그리고 3월이 시작되기 전 교사의 마음가짐과 준비할 것들을 소개한다.

유치원 학급운영 어떻게 할까?
뿌리 깊은 유치원 교사 연구회 지음

유치원 학급운영을 고민하는 교사들에게 교실 환경 구성에서 모둠 운영까지, 등원 지도에서 귀가 지도까지, 문제해결을 위한 기술에서 학부모 상담까지 학급운영을 위한 모든 것을 알려준다.

슬기로운 유치원 생활
김진희, 이미영, 이여빈, 홍표선, 이은주 지음

갑자기 찾아온 코로나19 상황, 감염병을 지혜롭게 이겨내기 위한 방법을 안내하기 위해 여러 유아교육 기관과 가정에서 실천했던 좋은 사례를 모았다

잠깐만
이팅 리 글·그림 / 그림책사랑교사모임 옮김

우리가 잘 아는 '토끼와 거북이'의 이야기를 빌어 성격유형(MBTI)에 따른 장·단점을 파악, 그들의 말과 행동을 통해 내 아이의 성격과 행동을 이해할 수 있도록 돕는 책이다. 부모 및 교사와 함께 읽은 후 아이와 함께 독후활동을 할 수 있도록 질문지와 학습지도 제공한다.

좋아서 그런건데 아이와 함께 읽고 생각을 나누는 감정 신호등 그림책 ①
황진희 글, 조아영 그림

아이가 다른 사람을 좋아하기 시작했나요? 좋아하는 마음을 표현하는 것에도 올바른 방법이 있습니다. 이 그림책을 통해 '경계선 지키기', '좋아하는 감정 표현하기', '거절하기와 수용하기'를 통해 올바르게 행동하도록 돕습니다.

제라드의 우주쉼터
제인 넬슨 글 / 빌 쇼어 그림 / 김성환 옮김

아이 스스로 감정을 조절할 수 있도록 제라드의 이야기를 통해 '긍정의 타임아웃'을 알려준다. 아이 혼자 또는 부모나 교사와 함께 읽으면서 '긍정의 타임아웃'을 이해하고, 이를 활용하여 자기감정을 조절할 수 있는 방법을 깨닫게 된다.

소피아의 화를 푸는 방법
제인 넬슨 글 / 빌 쇼어 그림 / 김성환 옮김

아들러 철학에 기반을 둔 '긍정의 훈육' 창시자이자 이 책의 저자인 제인 넬슨은 이 책에서 화가 나 엉킨 마음을 다른 사람에게 상처 주거나 때리지 않고 건강하고 안전하게 해소하는 방법을 알려준다.

초등 1학년 교과서 그림책 독후 활동
그림책사랑교사모임 지음

집에서 부모와 자녀가 함께 교과서에 수록된 그림책을 읽고 다양한 독후 활동, 질문과 대화, 글쓰기를 해볼 수 있는 워크북으로, 현직 교사들이 직접 집필하였다.

초등독서수업 끝판왕 1학년
안진수, 김도윤 지음

학습의 튼튼한 기초 체력은 꾸준한 독서 습관, 생각하는 힘, 함께하는 즐거운 책 읽기가 어우러질 때 비로소 완성된다. 한 권의 책으로 이 세 가지 모두를 조화롭게 경험할 수 있도록 만든 실용 학습서이다.

미리 준비하는 1학년 학교생활
최정아 글, 이유승 그림

초등학교 1학년을 시작하는 아이와 학부모의 걱정과 불안을 덜어주는 친절한 안내서이자, 1학년 담임을 맡게 될 동료 교사들의 수고를 덜어주는 가이드이다. 생생한 교육 현장의 모습은 입학을 앞둔 아이와 학부모가 낯설지 않게 학교생활을 받아들일 수 있도록 구성되어있다.

지랄발광 사춘기, 흔들리는 사십춘기
김지영, 김신실 지음

사춘기 아이들을 키우는 엄마이자, 전문 상담가인 저자들이 오늘도 "참을 인(忍)"자를 수십, 수백 번 마음에 새기며, 자녀의 사춘기를 "함께" 견디는 엄마들을 위해 내놓은 지침서.

크리스천을 위한 긍정의 훈육
제인 넬슨 지음, 안미영 옮김, 김성환 감수

아들러 심리학에 기반을 둔 '긍정의 훈육'의 창시자이자 전 세계 3백만 부 이상 판매된 베스트셀러 작가 제인 넬슨이 크리스천 부모를 위해 진정한 훈육은 무엇이며, 훈육의 성경적 기저를 통해 행복한 가정을 꾸려내는 길에 대한 모든 것을 담았다.